# 道路交通事故保险理赔
# 与案例注解

主编 李凤军 王淑君

吉林大学出版社

·长春·

图书在版编目（CIP）数据

道路交通事故保险理赔与案例注解 / 李凤军，王淑君主编 .— 长春：吉林大学出版社，2021.10
ISBN 978-7-5692-9083-7

Ⅰ．①道… Ⅱ．①李… ②王… Ⅲ．①交通事故—理赔—案例—汇编—中国 Ⅳ．① D922.145

中国版本图书馆 CIP 数据核字（2021）第 208758 号

| 书　　名：道路交通事故保险理赔与案例注解 |
| --- |

DAOLU JIAOTONG SHIGU BAOXIAN LIPEI YU ANLI ZHUJIE

作　　者：李凤军　王淑君　主编
策划编辑：邵宇彤
责任编辑：杨　宁
责任校对：高珊珊
装帧设计：优盛文化
出版发行：吉林大学出版社
社　　址：长春市人民大街 4059 号
邮政编码：130021
发行电话：0431-89580028/29/21
网　　址：http://www.jlup.com.cn
电子邮箱：jdcbs@jlu.edu.cn
印　　刷：定州启航印刷有限公司
成品尺寸：170mm×240mm　16 开
印　　张：18.5
字　　数：360 千字
版　　次：2021 年 10 月第 1 版
印　　次：2021 年 10 月第 1 次
书　　号：ISBN 978-7-5692-9083-7
定　　价：96.00 元

版权所有　翻印必究

# 前　言

YB市经济的发展势头良好，全市的汽车保有量在快速增长。2018年末，民用汽车保有量达到37.83万辆，其中私人汽车保有量34.86万辆，同比2017年增长18.0%。汽车在给我们带来出行便利的同时，也带来了交通安全问题。交通事故一旦发生，对于事故当事人而言，能够通过保险理赔的方式降低损失，无疑是最优的选择。

《道路交通事故保险理赔与案例注解》把保险理赔中涉及的法律、法规、司法解释、部委规章，甚至区域性的规定都进行了列举，供读者理论参考或实务操作。同时，我们收集整理了YB市2017—2018年一些具有启发性、代表性的交通事故实例，以史为鉴，以此增强人们的交通法制观念和保险理赔意识。

《道路交通事故保险理赔与案例注解》既可以作为安全警示教育用书，又可以作为相关专业的教学参考书。本书是YB学院法学专业课程"道路交通事故理论与实务"的案例教材，专业教师以创新型应用法律人才的培养为目的，深入推进教学改革，依据课程的特殊属性，带领学生积极投身法律实践。通过接触、分析、处理道路交通事故的保险理赔问题，使学生的实践能力得到提升。同时，学生对所接触案例进行思考、梳理、吸收，完成了项目创新，而后通过对项目的调研，完成了毕业论文。在整个过程中，实现了人才培养的实践目标，取得了可喜的教学成果。

本书以12个主题作为裁判分析主线，收集整理了具有代表性的37起交通事故案例。书中围绕每个案例的保险理赔问题分别从裁判要点、相关法条、案例介绍、裁判理由、案例注解等几个方面进行阐述，案例真实清晰，适用法律准确，法理分析透彻，对于大家分析判断事故责任具有参考价值。

本书的编写人员主要是YB学院法学院的教研人员，由李凤军、王淑君任主编,李海滨、娄崇、汪凌、罗琴等老师参与编写,杨涛、蒋姚、米慧、王祖耀、谯俊红等 30 名学生参与写作。本书的编写,参考了国内多种同类教科书,谨向给我们以启发的各位同仁致谢!

  由于本书在各个方面进行改革尝试,因此难免存在不足之处,欢迎各位专家读者批评指正。

李凤军 王淑君<br>
2021 年 4 月 19 日

# 目 录

第一章　赔偿主体资格 …………………………………………… 001

第二章　第三者责任险赔偿 ……………………………………… 011

第三章　关于道路管理部门责任承担研究 ……………………… 050

第四章　保险合同中免责条款的效力 …………………………… 055

第五章　残疾赔偿金的计算标准问题研究 ……………………… 110

第六章　保险赔偿竞合问题研究 ………………………………… 155

第七章　交强险无责赔付问题研究 ……………………………… 177

第八章　宠物犬损害赔偿责任划分赔偿数额计算 ……………… 194

第九章　车辆在维修状态下发生事故，保险公司是否应当承担保险责任 …… 204

第十章　交通事故中车辆维修费用超过保险公司定损数额的处理问题 …… 213

第十一章　判决的既判力问题研究 ……………………………… 221

第十二章　受害人的损失赔偿项目认定 ………………………… 229

第十三章　事故责任分配及间接损失的承担 …………………… 265

# 第一章　赔偿主体资格

## 查某某诉杨某某、G县永业汽车运输有限公司、中国人民财产保险股份有限公司YB市分公司机动车交通事故责任纠纷案

——挂靠车辆登记所有人与实际所有人不符时主张运营损失的主体资格

**关键词**

免责　交强险　损失赔偿　交通事故

**裁判要点**

永业运输公司与杨某某关于责任免除的约定,与《最高人民法院关于审理道路交通事故损害赔偿案件适用法律若干问题的解释》相关规定相悖,因此该约定无效。

损失赔偿费应通过双方举证来确定。

**相关法条**

《中华人民共和国侵权责任法》第六条第一款,第十五条第一款第(六)项,第十六、第二十二条

《中华人民共和国道路交通安全法》第七十六条第一款

《中华人民共和国民事诉讼法》第六十四条第一款,第一百四十四条

《最高人民法院关于审理道路交通事故损害赔偿案件适用法律若干问题的解释》第三条,第十四条第一款,第十六条,第二十五条第一款,第二款

《最高人民法院关于审理人身损害赔偿案件适用法律若干问题的解释》第十七条第一款、第二款,第十八条,第十九条第二款,第二十条第一款、第二款、第三款,第二十一条第一款,第二十二条,第二十三条第一款,第二十五条,第二十八条第一款、第二款

《最高人民法院关于适用〈中华人民共和国民事诉讼法〉的解释》第九十条

**基本案情**

2017年7月29日13时30分，杨某某驾驶川Q5×××号重型半挂牵引车牵引川Q2×××挂号重型平板自卸半挂车由g县月江镇沿福溪电厂运煤通道往福溪电厂3号门方向行驶，当车行驶至福溪电厂运煤通道2 km+500 m处因操作不当，致使车辆侧滑至道路左方，与对面驶来由查某某驾驶的川Q2×××号重型自卸货车发生碰撞，造成两车受损、川Q2×××号车驾驶员查某某受损的交通事故。事发当日，查某某即被送往YB蜀南医院救治，产生治疗费、出诊费等500元。同日，查某某转入YB市第一人民医院治疗，被诊断为脑震荡、左侧锁骨骨折、肺挫伤等。查某某在YB市第一人民医院住院治疗93天后好转出院，产生医疗费42 696.23元，其中人保YB市分公司垫付10 000元。原告住院期间，杨某某向查某某预付医疗费及其他费用共计41 000元。2017年8月7日，g县公安局交通管理大队作出道路交通事故认定书，认定杨某某在此事故中承担全部责任，查某某不承担责任。2017年12月29日，查某某经某司法鉴定所鉴定，其左肩关节鉴定为十级伤残，左膝关节鉴定为十级伤残，复查X线片及左锁骨骨折内固定物取出术续医费6 950元，查某某支付鉴定费1 800元。

同时查明，查某某系川Q2×××号车实际所有人，YB市惠锋物流有限公司系川Q2×××号车登记所有人。2015年7月19日，查某某（乙方）与YB市惠锋物流有限公司（甲方）签订车辆挂靠经营合同，川Q2×××号车挂靠在YB市惠锋物流有限公司运营，该合同第七条第二款约定："乙方发生行车事故，其责任和费用全部由乙方承担，乙方应向交警队、保险公司、甲方报案，备齐理赔资料交甲方，甲方负责理赔。"查某某自2015年7月起担任川Q2×××号车驾驶员。因川Q2×××号车在本次交通事故中受损，2017年8月23日，该车被送往g县沙河交通汽车修理厂维修，同年10月17日修复完毕，杨某某垫付维修费26 443元，该费用人保YB市分公司已向杨某某支付。杨某某系川Q5×××号重型半挂牵引车、川Q2××挂号重型平板自卸半挂车实际所有人，永业运输公司系该车登记车主。川Q5×××号重型半挂牵引车在人保YB市分公司投保了交强险和商业三者险，保险期间为2017年6月27日至2018年6月27日，其中商业三者险保险限额为1 000 000元。川Q2×××挂号重型平板自卸半挂车在人保YB市分公司投保了商业三者险，保险限额为200 000元，保险期间为2017年7月9日至2018年7月8日。本次事故发生在保险期限内。永业运输公司与人保YB市分公司签订的商业保险合同约定，被保险机动车发生意外事故致使车辆停驶造成的损失，保险人不负责赔偿。

另查明，查某某之父查某发于 2016 年 6 月 11 日死亡，其母李某生于 1947 年 4 月 1 日，查某发与李某共同生育四个子女，分别是查某某、查某杰、查某松、查某碧。

**裁判结果**

四川省 g 县法院于 2018 年 4 月 27 日作出一审判决：一、被告中国人民财产保险股份有限公司 YB 市分公司在川 Q5××××号车交强险死亡伤残赔偿限额内赔偿原告查某某 92 263.33 元，在川 Q5××××号车商业三者险赔偿限额内赔偿查某某 8 533.33 元，在川 Q2×××挂号重型平板自卸半挂车商业三者险赔偿限额内赔偿查某某 1 706.67 元；二、被告中国人民财产保险股份有限公司 YB 市分公司在川 Q5××××号车商业三者险赔偿限额内给付杨某某 34 166.67 元，在川 Q2×××挂号重型平板自卸半挂车商业三者险赔偿限额内给付杨某某 6 833.33 元；三、驳回原告查某某的其他诉讼请求。

**裁判理由**

法院生效裁判认为，本案的争议焦点有四个：一是原告查某某主张的车辆运营损失的主体资格问题；二是被告针对原告外出时间能否扣减挂床时间的主张；三是被告主张医疗费应扣除 20% 自费药品费用的问题；四是关于原告主张的赔偿项目及计算标准。

关于第一个争执焦点，由于查某某与 YB 市惠锋物流有限公司签订的车辆挂靠经营合同约定发生行车事故后产生的相关损失由 YB 市惠锋物流有限公司进行理赔，该约定系双方真实意思表示，未违反法律规定，对双方具有法律拘束力，并且查某某虽系川 Q2××××号车实际所有人，但川 Q2××××号车登记所有人为 YB 市惠锋物流有限公司，车辆所有人信息应以登记为准，因此查某某不具备主张营运损失的主体资格，法院不支持其主张。

关于第二个争议焦点，体温单载明查某某外出仅能说明测体温时查某某不在病房，住院时间应以住院病历为准，被告的主张不予支持。

关于第三个争议焦点，鉴于被告并未提出相应证据，不予支持。

关于第四个争议焦点，查某某主张营养费，但未提交相应证据，本院不予支持；查某某主张住院伙食补助费按 30 元/天计算，符合法律法规规定，本院予以支持，该项费用计算 93 天；查某某未提交护理人员收入证明，本院结合审判实践，对其主张的护理费按 100 元 / 天计算 93 天；查某某主张按 62 903 元 / 年计算误工费，符合法律规定，本院予以支持，其未提交出院后持续误工的相应证据，本院对其住院期间的误工费予以支持；查某某主张的伤残赔偿金应按 2016 年四川城镇居民人均可支配收入 28 335 元 / 年并结合其伤残等级进行计算 20 年；被抚养人李某的生活费应按 20 660 元 / 年并结合查某某伤残等级进行计算，赔偿时间应以李某出生日期确定至查某某定残日时的年龄，计算为 9 年 4 个月；对查某某主张的精神抚慰金，本院结合本案实际酌情支持 5 500 元；对其主张的交通费，本院结合本案实际酌情支持 300 元；查某某主张的后续医疗费 6 950 元、蜀南医院诊疗费 500 元、鉴定费 1 800 元，符合法律规定，本院予以支持；查某某主张的病历复印费、配钥匙费用，未提交合法有效的证据予以证明，本院不予支持。

### 案例注解

本案是一起较为典型的交通事故中保险合同的赔偿数额争议问题，在讨论被告中国人民财产保险股份有限公司 YB 市分公司的赔偿数额之前，需要厘定我国机动车交通事故责任强制保险（下称交强险）和商业第三者责任险（下称"商业险"或"商业三者险"）的概念、特征、投保条件和责任限额、车辆挂靠的索赔资格问题以及赔偿范围和责任范围的认定。

## 一、交强险

### （一）交强险的概念

随着机动车的普及，其已日益成为人们出行的重要工具。在带来便利的同时，其导致的交通事故也频繁发生。为了分散车祸所带来的危险和损失，交强险应运而生。

交强险，是机动车必须投保的一种险种，是以救助机动车交通事故受害人为目的，并由保险公司以"保本微利"原则经营的一种法定责任保险。[1] 它体现了对保险领域之契约自由的限制，开设该险种的前提是法律的规定，但是，须借由责任保险合同的缔结而在保险人和被保险人之间发生效力。[2] 我国《机动车交通事故责任强制保险条例》（下称《强制保险条例》）第三条对交强险作

---

[1] 丁凤楚.机动车交通事故侵权责任强制保险制度[M].北京：中国人民公安大学出版社，2007.

[2] 邹海林.责任保险论[M].北京：法律出版社，1999.

了解释,是指由保险公司对被保险机动车发生道路交通事故造成本车人员、被保险人以外的受害人的人身伤亡、财产损失,在合同规定的责任限额内予以赔偿的强制性责任保险。

**(二)交强险的特征**

1. 强制性

交强险的立法宗旨就是保障事故受害人能够得到及时的救济。为了实现这一目的,一般会以法律的形式强制性地要求投保义务人必须向保险公司购买交强险产品,同时要求保险公司不得无故拒绝销售交强险产品。[1] 德国是交强险保险制度实施较早的国家,其制定和实施的《汽车保有人强制责任保险法》,就通过以刑罚的方式来维护和推动交强险制度的实施。该保险法规定,故意违反交强险的投保义务的,将被处以1年以下有期徒刑或罚金,即便是过失违反交强险的投保义务的也会被处以6个月以下有期徒刑或相当数额的罚金。交强险在赔偿内容方面也同时设置了相应的强制性规定,包括保险费率、赔偿范围、赔偿限额、归责原则、第三人的直接请求权以及保险人的追偿权等内容。这样做的目的,是为了最大限度地保障机动车交通事故受害人的利益。

2. 第三人的利益性

交强险不仅仅是为弥补被保险人因赔偿事故受害人损失而造成的经济损失,还是为了保证不特定的事故受害人能够得到及时的赔偿。交强险赔偿的这种第三人的利益性,是交强险区别于其他责任保险的明显特征。一般的责任险,保险人保障的是被保险人的利益,交强险则保障的是事故受害人得到及时有效的救济。为了实现这一立法宗旨,交强险的赔偿往往赋予事故受害人对于保险人的直接请求权,又称直接诉讼请求权。

3. 社会保障性

一般责任保险赔偿,保险公司通过订立和履行保险合同,追求的是保险利润的最大化。交强险则是保险公司在不盈不亏的原则下进行经营,交强险赔偿制度对保险费率、赔偿限额、赔偿原则、赔偿的内容等做了统一的规定,有很强的政策性。交强险不但能成功地分散被保险人的赔偿风险,还通过赋予受害人直接请求权的方式来直接救济第三人,避免受害人因得不到致害人的赔偿而引发矛盾。交强险对社会的和谐与稳定起到了很大的保障作用。

---

[1] 偶见.关于创设交强险追偿权及强制保险追偿权概念的思考[J].保险职业学院学报,2017,31(5):72-78.

### 4. 商业性

交强险具有社会保障功能，但从其制度设计、运行方式以及立法宗旨上看，交强险不属于社会保险体系，其仍属于一种商业保险，只不过不再具备商业的纯粹性。交强险的经营还是由商业保险公司按照商业方式来经营，同时受到公权力的约束和监督，我们所说的不盈不亏并非完全排斥利润，只是为了实现公共政策而对交强险总体设计上的要求，交强险鼓励不同的保险人之间存在良性竞争，通过提高本身的经营管理能力、完善经营制度等获得相应的回报。

### （三）交强险的投保条件

《强制保险条例》第二条规定，"在中华人民共和国境内道路上行驶的机动车的所有人或者管理人，应当依照《中华人民共和国道路交通安全法》的规定投保机动车交通事故责任强制保险。"该条明确了交强险的投保条件，即在道路上行驶的机动车的所有人或者管理人均应投此险种。

### （四）交强险的责任限额

表1—1 交强险责任限额

| 分项赔偿 | 2008年2月1日之前 ||||  2008年2月1日至今 ||||
|---|---|---|---|---|---|---|---|---|
|  | 有责任 | 分项/合计 | 无责任 | 分项/合计 | 有责任 | 分项/合计 | 无责任 | 分项/合计 |
| 死亡伤残赔偿限额 | 50 000 | 83.33% | 10 000 | 83.33% | 110 000 | 90.16% | 11 000 | 90.91% |
| 医疗费用赔偿限额 | 8 000 | 13.33% | 1 600 | 13.33% | 10 000 | 8.2% | 1 000 | 8.26% |
| 财产损失赔偿限额 | 2 000 | 3.34% | 400 | 3.34% | 2 000 | 1.64% | 100 | 0.83% |
| 合计 | 60 000 |  | 12 000 |  | 122 000 |  | 12 100 |  |

从表1—1可看出，在2008年2月1日前的交强险赔偿责任限额中，无论被保险机动车在交通事故中有无责任，人身伤亡限额死亡伤残赔偿限额和医疗费用赔偿限额的占比均为96.66%，财产损失赔偿限额均为3.34%。在2008年2月1日之后适用至今的赔偿限额中，有责任的人身伤亡赔偿限额占比为98.36%，无责任的占比为99.17%；相应的有责任和无责任情形的财产损失赔偿限额占比分别为1.64%和0.83%。

## 二、商业险

### (一) 商业险的概念

商业第三者责任保险简称责任险,是指保险公司依据保险合同的约定或法律规定承担保险赔偿责任,前提是被保险人对其给受害第三方造成的经济损失应当承担赔偿义务的民事责任,第三者责任保险与其他类型的责任保险一样具有分散被保险人的经济负担、转嫁被保险人民事赔偿法律责任的社会救济作用。第三者责任险的保险标的,不是人身和财产,而是被保险人依法承担的对受害人民事侵权损害赔偿责任。与社会保险相对应,以市场化模式运营的责任险属于商业第三者责任险。[1]

### (二) 商业险的特征

商业险属于涉及第三人利益的商业责任保险,其具有以下几个方面的特征。

1. 保险标的是民法上的侵权损害赔偿责任

一般的人身和财产保险,或以人的身体、生命为保险标的,或以财产、财产权益为保险标的。责任保险的保险标的是被保险人给第三者造成的民事侵权的损害赔偿责任。欧洲大陆的主要国家于 20 世纪初,在机动车侵权领域就实施了危险责任制度。[2] 责任保险历史悠久,种类繁多,比较常见的责任险有产品责任险、雇主职业险、交通事故险、环境污染险等。

2. 是涉及第三方利益的责任保险

责任保险,除了依据保险合同所产生的保险人与被保险人之间的合同权利义务关系,同时与第三人的利益密切关联。因为责任险针对的是被保险人对受害第三方所负有的赔偿责任,责任保险赔偿所涉及的不同法律关系之间相互独立,同时有交织点,这就决定责任保险在赔偿过程中程序复杂,既需要保险人与被保险人之间责任保险合同效力性存在,还要有被保险人对第三人的侵权责任存在为前提。[3]

### (三) 商业险的责任限额

由于商业险是在基于双方意思自治、自愿的基础上所订立的保险合同,为了弥补交强险所赔偿的不足而进行的。因此,商业险的保险金额不统一,而

---

[1] 江必新. 保险纠纷 [M]. 北京:法律出版社,2014.
[2] 王军. 侵权法上严格责任的原理和实践 [M]. 北京:法律出版社,2006.
[3] 刘宝长. 完善我国交强险赔偿制度的思考 [D]. 烟台:烟台大学,2018.

是由保险公司按照车主的实际需求分成不同档次，供车主自由选择，分别为 5 万、10 万、15 万、20 万、30 万、40 万、50 万、100 万、100 万以上。在实践中 20 万元以下的险种为大多数车主所偏爱，这与车主的实际消费水平和机动车本身的价值密切相关。总之，车主选择投保何种档次，则在该档次最高额内赔付，如车主购买了 30 万元的商业三者险最高赔偿限额就是 30 万元。

### 三、车辆挂靠时的索赔资格

查某某系川 Q2××××号车实际所有人，YB 市惠锋物流有限公司系川 Q2××××号车登记所有人。2015 年 7 月 19 日，查某某（乙方）与 YB 市惠锋物流有限公司（甲方）签订车辆挂靠经营合同，川 Q2××××号车挂靠在 YB 市惠锋物流有限公司运营，该合同第七条第二款约定："乙方发生行车事故，其责任和费用全部由乙方承担，乙方应向交警队、保险公司、甲方报案，备齐理赔资料交甲方，甲方负责理赔。"在这里我们需要厘清何谓"车辆挂靠经营"；它具有何种法律特征；在发生交通事故时，如何承担法律责任或者如何进行索赔。

#### （一）车辆挂靠经营的概念

车辆挂靠经营是指车辆的所有权人即车主，在得到被挂靠的运输企业同意后，将自有车辆挂靠到该运输企业的名下，以被挂靠的运输企业之名，从事相关道路运营活动、自负盈亏、自主经营的一种经营模式。[①] 其中车辆的所有人称为"挂靠人"，被挂靠的运输企业称为"被挂靠人"，双方间的权利及义务的分配一般以双方签订的协议为准。

#### （二）车辆挂靠经营的特征

第一，挂靠的运营车辆是由挂靠者自己出资购买的。挂靠方自己出资购买车辆，是车辆的实际所有权人，因此其拥有车辆所有权的全部权能，即在车辆挂靠经营期间，挂靠方可以占有、使用、收益及处分挂靠运营的车辆，而所挂靠的企业不具备上述四项权能，只享有定时向挂靠人收取固定的管理及服务费用的权利。

第二，车辆挂靠经营方和被挂靠的企业间是"实际上的车主"和"名义上的车主"之关系。被挂靠企业是车辆统一登记管理部门所登记之"车主"，即车辆行驶证上登记的名义上的所有人及法定的车主，而挂靠经营方是自己出资

---

① 周荣康.道路运输挂靠车管理对策研究[D].成都：西南交通大学，2009.

购买的机动车,因而是机动车的实际车主。实际的占有、使用、收益、处分权均归实际车主所有。

第三,车辆是由挂靠人出资购置的,根据现在比较流行的运营模式,被挂靠企业大都不参与车辆具体的运营,甚至连必要的监督权都疏于行驶,仅收取挂靠人的挂名费,因此挂靠车辆之经营权仍归属于挂靠人所有。

第四,挂靠前,挂靠人要与被挂靠企业签订挂靠协议,约定分配好双方的权利及义务,为日后解决相关的法律争议提供书面的依据。

### (三) 车辆挂靠的法律效力

《最高人民法院关于审理道路交通事故损害赔偿案件适用法律若干问题的解释》第三条对车辆挂靠造成交通事故的责任承担进行了规定:以挂靠形式从事道路运输经营活动的机动车发生交通事故造成损害,属于该机动车一方责任,当事人请求由挂靠人和被挂靠人承担连带责任的,人民法院应予支持。这意味着法律是承认车辆挂靠这种经营模式的。

车辆挂靠时一般会签订合同,此时参照《中华人民共和国合同法》(下称《合同法》)有关合同的效力进行认定,若无法律规定的无效事由,合同自订立时生效。

## 四、关于赔偿范围的认定

《最高人民法院关于审理道路交通事故损害赔偿案件适用法律若干问题的解释》第十四条规定了应当予以赔偿的"人身伤亡"和"财产损失"。

"人身伤亡",是指机动车发生交通事故侵害被侵权人的生命权、健康权等人身权益所造成的损害。赔偿范围应当包括医疗费、护理费、交通费等为治疗和康复支出的合理费用,以及因误工减少的收入;其中造成残疾的,还应当赔偿残疾生活辅助具费和残疾赔偿金;造成死亡的,还应当赔偿丧葬费和死亡赔偿金;若侵犯他人人身权益时造成他人严重精神损害的,应进行精神损害赔偿。

"财产损失",是指因机动车发生交通事故侵害被侵权人的财产权益所造成的损失。赔偿范围包括维修被损坏车辆所支出的费用、车辆所载物品的损失、车辆施救费用;因车辆灭失或者无法修复,为购买交通事故发生时与被损坏车辆价值相当的车辆重置费用;依法从事货物运输、旅客运输等经营性活动的车辆,因无法从事相应经营活动所产生的合理停运损失;非经营性车辆因无法继续使用,所产生的通常替代性交通工具的合理费用。

法院未支持查某某主张的停运损失,因为查某某与YB市惠锋物流有限公司签订的挂靠协议，该约定为双方真实意思表示，未违反法律规定，对双方具有法律约束力，并且查某某虽系川Q2××××号车实际所有人，但川Q2××××号车登记所有人为YB市惠锋物流有限公司，车辆所有人信息应以登记为准，因此查某某不具备主张营运损失的主体资格，其主体资格的享有者应为YB市惠锋物流有限公司。

### 五、关于责任承担的认定

杨某某系川Q5××××号重型半挂牵引车、川Q2×××挂号重型平板自卸半挂车实际所有人，永业运输公司系该车登记车主。川Q5××××号重型半挂牵引车在人保YB市分公司投保了交强险和商业三者险，均在保险期间。交强险中对挂车的责任承担进行了规定：挂车不投保机动车交通事故责任强制保险。发生道路交通事故造成人身伤亡、财产损失的，由牵引车投保的保险公司在机动车交通事故责任强制保险责任限额范围内予以赔偿；不足的部分，由牵引车方和挂车方依照法律规定承担赔偿责任。

事故中杨某某的牵引车与挂车均进行了有关险种的投保，那么其责任承担应以《最高人民法院关于审理道路交通事故损害赔偿案件适用法律若干问题的解释》第十六条的规定：（一）先由承保交强险的保险公司在责任限额范围内予以赔偿；（二）不足部分，由承保商业三者险的保险公司根据保险合同予以赔偿；（三）仍有不足的，依照道路交通安全法和侵权责任法的相关规定由侵权人予以赔偿。被侵权人或者其近亲属请求承保交强险的保险公司优先赔偿精神损害的，人民法院应予支持。

只有明晰了交强险、商业险险种设立的依据，才能有助于我们学习保险赔偿中的理赔顺序；理解车辆挂靠的法律效力，有助于我们明确停运损失的索赔资格；将赔偿损失的范围和责任承担厘清，有助于我们将查某某案剖析清楚。

# 第二章　第三者责任险赔偿

## 以原告陈某某与被告郑某某、中国人民财产保险股份有限公司窥宜宾市C支公司等机动车交通事故责任纠纷案为例

——关于"第三者"与"车上人员"的界定

**关键词**

第三者　车上人员　保险赔偿

**裁判要点**

在交通事故中，对于机动车车上人员被甩出车外的情形，如果有证据证明受害者伤亡的结果是发生在车外，那么在保险事故发生时，受害人的身份已经从车上人员转化为第三者，理应获得交强险和商业第三者险的赔付。

**相关法条**

《机动车交通事故责任强制保险条例》第三条、第二十三条
《中华人民共和国侵权责任法》第三十一条

**基本案情**

2016年7月13日0时40分，被告郑某某驾驶川Q×1号轻型厢式货车，沿G85渝昆高速公路由四川YB往云南SF方向行驶至283.9km路段时，车辆失控与中央护栏相撞，造成车辆受损、高速公路护栏损失（第一次碰撞）。紧随其后由黄某某驾驶的渝D×0号小型普通客车，在紧急避让过程中被后方由被告许某某驾驶的川Q×0号重型半挂牵引车牵引川Q×3挂号重型罐式半挂车追尾相撞，致使渝D×0号小型普通客车又与右侧护栏相撞，同时川Q×3挂号重型罐式半挂车车身左侧又与川Q×1号轻型厢式货车车头右侧相挂撞，致使川Q×1号轻型厢式货车乘客陈某某从车上甩出，造成渝D×0号小型普通客车车乘客叶某某、朱某某、刘某某、黄某一、刘某、黄某二6人受伤，川

Q×1号轻型厢式货车驾驶员郑某某、乘客陈某某2人受伤,三车不同程度受损,高速护栏受损(第二次碰撞)。随后陈某某驾驶渝BH×7号重型半挂牵引车牵引黑M×8挂号重型厢式半挂车发现前方发生事故紧急制动,被紧随其后由某某驾驶的渝BS×0号重型半挂牵引车牵引渝B×3号重型仓栅式半挂车追尾相撞,造成两车不同程度受损(第三次碰撞)。在第三次碰撞的同时,后方由被告王某某驾驶的辽BHB×5号重型半挂牵引车牵引辽B×H挂号重型集装箱半挂车往左侧避让,并冲过中央护栏停于对向车道,挂车右后侧与渝B×3号挂车左后角挂撞,牵引车车头右侧与川Q×1号轻型厢式货车刮擦,致使川Q×1号轻型厢式货车滑动,川Q×1号车滑动过程中又与原告陈某某相撞,造成原告陈某某再次受伤,三车不同程度受损,高速公路护栏受损(第四次碰撞)。该事故经四川省公安厅交通警察总队高速公路支队某高速公路二大队于2016年7月19日作出道路交通事故认定书,认定被告郑某某承担第一次碰撞的全部责任,被告许某某承担第二次碰撞的全部责任,黄某某承担第三次碰撞的全部责任,被告王某某承担第四次碰撞的全部责任,陈某某、叶某某、朱某某、刘某某、黄某某、刘某、黄某某不承担事故责任。

被告中国人民财产保险股份有限公司宜宾市C支公司辩称:对交通事故发生的事实以及责任认定无异议,因原告陈某某系本公司承保车辆(川Q×1号车)车上人员,被甩出车外后受伤,不同于一般情况下的正常下车行为,不能因为其在交通事故中被甩出车外而将其认定为第三人,本公司不承担交强险、商业三者险及车上人员责任险赔偿责任;原告陈某某是在本次交通事故第二次碰撞时被甩出车外受伤,在第四次碰撞中再次被撞受伤,该两次碰撞经公安交通管理部门认定许某某承担第二次碰撞全部责任,王某某承担第四次碰撞全部责任,原告的各项损失应由许某某和王某某所驾驶车辆的承保公司在交强险和商业三者险限额内赔偿。依法应驳回原告陈某某对本公司的诉讼请求。

**裁判结果**

YB县人民法院于2017年9月5日作出一审判决,其中第三项为:被告中国人民财产保险股份有限公司宜宾市C支公司于本判决生效之日起十日内赔偿原告陈某某12000元。

宣判后,当事人未提起上诉,判决已发生法律效力。

**裁判理由**

YB县人民法院认为:首先,虽有公安机关交通事故认定书关于川Q×1号车驾驶人负第一次碰撞事故全部责任的认定，但由于原告所受伤害并非此次碰撞事故造成，此次事故不存在涉及原告的侵权责任承担问题。其次，原告在第二次碰撞中被甩出车外受伤，损害后果应由负此次碰撞事故全部责任的川Q×0牵引川Q×3挂号车车方及保险公司承担侵权责任和机动车交通事故第三者保险责任，川Q×1号车车方及保险公司也不应对原告的此次事故损害后果承担侵权责任和机动车交通事故第三者保险责任。再次，原告在第四次碰撞中再次受到伤害，是由负碰撞事故全部责任的辽BHB×5牵引辽B×H挂号车撞击川Q×1号车并使其滑动后遭撞击造成，此次碰撞造成原告损害后果的侵权责任应由辽BHB×5牵引辽B×H挂号车车方及保险公司承担，川Q×1号车车方无过错，车辆驾驶人及所有人也不承担侵权责任。由于交通事故造成原告损失较大，原告第二次受伤时已处于川Q×1号车外而非该车的车上人员，在分别负事故全部责任的两车保险公司交强险赔偿不足的情况下，不负事故责任的川Q×1号车交强险承保公司应依照《机动车强制保险条例》第二十三条规定在无责任赔偿限额内（无责任医疗费用和死亡伤残赔偿项限额合计12000元）对原告承担赔偿责任。被告中国人民财产保险股份有限公司宜宾市C支公司关于对原告损失不承担交强险责任的抗辩，与法律规定不符，依法不予采纳。

**案例注解**

与交强险及机动车商业第三者责任保险中受害第三者范围认定密切相关的一个重要问题是，车上人员的身份是否是固定不变的。当驾驶人、乘客等车上人员在修车、下车或被撞击甩出车外又被本车碾压等各种特殊情形下脱离本车时，车上人员能否转化为第三者？

就该问题，各地法院的规定存在较大分歧。按照能否转化，可以分为两大类截然对立的观点。

第一种观点是绝对不能转化说。该观点认为，无论何种情形下，车上人员均不属于第三者。例如，《湖北省高级人民法院民事审判工作座谈会会议纪要》（2013年9月）第1条规定，被保险机动车发生交通事故时，如本车人员因机动车颠覆、倾斜等脱离了被保险机动车辆造成损害的，不宜将受害人认定为机动车第三者责任强制保险中的"第三者"，受害人请求保险公司承担限额赔偿责任的，不予支持。

第二种观点是有条件转化说。但是具体根据何种因素来区分是否可以转化，又可以进一步细分为三种处理模式。

第一种处理模式是空间位置说。该观点认为，应当以事故发生时受害人所处的空间位置来区分车上人员与"第三者",如果事故发生时已脱离车辆,即可以认定为"第三者",可以获得交强险赔偿。例如,《湖南省高级人民法院关于审理涉及机动车交通事故责任强制保险案件适用法律问题的指导意见》(湖南省高级人民法院审判委员会2008年11月26日通过)第三条规定:"交强险中的本车人员,是指保险事故发生瞬间,位于机动车驾驶室或车厢内的人员。"《安徽省高级人民法院关于审理道路交通事故损害赔偿纠纷案件若干问题的指导意见》(安徽省高级人民法院审判委员会民事执行审判专业委员会2013年12月16日第30次会议讨论通过)第十条规定:"本车驾乘人员脱离本车车体后,遭受本车碰撞、碾压等损害,请求本车交强险赔偿的,人民法院予以支持。"

第二种处理模式是脱离车辆原因说。该观点认为,应当根据车上人员脱离车辆的具体原因和情形来判断是否能转化为第三者,如果是正常下车后遭受本车伤害的,可以转化为第三者;如果是事故发生过程中被抛出车外的,则不能转化。例如,《广西壮族自治区高级人民法院关于审理机动车交通事故责任纠纷案件有关问题的解答》(桂高法〔2014〕261号,2014年9月1日经广西高院审委会民事专业委员会第33次会议讨论通过)第六条规定,车上人员能否转化为"第三者"作为本车交强险和商业三者险限额赔偿范围的理赔对象,应根据案情区别对待:(一)发生交通事故时,车上人员被抛出本车,一般不应认定其为本车的"第三者";(二)车上人员正常下车后,遭受本车碰撞、碾压等伤害,可以认定其身份已经转换为本车的"第三者"。《山东省高级人民法院关于审理保险合同纠纷案件若干问题的意见(试行)》(2011年3月17日印发)第26条第一款规定:"车上人员在车下时被所乘机动车造成人身或财产损害的,除合同另有约定外,保险人应按照责任强制保险和第三者责任保险承担保险责任。"第二款规定:"车上人员在发生交通事故时摔出车外导致人身伤亡,被保险人或受害人要求保险人按照责任强制保险和第三者责任保险合同承担责任的,除合同另有约定外,人民法院不予支持。但机动车投保车上人员责任保险的,当事人可按照约定要求保险人承担车上人员责任保险的保险责任。"第三款规定:"车上人员在发生交通事故时摔出车外后与所乘机动车发生碰撞导致人身伤亡,除合同另有约定外,保险人应按照责任强制保险和第三者责任保险承担保险责任。"《深圳市中级人民法院关于道路交通事故损害赔偿纠纷案件的裁判指引》(深中法发〔2014〕3号,2014年8月14日深圳市中级人民法院审判委员会民事行政执行专业委员会第22次会议讨论通过)第二条第二款规定:"本车人员下车后,被本车撞击导致伤亡的,该人员属于交强险的第三者,应属于本车交强险的赔偿范围。"第三款规定:"本车人员发生交通事故时被甩出

## 第二章 第三者责任险赔偿

车外后被本车碾压导致伤亡的,该人员不属于交强险中的第三者,不属于交强险赔偿范围。"根据该指引的说明,针对审判实践中出现原本属于保险车辆乘客或辅助装卸货人员等本车上人员,因保险车辆发生事故造成人身损害的,起诉请求保险车辆的交强险赔偿案件,法院主要是结合《最高人民法院公报》中刊载的相关案例,经院民事庭审判长联席会议讨论后认为,判断因保险车辆发生意外交通事故而受害的人属于"第三者"还是属于"车上人员",必须以该人在交通事故发生当时这一特定的时间是否身处保险车辆之上为依据,在车上即为"车上人员",在车下即为"第三者"。但本车驾驶人员均被排除在"第三者"范围外,不受本车交强险的赔偿。与之相似的,《重庆市高级人民法院全市法院保险纠纷案件审判实务研讨会会议纪要》(渝高法〔2010〕101号,2010年4月7日印发)就车上人员离开被保险车辆后发生事故,适用第三者责任险还是座位险的问题,认为座位险仅适用于车上人员在座位上发生的保险事故。车上人员正常下车,其身份已经转换为第三者,故应当适用第三者责任险。当车辆出现危险状态,车上人员跳离车辆过程中或因车辆事故被抛出车外所致伤害,对离车人员应当适用座位险。

第三种处理模式是不利解释说。该观点认为,特殊情形下脱离车辆的本车人员是否属于车上人员,可以作出是与不是的两种解释,此时应当采用不利解释原则,采纳对保险人不利的解释,即认定他们不属于"车上人员"。例如,《江苏省高级人民法院关于当前商事审判若干问题的解答(二)》(2014年9月2日)第11条第三款规定:本车其他人员应根据具体的时空状况认定是否属于"第三者"。事故中脱离车辆的,存在属于"车上人员"和不属于"车上人员"两种理解。按照格式条款不利解释原则,应作对保险人不利的解释,认定事故中脱离车辆的本车其他人员不属于"车上人员"。

同时,即使是赞同有条件转化说的不少法院都强调实际驾驶人即使在事故发生时脱离本车,也不能转化为"第三者"。例如,《深圳市中级人民法院关于道路交通事故损害赔偿纠纷案件的裁判指引》第二条第一款规定:"本车驾驶人被本车撞击导致伤亡的,该人员不属于交强险中的第三者,不属于交强险的赔偿范围。"《江苏省高级人民法院关于当前商事审判若干问题的解答(二)》第11条就认为,驾驶人属于被保险人,在任何情况下均不应认定为"第三者"。《绍兴市中级人民法院关于审理涉及机动车保险领域民商事纠纷案件若干问题的指导意见》(2014年11月4日经绍兴市中级人民法院审判委员会第944次会议通过)第七条规定,驾驶人下车查看车辆状况时,被自驾车辆致伤害,该驾驶人不属于机动车第三者责任强制保险的第三者。

值得注意的是，同一法院的不同业务庭，根据交强险与机动车商业第三者责任险的区别，对于车上人员与第三者的转化问题也分别作出了规定。《重庆市高级人民法院民一庭关于当前民事审判疑难问题的解答》（2014年4月3日）第2条就本车人员转化为机动车第三者责任强制保险的"第三者"如何认定指出，应当按照最高人民法院民一庭刊载在《民事审判指导与参考》上相关文章中的观点处理，即本车人员在正常下车、下车休息、指引倒车等情形下因本车发生交通事故受到伤害的，由于其车上人员身份已经正常发生转换，应当认定为该机动车第三者责任强制保险中的第三者。对本车驾驶员下车后，由于驾驶员自身的过错发生溜车等交通事故受到伤害的，因自己不能成为自己权益的侵害者及责任承担主体，故驾驶员不能转换成为本车第三者责任强制保险中的第三者。对本车人员因交通事故脱离本车而受伤害的，包括又被本车碾压受到伤害的，因其在交通事故发生瞬间仍为车上人员，故也不能转换成为本车第三者责任强制保险中的第三者。就机动车商业第三者责任险中车上人员与第三者的转化问题，《重庆市高级人民法院民二庭关于车上人员正常离开被保险车辆后该被该保险车辆伤害是否适用商业第三者责任险的答复》（2014渝高法民二复字第1号，2014年2月12日）指出：一般的处理原则是，经被保险人允许的合法驾驶人及其他车上人员正常下车，其身份已经转换为第三者，不再是"本车驾驶人"或"车上人员"，该保险车辆造成其人身伤亡或财产损失的，保险公司以受害人是"本车驾驶人"或"车上人员"为由主张免除赔偿责任的，人民法院不予支持。如经被保险人允许的合法驾驶人或其他车上人员因自身的过失（如未拉紧手刹等），导致其正常下车后被该保险车辆造成损害的，因不存在侵权责任，缺乏适用责任险的前提，故保险公司主张不承担保险赔偿责任的，人民法院应予支持。如当事人在商业第三者责任保险合同中明确约定，保险车辆造成被保险人及其家庭成员的人身伤亡或财产损失保险人免责的，虽上述人员正常下车后已经转换为第三者，但其被保险人及其家庭成员的身份并不因空间位置发生改变而改变，故在保险公司尽到说明义务的前提下，应当按照合同约定，免除保险公司的赔偿责任。

就这一问题，最高人民法院的倾向性观点存在发展变化。《最高人民法院公报》2008年第7期刊发的《郑克宝诉徐伟良、中国人民财产保险股份有限公司长兴支公司道路交通事故人身损害赔偿纠纷案》认为，应当根据交通事故发生当时所处的位置来认定其是否属于第三者。该案例认为，因机动车辆是一种交通工具，任何人都不可能永久地置身于机动车辆之上，故机动车辆保险合同中所涉及到"第三者"和"车上人员"均为在特定时空条件下的临时性身

## 第二章 第三者责任险赔偿

份,即"第三者"与"车上人员"均不是永久的、固定不变的身份,二者可以因特定时空条件的变化而转化。因保险车辆发生意外事故而受害的人,如果在事故发生前是保险车辆的车上人员,事故发生时已经置身于保险车辆之下,则属于"第三者"。至于何种原因导致该人员在事故发生时置身于保险车辆之下,不影响其"第三者"的身份。之后,最高人民法院民一庭的观点发生了变化,认为应当区分具体情形来认定实践中车上人员与第三者之间的转化问题。具体而言:

(1)关于被保险车辆的实际驾驶人。当实际驾驶人下车查看车辆状况,因自身过失(如未拉紧手刹、溜车或车辆未熄火)被车辆碾压致伤或致死的,此时,驾驶人对机动车具有实际的控制力,根据侵权法的基本原理,任何危险作业的直接操作者不能构成此类侵权案件的受害人。当他们因此受到损害时,应基于其他理由(如劳动安全)请求赔偿。自己不能成为自身权益的侵害者及责任承担主体,所以,实际驾驶人不能转换成为本车交强险的第三者。而且,此种情况下被保险人就是驾驶人,在我国现行法律规定下,也不属于交强险第三者的范围。

(2)关于正常下车的车上人员。从对危险的控制力来看,正常下车的车上人员对机动车危险不具有任何控制能力,他们与通常的交通事故受害第三者之间不存在本质差异,相对于高度危险的机动车而言,都处于弱势、无保障的地位,所以按照目的解释的方法,应当将此类人员纳入交强险保障的第三者的范围,以尽量保障交通事故受害人得到及时有效的补偿。

(3)关于在事故过程中被甩出车外又遭受本车碾压致伤致死的车上人员。有观点认为,交通事故受害第三者的身份只有在特定时空条件下才会确定,也会因特定的时空条件变化而转化。因被保险机动车发生意外而受害的人,如果事故发生前是车上人员,事故发生时已经置身于车辆之外,则应当属于第三者。至于是何种原因导致受害人在事故发生时置身于车辆之外,并不会影响受害人的"第三者"身份。但是,最高人民法院民一庭倾向于认为,车上人员与车外人员的区别是比较固定的,因交通事故的撞击等原因导致车上人员脱离本车的,不存在转化成所谓第三者的问题,该人员仍应当属于车上人员范畴,不应由交强险予以赔偿。

## 乘客在下车过程中受伤，保险公司是否应当承担交强险和第三者责任险

——范某某诉何某、林某某、四川 FR 集团实业有限责任公司公交分公司、中财保 YB 分公司机动车交通事故责任案

**关键词**

乘客　交强险　第三者责任险　车上人员责任险

**裁判要点**

何某驾驶川 Q×××××号大客车在滨河西路 0 km+200 m 处，发生交通事故，造成范某某受伤的事实清楚。何某虽在本次交通事故中负事故全部责任，但何某驾驶车辆属履行工作职责的行为，因而范某某受伤产生的损失应由川 Q×××××号大客车的实际车主林某某承担全部赔偿责任，法定车主 FR 公交公司承担连带赔偿责任。

川 Q×××××号大客车虽在中财保 YB 分公司投保了交强险、商业第三者责任险，附加不计免赔，但范某某是在下车过程中车辆起步致伤，故范某某的损失不应在交强险及商业第三者责任保险限额内赔偿。

**相关法条**

《中华人民共和国道路交通安全法》第七十六条

《中华人民共和国侵权责任法》第四十八条

《最高人民法院关于审理人身损害赔偿案件适用法律若干问题的解释》第十七条、第十八条、第十九条、第二十一条、第二十二条、第二十三条、第二十五条

**基本案情**

范某某生于 1940 年 11 月 16 日，系城镇居民。2018 年 2 月 16 日，驾驶川 Q×××××号大客车（其实际车主为林某某，法定车主为某某公交公司）沿某镇滨河西路在某镇城区行驶，14 时 30 分，当车行至某镇滨河西路 0 km+200 m 处，在乘客范某某下车过程中启动车辆行驶，造成范某某受伤的交通事故。当时，G 县公安局交通管理大队作出道路交通事故认定书，认定何

某负此事故的全部责任，范某某无责任。范某某受伤当日被送至 G 县某骨科医院住院治疗，于 2018 年 5 月 22 日出院，范某某在 G 县某骨科医院共住院治疗 95 天，林某某支付了范某某的住院费 12 627.9 元，并支付给范某某现金 3 300 元，同时，林某某还请人护理了范某某 34 天，支付护理费用 4080 元（=34 天*120 元/天）。2018 年 6 月 11 日，范某某委托四川某司法鉴定所鉴定，其伤残等级评定为九级，后续医疗费评定为 2 800 元，范某某支付了 1 800 元鉴定费。FR 公交公司系川 Q×××××号大客车的法定车主，该车系林某某购买后挂靠在 FR 公交公司经营的，该车在中财保 YB 分公司投保了交强险、道路客运承运人责任险、精神损害赔偿责任险、商业第三者责任险，附加不计免赔，上述各险均在保险期间内，交强险的赔偿限额为 122 000 元，道路客运承运人责任险的赔偿限额为 400 000 元，精神损害赔偿责任险赔偿限额为 50 000 元，商业第三者责任保险的赔偿限额为 1 000 000 元。本案在诉前调解过程中，中财保 YB 分公司认为范某某单方委托鉴定机构作出的鉴定意见带有偏向性和不公正性，故向人民法院申请对伤残等级进行重新鉴定，经人民法院委托重新鉴定，范某某的伤残等级由原来的九级降为十级。

**裁判结果**

2018 年 9 月 10 日，G 县人民法院作出一审判决：一、被告林某某于本判决生效之日起 10 日内赔偿原告范某某因交通事故受伤致残的损失 52 341.4 元，扣减被告林某某已垫付的费用 20 007.9 元后，林某某还应赔偿范某某 32 333.5 元；二、被告四川 FR 集团实业有限责任公司公交分公司对上述第一项确定的赔偿数额的履行承担连带清偿责任；三、驳回原告范某某的其他诉讼请求。

当事人对一审判决没有上诉，一审判决书生效。

一审判决没有让保险公司在交强险和商业第三者责任险中承担责任，也没有让保险公司在道路客运承运人责任险中承担责任。

**裁判理由**

G 县人民法院认为，何某驾驶川 Q×××××号大客车在滨河西路 0 km+200 m 处，发生交通事故，造成范某某受伤的事实清楚。何某虽在本次交通事故中负事故全部责任，但何某驾驶车辆属履行工作职责的行为，因而范某某受伤产生的损失应由川 Q×××××号大客车的实际车主林某某承担全部赔偿责任，法定车主 FR 公交公司承担连带赔偿责任。

川 Q×××××号大客车虽在中财保 YB 分公司投保了交强险、商业第三者责任险，附加不计免赔，但范某某是在下车过程中车辆起步致伤，故范某某的损失不应在交强险及商业第三者责任保险限额内赔偿。

**案例注解**

本案涉及交通事故保险赔偿中交强险、道路客运承运人责任险、精神损害赔偿责任险、商业第三者责任险，附加不计免赔等险种的法律适用问题，乘客在下车过程中车辆启动，造成乘客受伤，有哪些法律关系，适用哪些险种赔偿，这是本案需要考虑的问题。

## 一、投保人购买的保险种类的梳理

本案中，实际车主林某某向保险公司投保了交强险、道路客运承运人责任险、精神损害赔偿责任险、商业第三者责任险，附加不计免赔等险种。下面分析这些险种在本案中如何适用。

### （一）机动车交通事故责任强制保险

机动车交通事故责任强制保险，简称交强险，是由保险人对被保险机动车发生道路交通事故造成除投保人、被保险人以外的第三方受害人的人身伤亡、财产损失，在责任限额内予以赔偿的强制性责任保险。交强险是我国第一个法定强制保险，所有上道路行驶的机动车都必须投保交强险，交强险执行全国统一责任限额、统一基础费率和统一保单条款。交强险有以下几个特点。

1. 强制险

机动车车主或管理人必须投保交强险，根据《机动车交通事故责任强制保险条例》规定，在中华人民共和国境内道路上行驶的机动车的所有人或者管理人，应当依照《中华人民共和国道路交通安全法》的规定投保机动车交通事故责任强制保险。机动车所有人、管理人未按照规定投保机动车交通事故责任强制保险的，由公安机关交通管理部门扣留机动车，通知机动车所有人、管理人依照规定投保，处依照规定投保最低责任限额应缴纳的保险费的2倍罚款。

《机动车交通事故责任强制保险条例》第四十五条规定，机动车所有人、管理人自本条例施行之日起3个月内投保机动车交通事故责任强制保险；本条例施行前已经投保商业性机动车第三者责任保险的，保险期满，应当投保机动车交通事故责任强制保险。

2. 属于第三者责任险的范畴和种类

交强险是从第三者责任险中分离出来的，从保险目的和保险对象上来看，两者属于同一个险种，都是为保护道路交通事故中第三方受害人的合法利益，保护的对象是在道路交通事故中除投保人和被保险人外的第三方受害人，从保护受害人的角度来分析，第三者责任险是交强险的必要补充。2006年7月1日《机动车交通事故责任强制保险条例》施行前，全国没有统一的交强险，机动车人身伤害和财产损失保险，是由各保险人自行拟定条款、厘定费率，并按市场规律进行运行，投保人和保险人是在平等自愿的基础上就合同内容进行协商，没有国家的强制性，涉及的赔偿问题也是从投保人的第三者责任险中赔偿。《机动车交通事故责任强制保险条例》施行后，交强险从商业第三者责任险中分离出来，成为一种独立的险种。交强险属于强制险，必须投保，否则就会承担相应的行政责任；第三者责任险是商业险，对投保人来讲，自愿投保。机动车运行是一个高风险行为，车辆所有人或者管理人为了降低自己的风险，除了投保强制险外，绝大多数车辆还会投保第三者责任险。

3. 坚持无过错和无责赔付原则

为了最大限度地保护交通事故中第三方受害人的合法利益，维护社会稳定，交强险坚持无过错和无责赔付原则。

根据《机动车交通事故责任强制保险条例》的规定，被保险机动车发生道路交通事故造成本车人员、被保险人以外的受害人人身伤亡、财产损失的，由保险公司依法在机动车交通事故责任强制保险责任限额范围内予以赔偿。不管投保人和被保险人在交通事故中有无过错和有无责任。

《机动车交通事故责任强制保险条例》第二十二条规定，有下列情形之一的，保险公司在机动车交通事故责任强制保险责任限额范围内垫付抢救费用，并有权向致害人追偿：

（一）驾驶人未取得驾驶资格或者醉酒的；

（二）被保险机动车被盗抢期间肇事的；

（三）被保险人故意制造道路交通事故的。

有前款所列情形之一，发生道路交通事故的，造成受害人的财产损失，保险公司不承担赔偿责任。

第二十三条规定，机动车交通事故责任强制保险在全国范围内实行统一的责任限额。责任限额分为死亡伤残赔偿限额、医疗费用赔偿限额、财产损失赔偿限额以及被保险人在道路交通事故中无责任的赔偿限额。

《最高人民法院关于审理道路交通事故损害赔偿案件适用法律若干问题的解释》第十八条规定，有下列情形之一导致第三人人身损害，当事人请求保险公司在交强险责任限额范围内予以赔偿，人民法院应予支持：

（一）驾驶人未取得驾驶资格或者未取得相应驾驶资格的；

（二）醉酒、服用国家管制的精神药品或者麻醉药品后驾驶机动车发生交通事故的；

（三）驾驶人故意制造交通事故的。

保险公司在赔偿范围内向侵权人主张追偿权的，人民法院应予支持。追偿权的诉讼时效期间自保险公司实际赔偿之日起计算。

交强险的无责赔付有两个层面上的含义。

第一，机动车所有人或者管理人投保了交强险，在发生交通事故后，交警部门交通事故认定书只要给投保车辆划分了交通事故责任，不管责任大小，保险人均要按照交强险条款的规定，对在交通事故中受伤的第三方进行人身伤害和财产损失限额赔付。

第二，如果投保车辆在道路交通事故中没有责任，保险人按照《机动车交通事故责任强制保险条例》规定的无责赔付限额进行赔付。

如果投保人或者被保险人发生交通事故时，出现驾驶人未取得驾驶资格或者醉酒的、被保险机动车被盗抢期间肇事的、被保险人故意制造道路交通事故的这三种情形，保险人不能直接向受害人拒绝理赔，只能在对受害人理赔后，然后向致害人追偿。

发生交通事故时，如果投保人或者被保险人没有上述情形，保险人不得拒绝赔付，不能追偿。

4.交强险的赔付有限额

被保险机动车发生道路交通事故造成本车人员、被保险人以外的受害人人身伤亡、财产损失的，由保险公司依法在机动车交通事故责任强制保险责任限额范围内予以赔偿。

交强险是在平衡投保人、保险人和第三方受害人合法利益的基础上设计的一种强制险，需要考虑几个因素：首先是满足交通事故受害人基本保障需要，其次是与国民经济发展水平和消费者支付能力相适应，最后是参照国内其他行业和一些地区赔偿标准的有关规定。由于带有强制性，保险费用不能过高，相应地，保险金赔付就有限额规定。

根据现行有效的法律文件规定，2008年2月1日后，机动车在道路交通事故中有责任的赔偿限如下：

死亡伤残赔偿限额：110 000元人民币；

医疗费用赔偿限额：10 000元人民币；

财产损失赔偿限额：2 000元人民币。

机动车在道路交通事故中无责任的赔偿限额如下：

死亡伤残赔偿限额：11 000元人民币；

医疗费用赔偿限额：1 000元人民币；

财产损失赔偿限额：100元人民币。

**（二）道路客运承运人责任险**

道路客运承运人责任保险是指经道路运输管理机构批准在中华人民共和国境内（不包括港、澳、台地区）合法从事道路客运服务的承运人对自身经营的客运车辆上的乘客和财产投保责任险，在客运经营过程中发生交通事故或者其他意外事故，致使乘客遭受人身伤亡或直接财产损失，依法应当由被保险人对乘客承担的赔偿责任，由保险公司在保险责任限额内给予赔偿的一种保险。本险的承保对象是本车乘客人身伤害或者随身携带物品的财产损失，乘客是指持有效运输凭证乘坐客运汽车的人员、按照运输主管部门有关规定免费乘坐客运车辆的儿童以及按照承运人规定享受免票待遇的人员。

本险的承保对象不包括车上的司乘人员，仅包括乘客和乘客托运及随身携带的财物。司乘人员可以在本险之后，附加司乘人员责任保险。本险种的特点下如。

1. 强制险

《中华人民共和国道路运输条例》第三十五条规定，客运经营者、危险货物运输经营者应当分别为旅客或者危险货物投保承运人责任险。对客运经营者来讲，道路客运承运人责任保险是一种强制险，但对一般非客运车辆来讲，不是强制险。而且，道路客运承运人责任保险作为强制险，和机动车交通事故责任强制保险，虽然同样是强制险，两者的强制性有很大的区别。

第一，强制的范围不同。道路客运承运人责任保险仅要求客运车辆强制投保，并未强制非客运车辆投保，但交强险则强制所有机动车必须投保，而且有严格的要求和罚则。

第二，两者的规范性不同。道路客运承运人责任保险的规范性要求较低，没有全国统一的费率和价格，有地域和公司差别，没有统一的条款要求；交强险是全国统一的费率和价格，有统一的条款要求，有《机动车交通事故责任强制保险条例》的规范化要求，有明确具体的罚则。

第三，保险标的不同。道路客运承运人责任保险的标的是车上的乘客和乘客托运及随身携带的财物，保险的空间在车内；交强险的标的是除投保人和被保险人之外的第三方受害人，保险的空间在投保车辆之外。

道路客运承运人责任保险的保障责任范围包括旅客人身伤亡赔偿、旅客财产损失赔偿、相关的法律诉讼等费用三个部分。赔偿直接损失，不赔偿间接损失。

2. 无责和无过错赔付原则

客运承运人在运输过程中发生意外事故，不管承运人有无过错和有无责任，均应当按照合同约定进行赔付，但禁止性免责条款、自然灾害、战争、恐怖活动等除外。

在保险期间内，被保险人在使用保险单载明的客运车辆从事合法客运经营过程中发生意外事故，导致本车旅客人身伤亡或随身携带物品的财产损失，依照中华人民共和国法律应由被保险人承担经济赔偿责任的，保险人应按照保险合同约定负责赔偿。

意外事故发生的原因有两种，一种是本车原因，另一种是车外因素，不管哪一种原因，保险人均应当给予赔付，但禁止性免责条款、自然灾害、战争、恐怖活动等除外。

3. 本险种实行赔偿限额制

赔偿限额包括每人赔偿限额、每次事故赔偿限额和累计赔偿限额，由投保人与保险人约定，并在保险合同中载明。

发生保险责任范围内的损失，保险人对每一旅客承担的最高赔偿金额不超过保险合同约定的每人赔偿限额。其中，保险人就每一旅客财产损失的赔偿金额不超过保险合同约定的每人赔偿限额的5%。

对于每次事故，保险人对法律费用的赔偿金额不超过保险合同列明的每次事故赔偿限额的5%，但在保险期间内该项赔偿金额之和不得超过保险合同约定的累计赔偿限额的30%。

保险人对每次事故承担的赔偿金额之和不超过保险合同约定的每次事故赔偿限额。在保险期间内，保险人累计承担的赔偿金额之和不得超过保险合同约定的累计赔偿限额。

4. 不赔偿任何间接损失和任何精神损害赔偿

道路客运承运人责任保险是一种合同责任，确保运输企业可以在发生重大交通事故后不至于陷于破产风险，为了平衡保险人和投保人的利益，让保险行业健康发展，保险条款约定不赔偿间接损失是一种正确选择。由于是合同责任，坚持无责和无过错赔偿，不赔偿精神损害赔偿，是合同责任应有的含义。

道路客运承运人责任保险和机动车车上人员责任保险有相同之处，但两个险种有较大区别。

（1）投保人不同。道路客运承运人责任保险的投保人是经过国家行政机关许可从事客运业务的市场经营主体；机动车车上人员责任保险的投保人是一般机动车辆，非营运车辆。

（2）强制险和商业险的区别。道路客运承运人责任保险是强制险；机动车车上人员责任保险是商业险。

（3）保险对象不同。道路客运承运人责任保险的保险对象是客运中的乘客和乘客随身携带的物品，不包括司机和驾乘人员；机动车车上人员责任保险的保险对象是车上的座位，按照座位个数进行赔付，包括乘车人员和司机。

（4）赔付额度不同。道路客运承运人责任保险是强制险，营运过程中风险较大，保险人赔付额度较高；机动车车上人员责任保险的保险金额由被保险人和保险公司协商确定，一般每个座位保额按1万~5万元确定。司机和乘客的投保人数一般不超过保险车辆行驶证的核定座位数。

### （三）交通事故精神损害赔偿责任保险

交通事故精神损害赔偿责任保险，简称交通事故精神损害险，是指在保险期间内，被保险机动车在使用过程中，发生意外事故，致使第三者人员或本车上人员的残疾、烧伤、死亡或怀孕妇女流产，受害方据此提出的精神损害赔偿请求，依照法院生效判决或者经事故双方当事人协商一致并经保险人书面同意的，应由被保险人承担的精神损害赔偿责任，保险人在保险合同约定的责任限额内负责赔偿。

投保人在同时投保了机动车第三者责任保险和车上人员责任保险的基础上，可投保本附加险。

该险种的赔付实行责任限额，每次事故责任限额和每次事故每人责任限额由投保人和保险人在签订保险合同时协商确定，其中每次事故每人责任限额不超过5万元。

### （四）附加不计免赔保险

参考中国人民财产保险公司的保险条款，附加不计免赔保险是指"不计免赔率特约条款"，是针对具有免赔率的主险险种，投保人投保相应主险后，可以附加投保不计免赔保险，经特别约定，发生意外事故后，按照对应投保的主险条款规定的免赔率计算的、应当由被保险人自行承担的免赔金额部分，保险公司会在责任限额内负责赔偿。一般来说，投保了这个险种，就能把本应由自己负责的5%到20%的赔偿责任再转嫁给保险公司。

免赔制度的设计是为了促使投保人和被保险人在行车过程中安全文明驾

驶，减少交通事故发生。如果投保人或者被保险人在交通事故中承担事故责任，保险人根据预先设计的责任划分所指向的免赔率，计算免赔额，如果投保人投保了不计免赔附加险，则该部分免赔额由保险人负责赔偿，但符合保险人拒绝赔偿的法定情形除外。

不计免赔保险，是一种商业险，是一种附加险，必须投保相应主险后，才能投保不计免赔保险。该险种的常见主险有第三者责任险、机动车损失保险、车上人员责任险、车身划痕损失险、盗抢险。

### 二、投保人投保的险种在本案中的适用问题

G县人民法院认为，川Q×××××号大客车虽在中财保YB分公司投保了交强险、商业第三者责任险，附加不计免赔，但范某某是在下车过程中车辆起步致伤，故范某某的损失不应在交强险及商业第三者责任保险限额内赔偿。

G县人民法院认为，原告范某某不属于保险法中的第三者，故保险公司在交强险及商业第三者责任保险限额内不承担赔偿责任。交强险及商业第三者责任保险中的第三者是指投保人、被保险人以外的第三方受害人。由于范某某是在下车过程中车辆起步致伤，范某某属于车上人员，应在道路客运承运人责任保险中进行赔偿。

G县人民法院判决被告林某某于判决生效之日起10日内赔偿原告范某某因交通事故受伤致残的损失52 341.4元，扣减被告林某某已垫付的费用20 007.9元后，林某某还应赔偿范某某32 333.5元。对于该笔由于交通事故给范某某造成的52 341.4元损失，林某某由于投保了道路客运承运人责任保险，其本人在赔偿范某某相关损失费用后，可以以"道路客运承运人责任保险"保险合同纠纷对保险公司提起诉讼。当然，双方也可以协商，由保险公司向林某某按照道路客运承运人责任保险的险种进行理赔。

## 刘某某诉曾某某、钟某某机动车交通事故责任纠纷案

——电动车交强险及第三者责任险的问题研究

**关键词**

电动车　交强险　第三者责任险

**裁判要点**

驱动方式、最高时速和整车质量是判断电动车属于机动车还是非机动车的首要标准。交通管理部门在事故责任认定书中已认定钟某某所有的电动车属于非机动车，《机动车交通事故责任强制保险条例》适用的车辆是机动车，因此，应认定钟某某所有的电动车不应当承担交强险赔付责任。本案中，由川Q×××××号车的交强险先行赔付原告的损失，不足部分再按照责任比例承担。

**相关法条**

《中华人民共和国民法通则》第一百零六条第二款、第一百一十九条、第一百三十四条第一款第七项

《中华人民共和国侵权责任法》第三条、第六条、第十五条第一款第六项、第十六条、第二十二条、第四十八条

《中华人民共和国道路交通安全法》第七十六条

《中华人民共和国保险法》第六十四条、第六十五条

《最高人民法院关于审理人身损害赔偿案件适用法律若干问题的解释》第十七条、第十八条、第十九条、第二十条、第二十一条、第二十二条、第二十三条、第二十五条、第二十八条

《最高人民法院关于确定民事侵权精神损害赔偿责任若干问题的解释》第八条第二款、第九条、第十条

**基本案情**

2017年10月2日11时44分，被告曾某某驾驶川Q×××××号轿车从g县庆符镇老桥头沿翰笙路往通道口方向行驶，当车在掉头过程中，因操作不当与后方驶来的被告钟某某驾驶的无牌两轮电动车发生碰撞，致使电动车

摔倒并往道路左侧滑行，在电动车滑行过程中，与从通道口方向驶来的人力三轮车发生碰撞，造成原告刘某某（女）及其女儿受伤的交通事故。刘某某受伤后，被送到 g 县人民医院住院治疗 63 天，诊断为右侧耻骨上、下骨折；S1 椎体右侧及 S—4 右侧骶孔骨折；右外踝挫裂伤；软组织挫裂伤。用去医疗费 12 228.99 元。出院医嘱为院外继续对症治疗，定期门诊拍片复查。2018 年 1 月 10 日，刘某某的伤经四川某司法鉴定所鉴定为十级伤残。鉴定费为 1 000 元。2017 年 10 月 13 日，g 县公安局交通管理大队作出交通事故认定书，认定曾某某、钟某某承担事故的同等责任；刘某某不承担责任。曾某某所有的川 Q×××××号车向某保险公司投保了交强险和商业险（保险限额 1 000 000 元）及不计免赔险。曾某某、钟某某作为侵权人应当承担赔偿责任；某保险公司作为保险人应当在保险限额内承担赔付责任。

被告人某保险公司辩称，对交通事故的发生及事故责任认定无异议；原告的损失应当由两事故车辆的交强险平均赔付后，再由商业险按比例赔付；不承担鉴定费和诉讼费。

被告曾某某辩称，同意保险公司意见；垫付的 10 000 元医疗费，要求在本案中解决。

被告钟某某辩称，对交通事故的发生及事故责任认定无异议；应当由川 Q×××××号车的交强险先行赔付，不足部分按责任比例赔付；垫付的 2 000 元医疗费，要求在本案中解决。

原告刘某某向法院提出诉讼请求，要求依法判决三被告赔偿原告因交通事故受伤造成的各项损失共计 140 229.99 元。原告为证明自己的主张向法庭提供的证据是：原告和被告的身份证复印件、被告行驶证、保险单复印件、道路交通事故认定书、原告的诊断证明及病历、医疗费发票、司法鉴定所鉴定意见书、鉴定费发票、被抚养人出生医学证明、原告的劳动合同、收入证明、工资表、原告雇请护工的护理费收条。三被告对原告提供的证据均无异议，法院予以采信。被告曾某某、钟某某向法庭提供的证据是：垫付医疗费票据。原告对两被告提供的证据无异议，法院予以采信。被告人某保险公司未向法庭提供证据。

法院经审理认定事实如下：双方当事人对本案交通事故发生的事实及责任认定没有争议，法院予以确认。庭审查明，原告从 2016 年 3 月 1 日至发生交通事故时在某县彩虹幼儿园工作，月工资 4 000 元。原告与刘某某是夫妻，刘某某夫妻于 2013 年生育大女儿邓某一，2015 年生育小女儿邓某二原告住院期间分别雇请王某某、陈某某护理，用去护理费 6 300 元。

**裁判结果**

四川省某县人民法院于 2018 年 9 月 26 日作出判决：一、由被告某保险公司在被告曾某某所有的川 Q×××××号车投保的交通事故强制保险和商业第三者责任保险限额内赔付原告与刘某一是夫妻，各项损失 118 317.49 元；支付被告曾某某垫付款 10 000 元。二、由被告钟某某赔偿原告刘某某各项损失 5 545 元，扣除已支付的 2 000 元，还应当支付原告刘某某 3 545 元。

**裁判理由**

法院生效裁判认为，钟某某所驾驶的电动车是不是应当承担交强险赔付责任是本案的争议核心问题。关于争议核心，由于交通管理部门在事故责任认定书中已认定钟某某所有的电动车属于非机动车，《机动车交通事故责任强制保险条例》适用的车辆是机动车，因此，钟某某所有的电动车不应当承担交强险赔付责任。在本案中，由川 Q×××××号车的交强险先行赔付原告的损失，不足部分按责任比例承担。法院对原告的损失认定如下：①残疾赔偿金 94 440.5 元；②精神损害抚慰金 5 000 元；③护理费 6 300 元（以实际发生为准）；④住院伙食补助费 1 260 元；⑤医疗费 12 228.99 元；⑥交通费 300 元；⑦鉴定费 1 000 元；⑧误工费 13 333 元，合计 133 862.49 元。因原告未提供证据证明其用去续医费 500 元，对其续医费的请求，法院不予支持。

**案例注解**

本案的案件比较典型，电动车是否应当承担交强险赔付责任是一个令大众困惑不已的问题。判断电动车是否应该承担交强险赔付责任，我们首先要厘清电动车是否属于机动车以及电动车是否需要投保交强险和第三者责任险这两个问题。

## 一、电动车是否属于机动车的判定标准

第一，《中华人民共和国道路交通安全法》（下称《道路交通安全法》）第一百一十九条指出了机动车与非机动车的根本区别，并对二者作出了明确的区分。机动车是指用动力装置牵引或驱动，可以上路行驶的供人员乘用或者用于运送物品以及进行工程专项作业的轮式车辆。而非机动车则是指用畜力或者人力驱动，可以上路行驶的交通工具，以及虽有动力装置驱动但设计最高时速、空车质量、外形尺寸符合有关国家标准的残疾人机动轮椅车、电动自行车等交通工具。从第一百一十九条中，我们可以总结出如下结论：驱动方式、最高时

速以及整车质量是区分机动车与非机动车的关键所在。

第二,《机动车运行安全技术条件》(GB7258)第3.6.1条对普通摩托车作了以下定义:普通摩托车是指不管其使用哪种驱动方式,其最大设计车速应超过50 km/h,或如使用内燃机,其排量应超过50 mL,或如使用电驱动,其电动机最大输出功率总和应超过4 kW。其中,两轮摩托车、边三轮摩托车和正三轮摩托车都属于普通摩托车中的分类。

第三,按照《机动车运行安全技术条件》(GB7258)第3.6.2条对轻便摩托车的相关规定,我们可以从中知晓,轻便摩托车是指不管使用何种驱动方式,其最大设计车速应不大于50 km/h的摩托车,且如使用内燃机,其排量应不大于50 mL;如使用电驱动,其电动机最大输出功率总和应不大于4 kW。轻便摩托车包括了两轮轻便摩托车和正三轮轻便摩托车。

第四,《电动自行车安全技术规范》(GB17761—2018)第6.1.1.1条首先对电动自行车的最高车速作了硬性规定,其规定电动自行车车速限值应当符合下列要求:使用电驱动功能行驶时,最高车速不超过最高设计车速,且不超过25 km/h;使用电助动功能行驶时,车速超过25 km/h时,电动机不提供动力输出。紧接着,第6.1.3条规定其整车质量(重量)应小于或等于55 kg。最后,第6.1.4条规定了其脚踏骑行能力,指出电动自行车脚踏骑行能力应当符合的要求之一是,30 min的脚踏骑行距离大于或等于5 km。

第五,一旦从技术层面(即设计车速和整车质量)上达到了轻便摩托车或者普通摩托车的判定标准,在查处时电动车则将会按照机动车的相关标准来进行处理。

据此,电动车是否属于机动车范畴的问题,我们不能混为一谈,要具体问题具体分析。在我国,电动车被进行了明确的分类,电动自行车、电动轻便摩托车和电动摩托车这三大类是被允许上路行驶的电动车。电动自行车的新国标当前已经公布,其属于非机动车的类别,而电动轻便摩托车和电动摩托车则属于机动车的类别。我们可以了解一下新国标的几项重要标准。从新国标来看,国标电动车必须满足以下几个标准,即电池电压不大于48 V、最高车速不大于25 km/h、电机额定功率不大于400 W、整车质量不大于55 kg且必须具有脚踏骑行功能。如果不满足其中任何一项,将会被贴上超标电动车的标签。如若是超标电动车,则会被分为电动轻便摩托车和电动摩托车,它们属于机动车的范畴,需要获得许可才可以上路行驶。但是如若是国标电动车,就属于非机动车的范畴,可以直接上路,无须上牌领证。

本案中,钟某某所有的电动车属于非机动车,《机动车交通事故责任强制保险系列》适用的车辆是机动车，因此，钟某某所有的电动车不应当承担交强险赔付责任。

## 二、电动车投保交强险和第三者责任险问题探讨

电动车一旦被划分为机动车，则需要投保交强险和第三者责任险。保障机动车道路交通事故受害人可以获得及时的救助是设立交强险的宗旨所在。与此同时，公益性、强制性和广泛性是交强险的重要特性，在维护道路交通通行者人身财产安全、确保道路安全方面发挥着不容忽视的作用。交强险是一种强制性责任保险，是由保险公司在责任限额内对被保险机动车发生道路交通事故造成受害者（不包括本车人员和被保险人）人身伤亡、财产直接损失所给予的一种补偿。交强险的首要实行法则为削减法律纠纷、简化处置方式，为确保受害者取得实时有效的补偿提供了既基础又充分的保障。而第三者责任险的主要作用是为了保障道路交通事故中第三方受害者获得及时有效的赔偿。具体来说，第三者责任险是指在使用被保险车辆的过程中，被保险人许可的合格驾驶员突生意外，发生事故，导致第三方遭受了人身伤亡或财产的直接损失，本应由被保险人支付赔偿金额，因投保了电动车第三者责任险，而由保险人依照保险合同中的有关规定予以赔偿的一种险种。

目前，全国因不规范行驶由电动车引发的交通事故死亡人数在逐年增加。此外，令人烦恼的是很多电动车辆没有购买保险。在发生交通事故时，受害者的合法权益会很难得到保障，更甚者，一些家庭会因此而重返贫困，从此一蹶不振。同时，如果电动车发生交通事故，赔偿调解又何尝不是一个令人痛苦的问题，它增加了交通事故处理和调解的难度。投保电动车交强险以及第三者责任险，购买电动车保险产品，可以在车辆发生事故后，根据保障方案赔偿对应的保额，借此来分散风险以及分担经济赔偿的压力。因此，对电动车投保交强险以及第三者责任保险，不仅是市场的需求，也是人们的需要。

这些年来，电动车有着环保、经济、节能和便捷等多种优点，基于此而广受社会大众好评。电动车在出行方面给人们创造了诸多的便利，但也增加了许多的问题。因电动车发生的交通事故数不胜数，相似案例时有发生。[1]

在注释案例中，电动自行车第三者责任险的问题是案子审理的关键。依照《中华人民共和国民法通则》（下称《民法通则》）、《中华人民共和国保险法》《中华人民共和国道路交通安全法》《中华人民共和国道路交通安全法实施

---

[1] 参见（2018）川1521民初1336号。

条例》等相关法律法规规定，保险电动自行车的电动机额定持续输出功率应不超过 240 W，最高车速应不超过 20 km/h。概而论之，保险电动自行车是指遵照当地政府的相关规定或经公安机关交通管理部门登记上牌后可以在路上行驶的特种自行车。当然，保险电动自行车还必须符合以下五个条件：①需在保险单中载明；②需以蓄电池为辅助能源；③需具备两个车轮；④能实现人力骑行（即具备良好的脚踏骑行功能）；⑤具有电动或电助动功能。被保险人应至少年满 16 周岁，保险电动自行车是其所有。而第三者是指除投保人、被保险人、保险人之外的受害方，其因保险电动自行车发生意外事故而遭受了人身伤亡或财产的直接损失。

可是，"非机动"电动自行车要如何上保险呢？

目前，为了给电动自行车提供最基础而充分的保障，已经有数家保险公司推出了"电动自行车第三者责任保险"或单独的"电单车撞人险""电单车被撞险"以及"电单车综合险"。"电动自行车第三者责任险"保障的是在使用被保险车辆的过程当中，被保险人以及被保险人许可的合格驾驶人员因意外事故致使第三方遭受人身伤亡或财产的直接损失，本应由被保险人支付赔偿金额，而由保险人依照保险合同中的有关规定予以赔偿。"电单车撞人险"保障的是被保险人在行驶电单车的过程中撞上人后的赔偿。"电单车被撞险"保障的是被保险人在行驶电单车过程中的人身安全。而"电单车综合险"，顾名思义，综合了"电单车撞人险"及"电单车被撞险"两个险种。

那么，"机动"电动轻便摩托车和"机动"电动摩托车又是如何上保险的呢？

依照相关法律法规规定，允许上路行驶的达到了"机动车"判定标准的电动车，应经过公安机关交通管理部门登记并核发牌证。同时，驾驶人员应考取摩托车的准驾资格。如此，才能在发生交通事故时，减轻驾驶人员的责任。否则，不管是无证驾驶，还是驾驶无证车辆，一旦遇到交通事故，驾驶人员可能会面临承担主要责任或全部责任的后果。公安部《机动车驾驶证申领和使用规定》规定了机动车驾驶人准予驾驶的多种车型，其中轻便摩托车和普通摩托车被归入其内。电动轻便摩托车是指最高车速超过 25 km/h，但未超过 50 km/h 的电动车，对此，应该取得"轻便摩托车"的驾驶证。而超过 50 km/h 的电动车，则为"摩托车"，对此，应该取得"摩托车"的驾驶证。

"电动轻便摩托车"和"电动摩托车"属于机动车的范畴，按理来说应该缴纳"机动车交通事故责任强制保险"。但是，我们却面临着一个困扰已久的问题。由于许多地区存在着"限摩"的指导思想，即使大多数电动车符合机动车的标准，这些地区也不会核发电动轻便摩托车或电动摩托车的牌证，它们仅仅被允许进入工信部《道路机动车辆生产企业及产品公告》的产品办理注册登记。

与此同时，《机动车交通事故责任强制保险基础费率表》作为与《机动车交通事故责任强制保险条例》的配套，到目前为止都尚未对电动车的新类型进行调整，也没有强制要求对电动车辆进行交强险的缴纳。即使车主想要为电动车辆投保交强险，保险公司也会拒绝承保。他们拒绝的理由通常较为单一，即交强险的承保范围中不包括电动车辆。不难看出，保险公司如此做的目的是为了推卸对安全隐患较大的电动车群体的赔偿责任，以此减轻自己的负担。

依照相关法律规定，如若发生交通事故后，电动车被评定为机动车，且依法投保了交强险，则应由保险公司在交强险范围内首先进行赔偿，赔偿终了后再依照民事责任来分责；若是被评定为机动车，但未缴纳交强险，则应由电动车驾驶人员自己在交强险范围内先就相关损失进行赔偿，赔偿结束后才会根据民事责任来分配责任归属。

无独有偶，我们不妨再来看看实际生活中发生的案例。孙某某在过马路时，因不规范驾驶电动自行车不幸与一辆卡车相撞，不幸去世。交通管理部门认定其驾驶的电动车属于摩托车，因此被认定与卡车承担同等责任。孙某某的家属起诉了生产厂家。然而，究竟是何种原因让两者对簿公堂呢？

原来，生产厂家在销售电动车的时候并未对孙某某就车辆性质进行准确充分的说明，没尽到提醒注意义务，反而将摩托车以电动助力车的形式出售，混淆了两者的概念，殊不知，两者的性质有着很大的差别。生产厂家的行为导致孙某某对自己所驾驶的电动车的车辆性质没有清晰的认知，以为自己驾驶的是电动自行车，属于非机动车的类别，因此没有考取摩托车的准驾资格就上路了。正是因为如此，使得交通管理部门认定孙某某与卡车承担同等责任。

本案经过了一审和二审程序，在审理的过程中，判定电动自行车是否属于机动车仍然是案件审理的关键。据悉，电动自行车必须同时满足以下几个条件：①必须要具备脚踏骑行的功能。②最高车速应小于 25 km/h。③车的整车质量要小于或等于 55 kg。只要不满足任一条件，则不属于电动自行车的类别，从而可能会被冠以"机动车"的名号。

一旦电动车被定义为机动车，随之而来的或许会面临各种属于机动车的违法违章行为，如未上号牌、无证驾驶、未投保交强险等。在此，我们需要再次重申，驱动方式、最高时速以及整车质量才是区分电动车是否为机动车的标准，而不是动力来源（即用电还是烧油）。因此，"电动车"的车主应对自身所驾驶的"电动车"的车辆性质有一个清晰明了的认知,明白自己的"电动车"究竟是属于机动车还是非机动车。如果符合机动车的标准,就应对"电动车"投保交强险及第三者责任险,否则,一旦发生交通事故,车主可能会面临很大的经济压力。通过购买交强险和第三者责任险来分散风险,缓解经济困境,实属明智之举,笔者认为对"电动车"投保交强险及第三者责任险是一件迫在眉睫的事情。

  综上,以上案例都反映出同一个迫切的问题,即重新定位"电动车"的法律属性。当前,伴随着电动车销售行业一派欣欣向荣的景象,随之而来的是电动车销售业绩的蒸蒸日上,但同时,因为广大群众骑行电动车时的诸多不规范、不文明行为导致交通事故频发。目前,市面上销售的"电动车"大多数与非机动车的标准不相符,反而更倾向机动车的类别。发生交通事故后,常常会被交通管理部门认定为机动车,但是令人苦恼的是,电动车至今都没有投保交强险的相关规定,在发生交通事故后,车主需要自己支付巨额的赔偿费用,没有其他救济手段,究其根本,我国法律的缺失是造成此种不合理现象的首要因素。

  因而,笔者在此呼吁当地政府及公安机关交通管理部门要对电动车的管理给予高度的重视和严格的审核,要按照既定的标准或制度对电动车进行有效的治理和约束。只要电动车没有投保,公安机关交通管理部门一概不予核发牌证也不能通过年检年审。同时,保险公司要积极联系公安机关交通管理部门,与之接洽,提供现场服务,以方便民众在领取牌证时可以一并为电动车缴纳保险,此举意在替社会大众考虑,省力省时又省心。当然,一旦被保险电动车出险,保险公司就应该秉持"忠诚服务、笃守信誉"的宗旨,及时、积极、无误、合理地开展工作,进行保险理赔。笔者倡议要对电动车销售行业进行严格规范,且应重新定位电动车的法律属性,适时公布实施相关保险条例,明确将符合机动车标准的电动车分类为机动车,制定属于机动车类别的电动车的相关登记程序,将一切工作贯彻落实到实处,切忌敷衍塞责,只做表面功夫。

# 彭某诉张某、黄某、中国人民财产保险股份有限公司 YB 市分公司机动车交通事故责任纠纷案

——人保财险公司对第三者责任险的赔偿问题

## 关键词

第三者责任保险　交强险　财产损失　人身伤亡

## 裁判要点

1.在交通事故发生时,交强险应当首先承担理赔功能。对交强险赔偿不足的部分,再考虑由商业第三者责任险进行赔偿,对商业第三者责任险赔偿仍然不足的部分,最后由机动车一方根据法律的相关规定进行赔偿。

2.责任保险作为财产保险,其保险标的为被保险人对第三人承担的民事赔偿责任。投保人投保责任保险的主要目的在于分散自身的责任风险,这种风险包括共同侵权行为所发生的对外的全部责任。

## 相关法条

《中华人民共和国侵权责任法》第六条、第十六条、第二十二条

《中华人民共和国道路交通安全法》第七十六条

《中华人民共和国保险法》第六十五条

《最高人民法院关于审理道路交通事故损害赔偿案件适用法律若干问题的解释》第十七条、第十八条、第十九条、第二十条、第二十一条、第二十二条、第二十三条、第二十五条、第二十六条

## 基本案情

2016 年 4 月 5 日,张某驾驶川 QHJ×××号小型轿车从 J 县往 g 县庆符镇方向行驶,于当日 10 时 20 分行驶至省道 206 线 329 km+100 m 处时遇前方堵车停车后,坐在副驾驶位置的黄某打开车门时与后面驶来的由彭某驾驶的川 QA8×××号二轮摩托车发生碰撞,造成彭某受伤及两车受损的交通事故。彭某受伤后即被送往 g 县某医院救治,住院治疗 35 天后于 2016 年 5 月 9 日好转出院。彭某住院期间产生医疗费 22 265.11 元、检查费 252 元、辅助器具费 100 元,其中黄某为其垫付医疗费 20 265.11 元。彭某住院期间,黄某给付

彭某生活费800元，并垫付川QA8×××号车修理费1600元。2016年4月13日，g县公安局交通管理大队作出道路交通事故认定书，认定黄某、张某在此事故中共同承担主要责任，彭某在此事故中承担次要责任。2016年9月20日，彭某委托YB某司法鉴定所对其伤情进行鉴定，鉴定意见为伤残等级评定为七级伤残，后续医疗费约需8000元。同年10月11日，彭某支出鉴定费1300元。

在本案诉讼过程中，人保财险YB分公司提出书面申请，对彭某伤残等级进行重新鉴定，一审法院依法组织双方当事人选定鉴定机构四川某司法鉴定中心进行鉴定，鉴定为九级伤残。此次鉴定，彭某产生住宿费108元、交通费98.5元。诉讼过程中，彭某将诉讼请求金额变更为86146.50元。

张某与黄某系朋友，黄某系川QHJ×××号车所有人，该车在人保财险YB分公司投保了交强险和商业三者险，保险期间均为2015年12月16日起至2016年12月16日止，其中商业三者险保险限额为200000元。本次事故发生在保险合同有效期内。

**裁判结果**

四川省YB市g县人民法院作出一审判决：一、由中国人民财产保险股份有限公司YB市分公司在川QHJ×××号车交强险死亡伤残赔偿限额内赔偿彭某各项损失共计58594.50元；二、由中国人民财产保险股份有限公司YB市分公司在川QHJ×××号车商业三者险赔偿责任限额内赔偿彭某各项损失共计3664.37元；三、由中国人民财产保险股份有限公司YB市分公司在川QHJ×××号车交强险医疗费赔偿限额内给付黄某10000元，在川QHJ×××号车交强险财产损失限额内给付黄某1600元，在川QHJ×××号车商业三者险赔偿限额内给付黄某11065.11元；四、驳回彭某的其他诉讼请求。

被告中国人民财产保险股份有限公司YB市分公司不服四川省YB市g县人民法院作出的民事判决，提起上诉。四川省YB市中级人民法院民事判决书于2017年6月16日作出二审判决：一、驳回上诉，维持原判。二、二审案件受理费50元，由上诉人中国人民财产保险股份有限公司YB市分公司负担。

**裁判理由**

一审法院认为，公民的生命健康权受法律保护。公民由于过错侵害他人人身、财产权利的，应当依法承担民事责任。本次事故由张某、黄某共同承担主要责任，彭某承担次要责任，双方当事人对此均无异议，予以确认。彭某的损

## 第二章　第三者责任险赔偿

失应当由侵权人张某、黄某根据其责任比例承担赔偿责任。彭某的损失应当首先由人保财险 YB 分公司在川 QHJ××× 号车交强险赔偿责任限额内向彭某支付，不足部分，由张某、黄某及彭某按事故责任比例分摊，即张某、黄某共同承担 70% 的赔偿责任，彭某自行承担 30%。张某、黄某承担的部分，应由人保财险 YB 分公司在商业三者险赔偿限额内赔偿彭某；人保财险 YB 分公司主张其仅在川 QHJ××× 号车商业三者险赔偿限额内承担 35% 的赔偿责任。一审法院认为，人保财险 YB 分公司与黄某签订的商业保险合同，保险标的系川 QHJ××× 号车，该车发生意外造成第三人损失，由被保险人承担的经济赔偿责任，应当由保险人即人保财险 YB 分公司负责赔偿，人保财险 YB 分公司未提交证据证明其抗辩主张，不予采纳。

二审法院认为，责任保险作为财产保险，其保险标的为被保险人对第三人承担民事赔偿责任。投保人投保责任保险的主要目的在于分散自身的责任风险，这种风险包括共同侵权行为所发生的对外的全部责任。本案的肇事车辆川 QHJ××× 号车在人保财险 YB 分公司投保了交强险和商业三者险。而本案当事人黄某不仅是肇事车辆川 QHJ××× 号车的投保人，也是合同约定的被保险人。被保险人黄某与其允许的驾驶人张某在使用车辆的过程中共同侵权行为导致彭某受伤造成损失应承担连带赔偿责任。人保财险 YB 分公司在上诉中提出《保险股份有限公司第三者责任保险条款》第四条规定"保险期间内，被保险人或其允许的合法驾驶人在使用被保险机动车过程中发生意外事故，致第三者受人身伤亡或财产直接毁损的，对于超过机动车交通事故责任强制保险各分项限额以上的部分负责赔偿"。可见，无论是被保险人，还是被保险人允许的驾驶人在使用车辆的过程中致第三人受人身伤亡或财产损失的，对超出交强险限额以外的损失，人保财险 YB 分公司应当在商业第三者责任险限额内予以赔偿。

**案例注解**

保险是一种有效的分散风险减少损失的手段。机动车第三者责任险作为一种责任保险，转移了在交通事故中应由被保险人承担的赔偿责任。现实生活中，大多数车主在购买了机动车交通事故责任强制保险后同时购买了商业三者险，交强险提供最基本的保障，商业三者险进行有益补充，两险并存，有效转移风险，保护第三者的利益。

## 一、我国关于机动车第三者责任险的相关规定

### （一）机动车第三者责任险的一般理论

保险是指由一方（被保险人）将风险转移给另一方（承保人）的协议。保险的最根本目的就是转移风险。按照保险标的分类，可将保险区分为财产保险与人身保险。财产保险是以财产及其有关财产利益为保险标的的保险，包括财产损失保险、责任保险、信用保险等保险。机动车第三者责任保险，是指机动车所有人向保险人支付一定数额的保险费，被保险人或者其允许的合格驾驶员在使用机动车辆的过程中，致使第三者遭受保险合同规定范围内的人身伤亡或者财产损失，在法律上应由被保险人承担赔偿责任时，保险人按照规定负责赔偿的一种保险活动。本案的保险标的为被保险人对第三人承担民事赔偿责任。投保人投保责任保险的主要目的在于分散自身的责任风险，这种风险包括共同侵权行为所发生的对外的全部责任。以投保责任险是否为强制分类，机动车第三者责任险可分为交强险和商业三者险。

根据国务院颁布的《机动车交通事故责任强制保险条例》第三条的规定："本条例所称机动车交通事故责任强制保险，是指由保险公司对被保险机动车发生道路交通事故造成本车人员、被保险人以外的受害人的人身伤亡、财产损失，在责任限额内予以赔偿的强制性责任保险。"而机动车商业第三者责任险的保险责任是指保险期间内，被保险人或其允许的合法驾驶人在使用被保险机动车过程中发生意外事故，致使第三者遭受人身伤亡或财产直接损毁，依法应当由被保险人承担的损害赔偿责任，保险人依照保险合同的约定，对于超过机动车交通事故责任强制保险各分项赔偿限额以上的部分负责赔偿。本案的肇事车辆川QHJ×××号车在人保财险YB分公司投保了交强险、商业险。而本案当事人黄某不仅是肇事车辆川QHJ×××号车的投保人，也是合同约定的被保险人。被保险人黄某与其允许的驾驶人张某在使用车辆的过程中的共同侵权行为导致彭某受伤造成损失，应承担连带赔偿责任。

交强险的宗旨是保障机动车道路交通事故受害者依法得到及时的赔偿，促进道路交通安全，具有公益性。机动车商业第三者责任险是依据《中华人民共和国保险法》（下称《保险法》）和《合同法》的规定建立起来的一种保险制度，具有较强的商业价值属性，体现了契约自由原则，当事人可以自由选择是否投保、投保内容，保险公司也可以自由决定是否承保、怎样承保。本案中，无论是被保险人黄某还是被保险人允许的驾驶人张某，在使用车辆的过程中致第三

人受人身伤亡或财产损失的，对超出交强险限额以外的损失，人保财险 YB 分公司应当在商业第三者责任险限额内予以赔偿。

### （二）机动车第三者责任险现行法律规定分析

我国《保险法》《中华人民共和国侵权责任法》(下称《侵权责任法》)、《道路交通安全法》等法律及国务院制定的《机动车交通事故责任强制保险条例》、最高人民法院出台的相关司法解释以及保监会批准的各家保险公司的《机动车交通事故责任强制保险条款》和《机动车第三者责任保险条款》共同构成我国机动车第三者责任保险制度。其主要存在以下三点不足。

第一，法律制度上不够完善。如未明确受害人对保险公司的直接请求权，现行相关法律、法规及司法解释存在部分相互矛盾之处，如对"财产损失"的界定，在《道路交通安全法》和《机动车交通事故责任强制保险条例》中采用狭义说，是指与"人身伤亡"相对应的，而在最高人民法院的相关司法解释中却采用"广义说"，是指与"精神损害"相对应的；如对第三者的范围未作出明确的规定。例如，《保险法》第六十五条[①]的规定，根据我国民事立法中对于民事主体的规定，此处的第三者是指保险人与被保险人之外的，遭受财产损失或人身伤亡，并且依据法律规定应该获得赔偿的法人、公民（自然人）和其他经济组织与团体。依据《道路交通安全法》第七十六条规定，机动车发生交通事故造成人身伤亡、财产损失的，由保险公司在机动车第三者责任强制保险责任限额范围内予以赔偿。《道路交通安全法》是制定《机动车交通事故责任强制保险条例》的依据，《道路交通安全法》也没有对第三者的范围作出明确的规定。

保险公司的相关保险条款部分存在不合法、不合理的情形。各家保险公司制定的保险条款存在行业保护，侵犯投保人、保险人、受害者的合法权益，如保险条款中将"超医保费用"、贬值损失、停运损失等纳入免赔条款中；各家保险公司制定了"家庭除外责任条款"缩小了"第三者"的范围；在对待牵引车与挂车的问题上责任赔偿总额仅以牵引车的责任限额为限等。

---

[①] 保险人对责任保险的被保险人给第三者造成的损害，可以依照法律的规定或者合同的约定，直接向该第三者赔偿保险金。责任保险的被保险人给第三者造成损害，被保险人对第三者应负的赔偿责任确定的，根据被保险人的请求，保险人应当直接向该第三者赔偿保险金。被保险人怠于请求的，第三者有权就其应获赔偿部分直接向保险人请求赔偿保险金。责任保险的被保险人给第三者造成损害，被保险人未向该第三者赔偿的，保险人不得向被保险人赔偿保险金。责任保险是指以被保险人对第三者依法应负的赔偿责任为保险标的的保险。

审判实践中存在机动车商业第三者责任险与交强险混淆问题，主要体现为保险公司在诉中地位混淆问题和保险条款中免责条款混淆问题等。以下主要介绍在审判实践中存在的较突出的几点争议，如机动车商业第三者责任险与交强险审判实践中存在的诉讼地位混淆、免责条款混淆等问题。

## 二、人保财险公司对商业第三者责任险的赔偿问题

### （一）交强险与商业第三者责任险并存时的理赔顺序问题

当一辆机动车在同一家保险公司同时投保了交强险和商业第三者责任险，对这家保险公司而言，不管如何都是由其承担责任，对理赔的顺序问题可能会不太在意。但当交强险与商业第三者责任险的保险公司不是同一家保险公司时，此时就会存在一个理赔顺序问题，即应当由哪一家保险公司先进行理赔的问题。

我国《道路交通安全法》第七十六条规定：机动车发生交通事故造成人身伤亡、财产损失的，由保险公司在机动车第三者责任强制保险责任限额范围内予以赔偿；不足的部分，按照下列规定承担赔偿责任：①机动车之间发生交通事故的，由有过错的一方承担赔偿责任；双方都有过错的，按照各自过错的比例分担责任。②机动车与非机动车驾驶人、行人之间发生交通事故，非机动车驾驶人、行人没有过错的，由机动车一方承担赔偿责任；有证据证明非机动车驾驶人、行人有过错的，根据过错程度适当减轻机动车一方的赔偿责任；机动车一方没有过错的，承担不超过百分之十的赔偿责任。交强险作为一种法定强制保险，在交通事故发生时，应当首先承担理赔功能。对交强险赔偿不足的部分，要确定机动车一方具体承担责任的大小。在确定了机动车一方的具体责任后，再考虑由商业第三者责任险对所确定的机动车一方的具体责任部分进行赔偿，对商业第三者责任险赔偿仍然不足的部分，最后由机动车一方根据法律的相关规定进行赔偿。

在本案中，事故由张某、黄某共同承担主要责任，彭某承担次要责任，双方当事人对此均无异议，予以确认。彭某的损失，应当由侵权人张某、黄某根据其责任比例承担赔偿责任。彭某的损失，应当首先由人保财险YB分公司在川QHJ×××号车交强险赔偿责任限额内向彭某支付，不足部分，由张某、黄某及彭某按事故责任比例分摊，即张某、黄某共同承担70%的赔偿责任，彭某自行承担30%。张某、黄某承担的部分，应由人保财险YB分公司在商业三者险赔偿限额内赔偿彭某。

### （二）交强险与商业第三者责任险在具体理赔时所考虑的因素

在案件的处理过程中，适用交强险时考虑的主要因素是受害人所主张的损失数额是否在交强险的理赔限额范围内，且交强险适用的范围要比商业第三者责任险的适用范围广。而在适用商业第三者责任险时，所考虑的因素就更多，如被保险人是否投保了不计免赔险、该保险车辆在保险事故中具体承担什么责任以及免责条款是否应当予以适用的问题，而且上述免责条款以及在多大比例范围内承担责任往往是承包商业第三者责任险的保险公司进行抗辩的重要事由。人民法院在交通事故损害赔偿案件中所涉及的商业第三者责任险的问题应当紧紧围绕保险合同的约定来进行处理。当然，对于免责条款，保险公司必须要提供充足的证据证实其履行了充分的解释和说明义务，否则对免责条款应当不予适用，以切实维护案件受害人的合法利益。

## 以张某某诉中国人民财产保险股份有限公司 YB 市分公司机动车交通事故责任纠纷案为例

——关于是否追加无责车及相应的保险公司作为被告的认定

**关键词**

追加当事人　无责车

**裁判要点**

道路交通事故纠纷案件中，原告未起诉无责车及相应的保险公司，法院依不告不理原则一般不宜直接依职权追加无责车及相应的保险公司为被告。

**相关法条**

《中华人民共和国侵权责任法》第六条、第十五条、第十六条、第三十四条、第四十八条

《中华人民共和国道路交通安全法》第七十六条

《最高人民法院关于审理道路交通事故损害赔偿案件适用法律若干问题的解释》第三条、第十六条、第二十五条

《最高人民法院关于审理人身损害赔偿案件适用法律若干问题的解释》第九条、第十七条、第十八条、第十九条、第二十条、第二十一条、第二十二条、第二十三条、第二十五条

**基本案情**

原告张某某诉称，2016年11月14日14时36分，被告何某某驾驶无号牌的电动三轮车从罗场镇陈村沿省道206线往罗场镇街道方向行驶，当车行驶至省道206线341 km+300 m处左转弯时，与从g县方向驶来/由被告向某某驾驶的川Q2×××号大型普通客车发生碰撞后，电动三轮车滑出路外，与停在路边由张某某驾驶的川QA×××X号普通二轮摩托车和停在路外车位上的川QA×××A号小型普通客车（车主为颜某某）发生碰撞，造成何某某、张某某受伤和四车受损的交通事故。原告经住院治疗37天，用去医疗费21 257.16元，后在g县中医院住院11天，进行取出内固定术治疗，用去医疗费6 186.65元。2016年11月29日，交警队作出道路交通事故认定书，认定被告何某某在此次事故中承担主要责任，被告向某某承担次要责任，张某某、颜某某不承担责任。司法鉴定所出具司法鉴定意见书，鉴定张某某伤残等级为十级。被告向某某驾驶由J宇顺公司所有的川Q2×××号大型普通客车在人保财险YB分公司投保了机动车强制保险和150万元的机动车商业险，被告颜某某所有的川QA×××A号小型普通客车在福德财险YB支公司投保了机动车强制保险，原告张某某所有的川QA×××X号普通二轮摩托车在人保财险YB分公司投保了机动车强制保险。其具体索赔项目如下：①医疗费28 580.04元（g县罗场镇卫生院医疗费为21 257.16元、g县中医医院为6 186.65元、门诊费用为1 136.23元）；②误工费13 600元；③护理费13 600元；④伙食补助费720元；⑤交通费600元；⑥残疾赔偿金20 494元（10 247元×20年×10%）；⑦鉴定费1 300元；⑧精神抚慰金3 000元；⑨川QA×××X号摩托车维修费1 050元，以上金额合计82 944.04元。

被告人保财险YB分公司答辩称，对此次事故的发生和责任划分无异议，该公司在本案中是保险责任，不是侵权责任，本案中造成了张某某和何某某两个伤者受伤，应该考虑另一伤者的份额，因此在交强险的部分应该由该公司和福德财险YB支公司一起承担，超出交强险的部分该公司只承担30%；交强险10 000元的医疗费，是包含医疗费和伙食补助费的，医疗费以票据为准，应该扣除15%或20%的非医保医疗部分；误工费应该提供工资表等证据证明；护理费标准过高，天数过长，只能按照住院天数计算，70元/天；交通费应该提供相关票据；鉴定费和诉讼费用该公司不予承担。

被告福德财险YB支公司答辩称，对事故的发生和责任划分无异议，请求法院在交强险赔偿范围内进行判决；误工费80元/天该公司认可，但是天数过长；护理费60元/天该公司认可，按照实际住院天数计算。

被告J宇顺公司答辩称，对事故的责任划分无异议，该公司已在人保财险YB分公司投保了交强险和商业险，该公司赔偿的部分由保险公司赔偿，垫付的6 300元要求在本案中进行处理。

被告何某某答辩称，要求法院依法处理。

被告向某某答辩称，其是驾驶员，要求法院依法处理。

被告颜某某答辩称，其是没有责任的，要求法院依法处理。

法院查明：2016年11月14日14时36分，被告何某某驾驶无号牌电动三轮车从罗场镇陈村沿省道206线往罗场镇街道方向行驶，当车行驶至省道206线341 km+300 m处左转弯时，与从g县方向驶来、由被告向某某驾驶的川Q2××××号大型普通客车发生碰撞后，电动三轮车滑出路外，与停在路边由张某某驾驶的川QA×××X号普通二轮摩托车和停在路外车位上的川QA×××A号小型普通客车发生碰撞，造成何某某、张某某受伤和四车受损的交通事故，该事故发生后，原告被送往g县罗场镇卫生院住院治疗37天，用去医疗费21 257.16元，现尚欠14 957.16元，因无钱继续住院治疗，原告出院后在J门诊治疗，2017年3月27日在g县中医院进行取出内固定术治疗，于2017年4月7日出院，住院11天，用去医疗费6 186.65元。交警队作出交通事故认定书，认定被告何某某在此次事故中承担主要责任，被告向某某承担次要责任，张某某、颜某某不承担责任。司法鉴定所出具司法鉴定意见书，鉴定为张某某目前伤残等级为十级。被告向某某驾驶由J宇顺公司所有的川Q2××××号大型普通客车在人保财险YB分公司投保了机动车强制保险和150万元的机动车商业险，被告颜某某所有的川QA×××A号小型普通客车在福德财险YB支公司投保了机动车强制保险及商业险。另查明，J宇顺公司为原告预付了6 300元医疗费。

法院认为，机动车发生交通事故造成损害的，相关责任人应依法承担民事赔偿责任。本案中被告向某某驾驶川Q2××××号大型普通客车与另一被告何某某驾驶的无牌电动三轮车发生碰撞造成致何某某、张某某受伤的交通事故，被告何某某承担主要责任，被告向某某承担次要责任，原告张某某不承担责任，川QA×××A号车的所有人颜某某不承担责任。被告向某某系J宇顺公司的雇员，其赔偿责任依法由其雇主承担。关于本案的几个争议焦点：①是否扣除15%~20%的非医保用药费用的问题。被告中国人民财产保险股份有限公司YB分公司没有在规定的举证期限内提出鉴定，也未能举出原告产生的医疗费中非医保用药具体品种及相对应的金额，应当承担举证不能的法律后果。对被告保险公司的该项主张不予支持。②关于原告误工费和护理费的计算日期。误工费的计算日期应当根据受害人接受治疗的医疗机构出具的证明确定。受害人因伤致残持续误工的，误工时间可以计算至定残日前一天。司法鉴定所出具的鉴定意见为"张某某的护理期限从受伤之日起到评残之日计算天数"。结合原告长期就医并先后住院两次的事实，本院认为该鉴定意见较为客观，说明原告伤情需要长期护理，能够佐证其交通事故致其误工的持续性。原告的误工日期和护理期限以原告受伤之日起至定残前一天进行计算，共计163天。但其护理费应当分情况进行计算，其中住院48天的护理费按照每天80元进行计算，其余115天护理费参照原告伤情和伤残等级按照每天40元进行计算。③关于被告何某某驾驶的电动三轮车的问题，根据我国现行机动车登记制度，电动车不能登记为机动车，无法投保交强险，电动三轮车在民事赔偿领域将其纳入非机动车范畴进行处理。鉴于这种情况，被告何某某应当按照事故责任大小承担相应的赔偿责任。④关于本案交强险无责赔付的处理。本次交通事故中，被告颜某某无责，但其所有的川QA××A号车在福德财险YB支公司投保了机动车强制保险，根据法律规定应当在其购买的交强险无责任赔偿限额内按照比例对原告予以无责赔付。⑤关于原告在g县罗场镇卫生院住院期间产生的医疗费问题。原告虽然没有提供医疗费发票，但其住院病历和用药清单都能够证明其住院治疗37天，产生了医疗费21 257.16元的事实。因尚欠医疗费14 957.16元，所以医院没有向其出具医疗费发票。

**裁判结果**

四川省g县人民法院于2017年10月15日作出一审判决：一、由被告中国人民财产保险股份有限公司YB市分公司在川Q2×××号大客车投保的交强险医疗费赔偿限额内赔偿原告张某某医疗费、伙食补助费等各项损失4 454.69元，在投保的交强险死亡伤残赔偿限额内赔偿原告护理费、残疾赔偿金等42 430.90元，在投保的交强险财产赔偿限额内赔偿原告1 000元；二、由被告福德财产保险股份有限公司YB中心支公司在川QA××A号客车投保的交强险无责赔偿限额内赔偿原告张某某医疗费及伙食补助费445.67元，伤残赔偿金、护理费等损失4 243.09元，财产损失50元；三、由被告中国人民财产保险股份有限公司YB市分公司在川Q2×××号大客车投保的商业第三者责任险赔偿限额内赔偿原告医疗费7 319.90元，扣除被告J宇顺公司垫付的6 300元医疗费后，还应赔偿原告1 019.9元；四、由被告何某某赔偿原告张某某医疗费、伙食补助费等各项损失17 079.78元。

判决作出后，双方均未上诉，判决发生效力。

**案例注解**

本案是原告在第一次起诉中未将无责车驾驶人及其保险公司列为被告，法院建议其撤诉后再诉，第二次起诉中原告将无责车驾驶人及其保险公司列为被告。交通事故责任纠纷案件中无责车驾驶人及其保险公司是否追加为被告是一个典型问题。

民事诉讼中，原告起诉之后，原告或者被告提出申请追加当事人的情形越来越普遍，特别是被告提出申请追加被告的案例越来越多，这项诉权利对法院的诉权力必然造成影响，对司法公正及司法效率的影响不容小觑。法律上与实务中并没有对原告与被告提出这项申请的权利做出明确的形式要求，原告或者被告往往将一纸申请书递交或者邮寄给法院便完事。这导致法院的后续工作难以开展，往往因为原告或者被告没有提供被申请追加人的身份资料，导致无法确认被申请追加人的身份而拖延诉讼的进程，最后又因无法确认被追加人的身份而不了了之，造成诉讼资源的浪费。

## 一、追加当事人概述

我国民事诉讼中追加当事人的方式有两种：一种是人民法院依职权追加当事人，另一种是人民法院依当事人的申请追加当事人。现仅讨论第二种情形，即人民法院收到当事人追加当事人的申请书之后，如何审查是否需要追加的问题。

根据民事诉讼法关于当事人的规定，当事人的范围当然包括原告和被告，问题在于第三人是否属于当事人的范围，而且第三人又分为有独立请求权的第三人和无独立请求权的第三人，这两类第三人是否属于当事人的范围，如果不属于第三人的范围，原告与被告是否可以申请追加。即使原告与被告可以申请追加，是否属于单独的申请追加第三人的类型而不属于申请追加当事人的范围。从民事诉讼法第五十六条关于当事人的规定可以看出，第三人不是必然的当事人，因为法律规定有独立请求权的第三人可以成为当事人，无独立请求权的第三人仅有当事人的诉讼权利义务，但没有明确可以成为当事人。虽然第三人不是必然的当事人，但是从相关的法律规定可以见得，第三人是可以申请追加的范围。

综上所述，申请追加当事人应当分为狭义的申请追加当事人和广义的申请追加当事人。狭义的申请追加当事人的情形在理论上包括以下几种情形，原告申请追加原告，原告申请追加被告，被告申请追加被告，被告申请追加原告。广义的申请追加当事人在理论上的分类除了狭义的四种情形之外还包括原告申请追加有独立请求权的第三人，原告申请追加无独立请求权的第三人，被告申请追加有独立请求权的第三人，被告申请追加无独立请求权的第三人，有独立请求权的第三人申请追加原告、有独立请求权的第三人申请追加被告，有独立请求权的第三人申请追加无独立请求权的第三人。理论上的情形有如是多种，但在民事诉讼实践中，法院频繁遭遇的情形包括原告申请追加被告、被告申请追加被告、原告或者被告申请追加无独立请求权的第三人，通常被申请追加的人可能需要承担责任的，原告或者被告都会申请将其追加为被告。

## 二、依申请追加被告遭遇诸多问题

无论是原告还是被告提出追加被告的申请，法院为了避免因遗漏当事人而被发回重审的风险，通常都会追加。但正因为如此，追加被告的过程中出现了许多问题，追加被告之后也出现了千奇百怪的案例。

申请追加被告过程中出现的问题如下：首先，申请追加被告必须要有明确的被告，必须提供被告的身份证明，如果原告或者被告无法提供各自申请追加的被告的身份证明，法院如何处理？其次，被告申请追加被告，是否需要征询原告的意见？如果原告同意申请追加被告，是否需要原告提出追加被告的申请；如果原告不同意申请追加被告，是否需要追加？

法院依照申请追加被告之后出现的问题如下：首先，原告自己提出申请追加被告，法院照准追加之后，原告能否有权对追加的被告提出撤回的申请？其次，对于被告申请追加的被告，原告并没有同意追加被告，也没有对追加进来的被告提出相应的诉讼请求，法院照准追加之后，原告能否申请撤回对被追加的被告的起诉？最后，如果未经原告确认追加，法院依被告申请追加了被告，原告对被追加的被告没有诉讼请求，如果被追加的被告被法院认定需要承担法律责任，法院判决时如何处理？如果法院认定追加进来的被告不需要承担法律责任，法院判决时如何处理？

### （一）原告申请追加被告的情形

（1）原告提出申请追加被告的期间如何限制

民事诉讼法对于原告提出申请追加被告的期间没有明确的限制，是否因法无明文禁止的，当事人可以享受随时提出追加被告的申请？但当事人随意行驶诉权会对诉讼活动造成负面影响。虽然没有法律明确规定原告提出追加被告申请的期间，但是法律有明确规定原告变更、增加诉讼请求的期间。从某种程度上讲，原告提出追加被告的申请也是对其起诉时的诉讼请求做出了变更的意思表示。因此，原告申请追加被告的期间可以适用原告变更诉讼请求的期间。

由于法律上关于原告增加、变更诉讼请求的期间存在两个规定，实务中关于原告变更、增加诉讼请求的期间也衍生出两种不同的观点。一种观点认为应当以《最高人民法院关于适用〈中华人民共和国民事诉讼法〉的解释》第二百三十二条的规定为准，即在案件受理后，法庭辩论结束前，原告可以增加诉讼请求。另一种观点认为应当以《最高人民法院关于民事诉讼证据的若干规定》第五十三条第二款为准，当事人根据法庭审理情况变更诉讼请求的，人民法院应当准许并可以根据案件的具体情况重新指定举证期限。无论是哪种观点，对于原告增加、变更诉讼请求都是采取宽松的态度，考虑到实务中法院对指定的举证期限的宽容态度以及可能存在的遗漏当事人而被发回重审的风险，法院在对待原告提出追加被告的期限问题上也是采取宽容的态度。但无论多么宽容，都该设置一个底线，这也是诉权力对诉权利干预的底线。笔者以为，原告提出追加被告的申请应当在法院指定的举证期限届满前，但是经过法院释明需要追加的被告，原告可以在法庭辩论结束前提出追加的申请。因此，原告提出追加被告的申请期限最晚在法庭辩论终结前。

（2）原告申请追加被告的要件

原告申请追加被告实际上是增加了起诉的对象，原告提交给法院的追加被告申请书中必须包括明确的被告和明确的诉讼请求。首先，原告必须明确被追加的被告。如何明确被追加的被告？笔者以为，明确被告必须提供身份证明，如果被告是法人，则必须由原告提供工商登记查询资料，如果被告是自然人，则必须由原告提供公安机关的查询资料。以上两种查询途径都是向公众开放的，应当由原告自行完成并提交给法院，如果原告无法提供，则视为被告不明确。原告无法提供明确的被告身份资料直接导致法院不能准许其要求追加被告的申请。

实务中，如果法院准许了原告追加被告的申请，法院直接以发出追加被告通知书的形式向原有的当事人及被追加的被告告知；但如果因原告无法提供明确的被告身份信息而无法实现追加时，法院应当如何处理？是裁定驳回原告的追加被告申请，还是以口头或者书面形式告知原告不予追加的结果？回顾起诉时，原告如果无法提供明确的被告，立案庭是如何处理的呢？直接不接收原告的起诉材料还是以裁定不予受理的方式处理？由于现在通信方式发达，当事人递交给法院的材料不一定是亲自交给经办人，有的是法院的专门资料收转机构转送,有的是通过邮寄的方式递交,有的甚至是通过电子信箱的方式递交……因此,不接收原告提交的追加被告的材料是不现实的。笔者以为,在处理原告无法提供明确的被告身份信息的情形下,法院不应当轻易按照原告提供的地址送达相关的法律文书,因为原告提供的地址无法确定真伪,导致无法确定收件人的真伪。在法院日益频繁地采用法院专递的送达方式的大趋势下,原告很有可能伪造送达地址造成被追加的被告无正当理由拒不到庭的假象。因此,在原告无法提供被告的有效身份信息的情形下,法院直接以裁定的方式驳回原告的追加申请为宜,此裁定仅需要送达给原告,而不需要送达给同案的其他当事人。

(3)法院依原告申请追加被告的程序

在原告提供了合法有效的追加被告的申请材料之后,法院无须做出准予追加的裁定书,直接发出追加被告通知书给同案现有的当事人,并同时向追加进来的被告发出追加被告通知以及相应的应诉材料,同时告知被追加进来的被告相应的应诉权利、举证期间、答辩期间等。对于同案先有的当事人,举证期间是否重新指定?对于原告或者被告而言,追加的被告是全新的诉讼对象,应当重新指定举证期间,但在重新指定的举证期间内,原告能否提交针对在先的被告的证据?在先的被告能否提交针对原告的证据?理论上来讲,追加被告之后,重新指定的举证期间对于追加前的各方当事人而言都应当是针对追加被告的,对于追加被告而言可以提交的证据材料是没有限制的;但在实务中,鉴于举证期限具有法定性和指定性双重性质,为了便于查清案情,法院在追加被告之后,按照法律规定以为各当事人指定相同的举证期间为宜,这样不仅保障了各方当事人平等的诉讼权利,而且便于实务操作。

(二)被告申请追加被告的情形

不同于原告申请追加被告的情形,对于被告申请追加被告的情形,笔者认为首先有必要对被告是否有权申请追加被告做出详细的论述。

(1)被告申请追加的被告,原告也同意申请追加

对于被告提出申请需要追加的被告,原告得知被告的申请之后做出同意追加的意思表示,这种情形应当视为原告申请追加的被告,应当按照前文关于原告申请追加被告的情形处理。

(2)被告申请追加的被告,原告不同意追加

对于此种情形,法院在形式上无法精确审查出被申请追加的被告是否为必要的共同被告,但法院为了避免因遗漏当事人而发回重审的风险,通常会通知

被申请追加的人作为共同被告参与诉讼。在此情形下，原告与被追加的被告之间的关系已经不同于传统的原告与被告之间的关系，因为原告对被追加的被告没有明确的诉讼请求，根本不符合基本的起诉条件。法院依照被告的申请追加被告之后随之产生的问题是原告是否可以申请撤回对被追加的被告的起诉？是否必须要求原告说明不予主张诉求的理由？法院判决时将被追加的被告列明之后，如果被追加的被告无须承担法律责任应当如何在判项中陈述？如果被追加的被告需要承担法律责任应当如何在判项中陈述？

关于原告是否可以申请撤回对被追加的被告的起诉的问题，答案应该是不可以，而且实践中也是这样操作的。原告是否需要向法院陈述不予主张诉求的理由的问题，笔者认为不应该有这种规定。因为原告有起诉的权利，也有不起诉的权利。对于多个共同被告需要承担责任的情形，原告可以选择某个被告或者某几个被告起诉，法院认定原告起诉的被告应当承担多大责任就判决多大责任，不能支持的主张，法院不予支持便可。对于判决时如何处理被追加的被告的法律责任的问题，实践中采用的是列明被追加的被告的地位，但对该被告的法律责任只在"本院认为"部分予以陈述，在判项中没有涉及。

综上所述，被告申请追加被告，但原告不同意追加被告的情形，不宜按照申请追加被告的情形来处理，而应当按照被告申请追加第三人的情形来处理。

# 第三章　关于道路管理部门责任承担研究

## 以中国太平洋财产保险股份有限公司Y支公司与邓某等机动车交通事故责任纠纷上诉案为例
——关于道路管理部门责任承担研究

**关键词**

道路管理部门　交通事故　缺陷

**裁判要点**

道路管理者的定期清扫义务的频率及其他工作要求已按相关规定履行的，既使定期清扫之后，他人遗落杂物致使公路存在潜在危险，进而导致损害发生的，也应当认定道路管理者已经尽到了法律规定的管理维护义务，不存在管理维护缺陷。

**相关法条**

《四川省公路路政管理条例》第九条、第十条、第三十三条

《四川省公路路政巡查制度》第二条、第十七条

**基本案情**

2015年11月22日晚21时56分，欧某驾驶川Q号重型自卸货车（该车满载碎石且未加盖篷布）从某有限公司经308省道往CN县CN镇方向行驶，该车行驶至308省道131KM+650M（小地名：红砖厂）急弯处时所载碎石分散落于该路段，欧某未采取措施处理也未报告公路管理机关，23日清晨，灌某某驾驶川QG号小型轿车搭乘邓某某、夏某某从CN县GH镇经308省道往JA县方向行驶，7时15分，该车超速经过308省道131KM+650M（小地名：红砖厂）急弯处时遇路面有大量散落碎石，处置不当，致使川QG号小型轿车横滑越过中心双实线与对面由梅某某驾驶的川Q2号客车相撞，造成灌

某某、邓某某、夏某某死亡及上述两车受损的交通事故。事故发生后，2015年12月4日经CN县公安局交通管理大队作出公交认字[2015]第00323号事故认定书，认定灌某某承担事故主要责任，梅某某、欧某分别承担次要责任，邓某某、夏某某无责任。该事故认定经过复议后，上级公安机关维持了该事故认定。对赔偿事宜不能协商一致，故邓某1、邓某、邓某2、邓某3、黄某某提起诉讼，法庭辩论终结前，请求按新的标准计算，将诉讼请求变更为900 215元。诉讼过程中，人保江安公司申请追加CN交通局和CN路政为被告，一审法院依职权追加彭某某和赵某某为一审被告。死者夏某某生前与邓某1及三个子女从2012年起到2015年11月22日租住四川省SL县某社区一组陈某某家中，邓某1在成都石羊场从事收废品工作，邓某1之女邓某2、邓某3出生于成都JJ区YSK，并在四川省SL县西GH社区读书、生活，死者夏某某之母亲黄某某生育有夏某1、夏某2、夏某3三个子女，黄某某现年68周岁，梅某某、被告欧某有合格的驾驶资质，原审原告已经得到中国大地财产保险股份有限公司（以下简称大地保险公司）赔偿的20000元乘座险。

另查明，梅某某驾驶的川Q2号客车系J公司所有，在人保J公司投保交强险和商业第三者责任保险，商业第三者责任保险限额为1000000元，保险期间2015年8月7日至2016年8月6日，该车购买不计免赔特约险和法律服务特约定限额10000元；欧某驾驶川Q号重型自卸货车系吉达公司所有，系赵某某挂靠JD公司的车辆，该车辆赵某某虽与彭某某有买卖协议，但未完成过户手续，在太平洋Y公司投保交强险和商业第三者责任保险。商业第三者责任保险限额为1000000元，保险期间2015年4月3日至2016年4月2日，该车购买不计免赔特约险；川QG号小型轿车系灌某某本人所有，在大地保险公司投保交强险和商业第三者责任保险。该车购买不计免赔特约险。2007年7月1日起事故路段受市级公路管理部门管理。

**裁判结果**

YB市中级人民法院于2017年2月17日作出终审判决，认为CN县人民法院一审判决认定事实清楚，适用法律正确，应予维持，即认为CN县交通运输局、CN县公路路政管理大队对该事故造成的损失不承担赔偿责任。

**裁判理由**

YB市中级人民法院认为，《四川省公路路政巡查制度》第二条、第十七条规定："本制度所称公路路政巡查，是指公路路政管理机构根据有关法律法规要求定期或不定期对所辖路段进行巡视检查，发现、制止和查处侵占损坏公路路产、公路附属设施以及影响公路安全畅通的管理行为"、"公路路政巡查不得少于每月法定工作日，其他重要路段或者路段案件多发地应当加大巡查频率"。《四川省公路路政管理条例》第九条、第十条、第三十三条第二款规定："各级公路路政管理机构的职责是：（一）负责贯彻执行公路路政管理法律、法规和规章；（二）负责管理和保护公路路产；（三）实施公路路政巡查；（四）对违反公路路政管理法律、法规和规章的行为，有权制止并依法进行处罚……（八）维护公路、公路渡口的养护、施工作业的正常秩序；……""公路路政管理机构应配合公路养护部门加强公路养护工作，保持公路完好、平整、畅通"、"对擅自在公路上设置的障碍物、堆放的物件材料，公路路政管理机构可以责令当事人限期清除，当事人不能够清除的行政机关可以决定代为清除；当事人不在现场的，行政机关应当在事后立即通知当事人，并依法作出处理"。根据上述规定，公路路政管理部门的职责是实施公路巡查，对擅自占用公路、堆放物品的行为进行查处，巡查不得少于每月法定工作日，本案发生在星期一的早上，事发的前一天不在法定工作日，公路路政管理部门未履行公路巡查并未违反规定，也未接到关于路面有遗撒物的的举报和通知，公路路政管理法律、法规和规章没有规定公路路政管理部门须实施 24 小时巡查，且巡查的含义即巡回检查，客观上不可能时时处处检查，也不可能保证遗撒物在遗撒当时就即刻得以清理。本案原审原告、其他原审被告也未提供证据证明公路路政管理部门有接到关于路面有遗撒物的通知或举报后怠于查处的情形。故公路路政管理部门与本案交通事故无因果关系，CN 交通局不是事故路段管理人，主体不适格。

**案例注解**

根据《最高人民法院关于审理道路交通事故损害赔偿案件适用法律若干问题的解释》第九条规定，因道路管理维护缺陷导致机动车发生交通事故造成损害，当事人请求道路管理者承担相应赔偿责任的，人民法院应予支持，但道路管理者能够证明已按照法律、法规、规章、国家标准、行业标准或者地方标准尽到安全防护、警示等管理维护义务的除外。道路管理者是否需要承担相应赔偿责任，关键在于是否存在"道路管理维护缺陷"，是否尽到了符合法律、法规、规章等管理维护义务以及"道路管理维护缺陷"与交通事故的发生是否存在因果关系。在道路管理维护缺陷与侵权行为人的共同原因造成他人人身或财产损害时，根据《民法典》第 1172 条规定，二人以上分别实施侵权行为造成同一损害，能够确定责任大小的，各自承担相应的责任；难以确定责任大小的，

## 第三章 关于道路管理部门责任承担研究

平均承担责任。

在 X 县市政建设管理处与唐某某等地面设施损害赔偿纠纷案中，X 县人民法院认为，被告 XY 县市政建设管理处作为某大街城东大桥的管理单位，在接管已经工程验收的桥梁后，即负有法律上的管理义务。其未能依工程验收报告明确的"存在问题处理措施：路灯安装。两端需设置标志牌，有安全隐患。"正确履行桥梁的管养安全职责，故对唐某驾驶车辆在该桥中段调头后撞断桥梁坠入河内死亡，负有一定的过错，依法应承担相应的责任。在成某某诉南京市 LH 区公路管理站等因未尽管理养护职责引发交通事故损害赔偿纠纷案中，南京市 LH 区人民法院认为，该事发地点六马线与小路交叉处植物生长的较为茂盛，小路路口不明显、路口亦无警示标识，经过时不易发现该路口，这与成某某驾驶车辆未能发现该路口导致交通事故存有一定的因果关系。因此，LH 公路管理站存在一定程度上的道路管理缺陷。事发路段位于六马线，保障在六马线上驾驶人员行车的视距安全属于六合公路管理站的管理范围。

道路管理部门所负有的符合法律、法规、规章、国家标准、行业标准或者地方标准尽到安全防护、警示等管理维护义务散见于《民法典》《道路交通安全法》《公路法》《公路管理条例》《公路安全保护条例》《公路养护技术规范》等法律、法规、部门规章中。

《民法典》第 1256 条规定，在公共道路上堆放、倾倒、遗撒妨碍通行的物品造成他人损害的，由行为人承担侵权责任。公共道路管理人不能证明已经尽到清理、防护、警示等义务的，应当承担相应的责任。

《道路交通安全法》第 30 规定，道路出现坍塌、坑漕、水毁、隆起等损毁或者交通信号灯、交通标志、交通标线等交通设施损毁、灭失的，道路、交通设施的养护部门或者管理部门应当设置警示标志并及时修复。公安机关交通管理部门发现前款情形，危及交通安全，尚未设置警示标志的，应当及时采取安全措施，疏导交通，并通知道路、交通设施的养护部门或者管理部门。

《公路法》第 35 条规定，公路管理机构应当按照国务院交通主管部门规定的技术规范和操作规程对公路进行养护，保证公路经常处于良好的技术状态。

《公路法》第 39 条第二款规定，公路养护车辆进行作业时，在不影响过往车辆通行的前提下，其行驶路线和方向不受公路标志、标线限制；过往车辆对公路养护车辆和人员应当注意避让。

《公路管理条例》第 16 条第一款规定，公路主管部门应当加强公路养护工作，保持公路完好、平整、畅通，提高公路的耐久性和抗灾能力。

《公路安全保护条例》第 47 条规定，公路管理机构、公路经营企业应当按照国务院交通运输主管部门的规定对公路进行巡查，并制作巡查记录；发现公路坍塌、坑槽、隆起等损毁的，应当及时设置警示标志，并采取措施修复。公安机关交通管理部门发现公路坍塌、坑槽、隆起等损毁，危及交通安全的，应当及时采取措施，疏导交通，并通知公路管理机构或者公路经营企业。其他人员发现公路坍塌、坑槽、隆起等损毁的，应当及时向公路管理机构、公安机关交通管理部门报告。

《公路养护技术规范》第4.1.1条规定，路面养护应符合下列要求：1 经常清扫路面，及时清除杂物、清理积雪积冰，保持路面整洁，做好路面排水。2 加强路况巡查，发现病害，及时进行维修、处治。

《公路养护技术规范》是对公路日常养护工作的总体要求，其具体含义是：公路养护单位，要对公路进行经常清扫，经常清扫时的作业标准是清除杂物，做到路面清洁。经常清扫的频率应根据各地关于公路小修保养工作的相关规定执行。该条规定中的"及时"并不等于"随时"，《公路养护技术规范》没有也不可能要求公路养护单位对路面杂物做到随时清除。因此，如果公路养护单位按照规定的频率或有关工作要求做到了定期清扫，即不能认为其"疏于养护"。

由此可见，如果道路管理者的经常清扫义务的频率已符合相关规定的，即使经常清扫之后，他人遗落杂物致使公路存在潜在危险，进而导致他人人身或财产损害发生的，也应当认定道路管理者已经尽到了符合法律规定的管理维护义务，不存在道路管理维护缺陷，不需要承担相应的民事赔偿责任。

# 第四章 保险合同中免责条款的效力

## 郭某某诉中国人民财产保险股份有限公司 XW 支公司人身保险合同纠纷

——保险合同中免责条款的效力

**关键词**

保险条款　格式条款　免责说明　按比例赔付

**裁判要点**

是否给付原告保险条款以及说明书、是否向原告作免责说明和按比例赔付等问题，被告负有举证责任，由于被告未提供相应的证据证明其尽到了发生意外事故时是按原告的伤残程度按比例赔付的义务，故被告应承担举证不能的责任。

**相关法条**

《中华人民共和国保险法》第十四条、第十七条

《最高人民法院关于适用〈中华人民共和国保险法〉若干问题的解释（二）》第十三条

**基本案情**

原告郭某某 2015 年 10 月 14 日在被告处购买了意外身故残疾及意外医疗保险两份，每份保险金额为 20 000 元，共计保险金为 40 000 元，保险期自 2015 年 10 月 15 日至 2016 年 10 月 14 日止，保单号为 PEDD201551253400A41586。2016 年 7 月 21 日，原告驾驶摩托车发生交通事故，经鉴定为十级伤残，原告残疾赔偿金应为 52 410 元（26 205 元/年 × 20 年 ×10%），已超出了保险金限额，原告向被告理赔未果，故起诉请求判令支持原告诉讼请求。

被告中国人民财产保险股份有限公司 XW 支公司（下称 XW 人保公司）辩

称，原告在我公司投保意外身故残疾和意外医疗保险以及发生交通事故的事实无意见，原告受伤是在保险期内，根据《保险法》的规定，投保人应对投保标的具有保险利益，我公司在保险单上就免责条款向原告已经履行了明确说明的义务，根据合同约定，我公司可以退还原告保费，终止双方保险合同。且原告投保的险种，其中医疗保险为10%，残疾赔偿金应为18 000元，按照保险条款伤残评定标准，人身保险伤残程度划分为一至十级，最重为第一级，最轻为十级，伤残程度第十级对应的保险金给付比例为10%。即使应赔付，也应按第十级的比例予以赔付。

法院经审理查明：原告于2015年10月14日在被告处购买了意外身故残疾及意外医疗保险两份，每份保险金额为20 000元，两份保险金共计40 000元，保单号为PEDD201551253400A41586，保险期自2015年10月15日至2016年10月14日止。其中，累计给付意外伤害医疗保险金占保险金额10%，意外医疗每次事故免赔100元，意外伤害医疗保险金赔付比例80%。2016年7月21日，原告郭某某驾驶摩托车与吴某驾驶李某某所有的川QGC×××号小车相撞发生交通事故，XW县交警大队认定郭某某无责任。原告受伤后自行委托四川鑫某司法鉴定所鉴定评定为十级伤残。诉讼中，保险公司对原告伤残等级不服申请重新鉴定，本院依法委托四川鼎某司法鉴定中心鉴定，结论为："郭某某伤残参照《人身保险伤残评定标准》评定为十级伤残。"诉讼中，保险公司向法院提供了《机动车驾驶人员意外伤害保险条款》，该条款载明了比例赔付原则，一级按100%赔付，每对应一个等级，递减10%，十级按10%赔付，但保险公司在原告投保时未提交该条款给原告，保单投保人处签名也不是原告自己签名。诉讼中，原、被告均未对保单处投保人处的签名是否属原告本人亲自签名申请重新鉴定。另查明，郭某某长期在XW县古宋镇打工，从2000年起一直在XW县兴发实木家私店（经营者朱某某）从事家具运输、安装等工作，2016年1月至6月的工资表册载明其工资均达到4 500元以上。

**裁判结果**

四川省XW县法院于2017年10月10日作出一审判决：一、被告中国人民财产保险股份有限公司XW支公司于本判决生效后二十日内赔偿原告郭某某保险金40 000元，如果未按本判决指定的期间履行给付金钱义务，应当依照《中华人民共和国民事诉讼法》第二百五十三条之规定，加倍支付迟延履行期间的债务利息；二、案件受理费400元，由被告中国人民财产保险股份有限公司XW支公司承担。

# 第四章　保险合同中免责条款的效力

**裁判理由**

法院生效裁判认为，本案争议焦点为被告是否履行了免责义务及按比例赔付的提示和明确说明。

法院认为，原告在被告处投保了意外身故残疾及意外医疗保险，根据《中华人民共和国保险法》第十七条："订立保险合同，采用保险人提供的格式条款的，保险人向投保人提供的投保单应当附格式条款，保险人应当向投保人说明合同的内容。对保险合同中免除保险人责任的条款，保险人在订立合同时应当在投保单、保险单或者保险凭证上作出足以引起投保人注意的提示，并对该条款的内容以书面或者其他口头形式向投保人作出明确说明；未作提示或者明确说明的，该条款不产生效力"以及《最高人民法院关于适用〈中华人民共和国保险法〉若干问题解释（二）》[下称《保险法司法解释（二）》]第十三条："保险人对其履行了明确说明义务负举证责任。投保人对保险人履行了符合本解释第十一条第二款要求的明确说明义务在相关文书上签字、盖章或者以其他形式予以确认的，应当认定保险人履行了该项义务。但另有证据证明保险人未履行明确说明义务的除外"的规定，是否给付原告保险条款和说明书以及是否向原告作免责说明和按比例赔付等问题，被告负有举证责任，保险单投保人处签名不是原告亲自签名，被告也未申请进行笔迹鉴定，由于被告未提供相应的证据证明其尽到了发生意外事故时是按原告的伤残程度按比例赔付的义务，故被告应承担举证不能的责任，本院对被告作出免责明确说明的义务以及按伤残等级赔付的辩称意见不予支持。原告在被告处投保了两份意外伤害保险，事故发生在保险期内，原告虽然是农村人口，但其长期在城镇务工，其收入来源于打工收入，其残疾赔偿标准应按城镇标准计算，原告于2016年受伤，根据2016年度四川省道路交通事故赔偿标准，十级伤残残疾赔偿金城镇标准应为52 410元，原告所投意外伤害险每份限额为20 000元，两份为40 000元，而原告的十级伤残赔偿金已经超过了投保的两份保险限额之和40 000元，故被告应在保险限额40 000元内予以赔偿。

**案例注解**

本案是一起关于保险公司未尽到说明义务的典型案例，一是未说明免责条款，二是未说明发生意外事故时是按原告的伤残程度按比例赔付，且保险单投保人处签名不是原告亲自签名。在本案中我们需要掌握保险合同中免责条款和明确说明义务这两个重要知识点。

## 一、保险合同中的免责条款

保险合同中的大多条款均是保险人事先拟定好的格式化条款,格式化保险合同条款具有使交易成本降低、交易效率提高、责任予以明确等作用,但是由于格式条款的预先拟定性,难以保证格式条款的内容是出于投保人的真实意思表示。关于保险合同的格式条款,尤其是限制、减轻或免除保险人责任的免责条款,在无法保证投保人真实意思表示的情况下,保险人作为营利性机构往往从利益最大化的角度出发,将免责条款变成规避本应承担义务的手段,甚至有时会制定一些损害保险相对人利益的条款,这导致实践中出现了大量的保险合同免责条款纠纷类的案件,本案就是典型例证。因此,明确保险合同免责条款的效力形态及判断标准,有利于完善保险合同的理论基础,更好地保护投保人的利益。

### (一)保险合同免责条款的概念

1. 保险合同免责条款中"免"与"责"的含义

"免"字在《现代汉语词典》中的解释颇多,而笔者认为"去掉;除掉"的解释最符合"免责"中"免"字的含义,即在原有范围之内去除之意。因此,保险合同免责条款中的"免"当被理解为:保险人依照法定或者约定对于保险合同中原应承担的保险责任中去除的责任。法学视角下的"责"有多重含义,有"职责""义务"的意思,也有"违反义务受制裁"的意思。保险合同免责条款中的"责"是保险人依照法定或者约定原应承担的责任,根据上述对"免"与"责"含义的解释可知,免责之根本前提当有"应担之责"。

2. 保险合同免责条款的概念

我国《合同法》第三十九条第一款[①] 规定,格式条款提供者应对"免除或者限制"其责任的条款进行提示和明确说明;我国《保险法》在第十七条第二款[②] 将保险人明确说明的对象规定为"免除保险人责任的条款",由于《合同法》是《保险法》的上位法,因此保险合同免责条款的"免除"应与《合同

---

[①] 采用格式条款订立合同的,提供格式条款的一方应当遵循公平原则确定当事人之间的权利和义务,并采取合理的方式提请对方注意免除或者限制其责任的条款,按照对方的要求,对该条款予以说明。

[②] 对保险合同中免除保险人责任的条款,保险人在订立合同时应当在投保单、保险单或者其他保险凭证上作出足以引起投保人注意的提示,并对该条款的内容以书面或者口头形式向投保人作出明确说明;未作提示或者明确说明的,该条款不产生效力。

## 第四章 保险合同中免责条款的效力

法》保持一致，即应解释为"免除或限制"，故关于保险合同免责条款的概念可以界定为：保险合同中限制、减轻或者免除保险人所应承担的保险责任的条款。①

### （二）保险合同免责条款的分类

根据免除保险人责任依据的不同，可以将保险合同免责条款分为法定免责条款与约定免责条款。

1. 法定免责条款

保险合同法定免责条款是指根据法律的强制性规定，不以当事人的意志为转移的，保险人得以全部或部分免除保险责任的条款。《保险法》规定的法定免责情形主要有以下几种：①投保人未履行如实告知义务（第十六条第四款、第五款）[2]；②投保人、被保险人故意制造保险事故（第二十七条第二款）[3]；③投保人、被保险人、受益人编造虚假事故原因、夸大损失程度（第二十七条第三款）[4]；④投保人故意造成被保险人死亡、伤残或者疾病的（第四十三条第一款）[5]；⑤被保险人在合同成立或者合同效力恢复之日起两年内自杀（第四十四条第一款）[6]；⑥被保险人故意犯罪或者抗拒依法采取的刑事强制措施导致其伤残或者死亡（第四十五条）[7]；⑦转让保险标的，被保险人、受让人未履行通知

---

① 刘建勋.保险法典型案例与审判思路[M].北京：法律出版社,2012.
② 投保人故意不履行如实告知义务的，保险人对于合同解除前发生的保险事故，不承担赔偿或者给付保险金的责任，并不退还保险费。

投保人因重大过失未履行如实告知义务，对保险事故的发生有严重影响的，保险人对于合同解除前发生的保险事故，不承担赔偿或者给付保险金的责任，但应当退还保险费。
③ 投保人、被保险人故意制造保险事故的，保险人有权解除合同，不承担赔偿或者给付保险金的责任；除本法第四十三条规定外，不退还保险费。
④ 保险事故发生后，投保人、被保险人或者受益人以伪造、变造的有关证明、资料或者其他证据，编造虚假的事故原因或者夸大损失程度的，保险人对其虚报的部分不承担赔偿或者给付保险金的责任。
⑤ 投保人故意造成被保险人死亡、伤残或者疾病的，保险人不承担给付保险金的责任。投保人已交足两年以上保险费的，保险人应当按照合同约定向其他权利人退还保险单的现金价值。
⑥ 以被保险人死亡为给付保险金条件的合同，自合同成立或者合同效力恢复之日起两年内，被保险人自杀的，保险人不承担给付保险金的责任，但被保险人自杀时为无民事行为能力人的除外。
⑦ 因被保险人故意犯罪或者抗拒依法采取的刑事强制措施导致其伤残或者死亡的，保险人不承担给付保险金的责任。投保人已交足两年以上保险费的，保险人应当按照合同约定退还保险单的现金价值。

义务,保险标的的危险程度因其转让而显著增加的(第四十九条第四款)[①];⑧保险标的的危险程度增加,且被保险人未按照合同约定履行通知义务的,危险程度显著增加有关的保险事故(第五十二条第二款)[②];⑨因第三者对保险标的的损害造成保险事故,且被保险人已经从第三者处获得损害赔偿的,保险人对被保险人已经获得赔偿的部分损失(第六十条第二款)[③];⑩被保险人放弃对第三者请求赔偿权利的(第六十一条第一款)。[④]

2. 约定免责条款

与法定免责条款不同,约定免责条款完全是双方当事人意思自治的产物,甚至有的约定免责条款不当然地以"免责条款"的身份出现。根据免责条款在保险合同中的表现形式的不同将约定的免责条款分为显性免责条款与隐性免责条款。大部分的免责条款位于保险合同条款"责任免除"或者叫"除外责任"项下,即所谓显性免责条款。而有的免责条款经常约定在"赔偿处理""释义"项下,如"免赔额""免赔率"条款,即所谓隐性免责条款,因此判断此类免责条款的真正标准应当是该条款是否从实质上免除了保险人在约定的保险事故发生时所应承担的责任。

合同中的一般免责条款系当事人所约定的免除或限制当事人违反义务应承担的法律后果的条款。《保险法》中的"免除保险人责任"的条款则与此不同。保险责任是指保险单上载明的危险发生造成保险标的损失或约定人身保险事件出现(或约定时间届满)时,保险人所承担的赔偿或给付责任。[⑤] 也就是说,保险责任系保险人在合同约定的保险事故发生时所应承担的义务,而非保险人违反义务所应承担的不利后果。据此可见,免除保险人责任与《合同法》上的免责并不相同——前者免除的是义务,后者免除的是违反义务的法律后果,二者是不能等同的。故保险合同中的免责条款其实质为免除保险人应当承担的保险义务的条款。

---

[①] 被保险人、受让人未履行本条第二款规定的通知义务的,因转让导致保险标的的危险程度显著增加而发生的保险事故,保险人不承担赔偿保险金的责任。
[②] 被保险人未履行前款规定的通知义务的,因保险标的的危险程度显著增加而发生的保险事故,保险人不承担赔偿保险金的责任。
[③] 前款规定的保险事故发生后,被保险人已经从第三者处取得损害赔偿的,保险人赔偿保险金时,可以相应扣减被保险人从第三者处已取得的赔偿金额。
[④] 保险事故发生后,保险人未赔偿保险金之前,被保险人放弃对第三者请求赔偿的权利的,保险人不承担赔偿保险金的责任。
[⑤] 刘保玉,周彬彬.民事责任与义务的界分问题再思考[J].政法论丛,2009(4):32-37.

保险合同中免责条款生效的两大重要因素是：一是应尽到提示义务，二是应尽到明确说明义务。

## 二、保险合同中的提示义务

### （一）保险人提示义务的法律地位

在 2009 年《保险法》的修订中就增添了一项新的义务：保险人的提示义务。提示义务具有独立的法律地位，并非明确说明义务的附庸。就当前的《保险法》及相关法律资料来看，关于提示义务的概念并无相关界定，但是学理上将该义务理解为一种提醒投保人注意免责条款存在的义务，即要求保险人就免责条款以一种比较醒目的方式进行及时的提醒，从而使得保险人对此免责条款作进一步的说明解释时可以让投保人理解得更加透彻，尤其是里面的相关内容及法律后果，因此可以发现提示义务与明确说明义务在很多方面还是不一样的。那么我们可以将这两种义务的关系这样定义，提示是说明的前期工作，保险人在展业过程中唯有先对保险合同免责条款履行提示义务，这样才能体现出这个义务设置的必要性，让保险人在后面讲解的时候更加轻松，而且在审判实践中，保险人在对明确说明义务是否履行的证明过程中往往会先证明提示义务的履行与否。

### （二）提示义务的履行方式

对于大量实践中常用的保险合同（俗称保单），笔者发现保险人于展业过程中对于免责条款提示义务之履行主要使用如下两种方式：显著提示和单独印制。显著提示即以区别于其他保险条款内容的方式将免责条款标出，常用形式诸如以黑体字、彩体字标注免责条款，或者加大免责条款的字号；单独印制系保险人另附一份独立文件，仅记载所有的保险合同免责条款。

根据《保险法司法解释（二）》第十一条第一款[①] 中的规定进行分析发现，提示义务之履行方式即用一种让投保人在浏览保险合同文件的时候可以一眼锁定目标条款的形式进行标注。由此可以推断：《保险法司法解释（二）》采用了第一种观点，即以区别于其他保险条款内容的方式将免责条款标出，使用诸如以黑体字、彩体字标注免责条款，或者加大免责条款的字号的形式，即可认定保险人对免责条款提示义务的履行。

---

[①] 保险合同订立时，保险人在投保单或者保险单等其他保险凭证上，对保险合同中免除保险人责任的条款，以足以引起投保人注意的文字、字体、符号或者其他明显标志作出提示的，人民法院应当认定其履行了保险法第十七条第二款规定的提示义务。

### （三）提示义务的履行标准

1. 提示的方法

提供格式条款的一方在提请相对人注意保险合同免责条款时一定要结合具体的交易环境，如电话销售就不可以单纯地将保险合同免责条款用上述两种方式履行提示义务，一定要在交谈过程中予以语音提示。

2. 提示的时间

保险人应当在保险合同订立之前或订立过程中完成对保险合同免责条款的提示义务。

3. 提示的程度

保险人于保险契约缔定之际对保险契约中之免除或限制其责任的条款的提示注意程度，应以"充分合理"为判断准据。[①]

## 三、保险人的明确说明义务

明确说明义务是保险人的一项法定义务，这是涉及保险合同免责条款生效的另一重要条件，但《保险法》中对于明确说明义务的范围却存在许多争议。保险合同有别于民法中的一般合同，除了需要保护投保人或被保险人在签订合同过程中的弱势地位，维护其知情权外，还应当注重在商法领域内天然对于效率和利益的追求。

### （一）保险人明确说明义务的法律来源

《合同法》第三十九条第一款规定："采用格式条款订立合同的，提供格式条款的一方应当遵循公平原则确定当事人之间的权利和义务，并采取合理的方式提请对方注意免除或者限制其责任的条款，按照对方的要求，对该条款予以说明。"这是保险人提示说明义务最早的来源。

现行《保险法》[②]第十七条对保险人的明确说明有了进一步的详述，第一款规定："订立保险合同，采用保险人提供的格式条款的，保险人向投保人提供的投保单应当附格式条款，保险人应当向投保人说明合同的内容。"也就是说如果保险人——XW人保公司提供了格式条款的话，应该向投保人——郭某某进行说明，即对于意外事故中根据伤残等级进行赔付这一合同条款应当向郭某某进行说明；第二款规定："对保险合同中免除保险人责任的条款，保险人在订

---

[①] 于海纯.保险人缔约说明义务制度研究[D].北京：中国政法大学,2007.
[②] 根据2015年4月24日第十二届全国人民代表大会常务委员会第十四次会议《全国人民代表大会常务委员会关于修改〈中华人民共和国计量法〉等五部法律的决定》第四次修订。

立合同时应当在投保单、保险单或者其他保险凭证上作出足以引起投保人注意的提示,并对该条款的内容以书面或者口头形式向投保人作出明确说明;未作提示或者明确说明的,该条款不产生效力。"该款是关于保险合同中的免责条款的说明义务,即 XW 人保公司关于免责条款的规定应当引起郭某某的注意,并以口头或书面的形式向郭某某作出明确说明。

### (二)保险人明确说明义务的理论分析

商业保险出于对利益和风险控制的考量,往往对于保险责任进行大量的限制。由于免责条款的固有特点,导致交易双方处于信息不对称的处境,因此需要保险人详细说明,以平衡双方的权利义务。这个时候应考虑价值衡平原则来把握说明义务。

1.利益衡平的公平

保险合同作为射幸合同,保险人往往为了达到免除自身责任之目的,而采用含糊的语言或晦涩难懂的专业术语使投保人或者被保险人难以领悟保险合同条款的含义,从而逃避责任。通常法律的正义价值要求无差别地对待所有利益主体,当出现交叉重叠的利益时,应扩大它们的互补性,力求保证所有正当合法利益能够同时实现。而由于保险合同的特殊性,相互冲突的利益各方无法兼顾,其合法理由无法同时实现。XW 县法院的法官在审判中就必须依据《保险法》对于保险受益人特殊保护的原则,以一定的价值标准衡量各方,确定保险人与投保人或被保险人在价值体系中的位阶,做出倾向性的利益选择。由此可以看出,保险人的说明义务应该至少保持利益衡平的公平原则,其设置的必须明确说明的免责条款并不是说明即免责。因此,保险人的说明义务范围必须是为了弥补弱势交易方信息上不对称从而达到利益平衡的公平目的。

2.效率与公平的衡平与选择

效率与公平作为重要的法律价值,二者之间存在着深沉的价值张力,在法律领域二者并不总是全然一致的。效率原则要求对成本与收益进行利弊得失的权衡和比较,考虑能否以最小的摩擦和代价,保护人的利益追求,最大限度地实现个人、群体和社会的最大利益。然而法律的安定秩序又必须追求个案的实质正义而牺牲实现法律规范的法律形式价值,必须"克制""容忍"以实现实质性的公平。因此在保险人明确说明范围中,必须权衡效率与公平的选择。[1]

格式条款中的缔约双方经济地位和法律地位不平等,因而需要一定的价

---

[1] 辛昕.保险人明确说明义务范围研究[J].黑龙江省政法管理干部学院学报,2018(4):99-102.

值倾斜,《保险法》中的明确说明义务就规定来看过于苛刻,不符合效率原则,然而在效率与公平的衡平和选择中,必须具有这样烦琐的明确说明才能够保护投保人或被保险人在保险事故发生后理赔过程中的合法利益。

3. 强化说明义务与坚持合理性

保险合同签订的过程是一个分配事前风险和事后损失权衡的过程。当双方在合同中商议明确风险分配条款,则他们肯定要承担交易成本,而如果他们在合同中留下缺口,他们就要承担分配预期损失的风险。一般合同签订过程中如果分配事前风险的成本大于事后损失的成分乘以损失发生的概率,则交易双方会选择留下缺口。而保险合同中并不具有这样的缺口,免除保险人责任的条款必须于合同签订之际就予以明确的提示并说明。

# 以中国人民财产保险股份有限公司J支公司与李某某等机动车交通事故责任纠纷案为例

——酒驾免责条款的提示义务问题研究

**关键词**

酒驾免责条款 格式条款 提示说明 法律效力

**裁判要点**

若采用格式条款订立保险合同,保险人应当在订立保险合同时,对保险合同中免除保险人责任的条款,在投保单、保险单或者其他保险凭证上作出足以引起投保人注意的提示,并对该条款的内容以书面或者口头形式向投保人作出明确说明。未作提示或者明确说明的,该条款对当事人不产生效力。

**相关法条**

《中华人民共和国保险法》第十七条

**基本案情**

2017年2月21日,张某某酒后驾驶川Q×××××小型越野客车由G县沿省道206线往J县方向行驶,10时50分许,当车行驶至省道206线348公里+900米处时,在超越前方同向行驶由苏某某驾驶搭乘李某某的电动自行车发生碰撞,造成李某某、苏某某身体受伤及两车受损的交通事故。李某某伤后在 J 县人民医院住院治疗，于 2017 年 6 月 2 日出院，J 县民政局支付医疗费 51700.88 元。门诊及检查费 934 元，由李某某支付。2017 年 3 月 30 日，G 县公安局交通管理大队作出公交重认字（2017）第 034 号道路交通事故认定书，认定张某某承担事故的全部责任。2017 年 10 月 16 日，经四川某司法鉴定所鉴定：1. 被鉴定人李某某肝挫伤修补术后，其伤残程度参照《人体损伤致残程度分级标准》评定为十级；2. 被鉴定人李某某后续医疗费约需人民币 1 万元整。鉴定费 1800 元由李某某支付。川 Q××××× 车辆登记车主为 J 县民政局，张某某系该单位驾驶员。川 Q××××× 车辆在人保财险 J 支公司投保了交强险、保额为 100 万元的第三者责任商业险及不计免赔特约险。

人保财险 J 支公司辩称，张某某饮酒驾驶，依照保险合同约定，保险人不承担第三者责任商业险赔付责任。

**裁判结果**

G 县人民法院于 2018 年 5 月 25 日作出一审判决，其中第一项为：中国人民财产保险股份有限公司 J 支公司应于本判决生效之日起十日内在川 Q×× 车辆投保的交强险、第三者责任商业险限额内赔偿李某某 97715.38 元；第二项为：中国人民财产保险股份有限公司 J 支公司应于本判决生效之日起十日内在川 Q×× 车辆投保的第三者责任商业险限额内给付 J 县民政局垫付款 51700.88 元。

宣判后，中国人民财产保险股份有限公司 J 支公司不服一审判决提起上诉，YB 市中级人民法院驳回上诉，维持原判。

**裁判理由**

根据《保险法》第十七条规定，订立保险合同，采用保险人提供的格式条款的，保险人向投保人提供的投保单应当附格式条款，保险人应当向投保人说明合同的内容。对保险合同中免除保险人责任的条款，保险人在订立合同时应当在投保单、保险单或者其他保险凭证上作出足以引起投保人注意的提示，并对该条款的内容以书面或者口头形式向投保人作出明确说明；未作提示或者明确说明的，该条款不产生效力。保险人应当向投保人提供保险条款，并对其中的免责条款进行提示和明确说明。在本案中，人保财险 J 支公司虽在庭审中提交了保险条款，但并未提交证据证明其在订立合同时，向投保人 J 县民政局提供了保险条款，J 县民政局也否认收到了人保财险 J 支公司提供的保险条款，故 J 县民政局主张保险条款中的免责条款不产生效力的理由成立。人保财险 J

支公司主张依据保险条款中酒驾免赔的条款不在第三者商业责任险范围内承担责任的理由不能成立。

**案例注解**

"酒驾免责"条款在性质上属于格式免责条款的范畴,如何准确地理解保险合同中格式免责条款的提示与明确说明义务,是保险法律实务中面临的一个重点和难点。

### 一、提示义务的认定是否以一般格式条款的"说明"为前提

《保险法》第十七条第一款规定:"订立保险合同,采用保险人提供的格式条款的,保险人向投保人提供的投保单应当附格式条款,保险人应当向投保人说明合同的内容。"第二款规定:"对保险合同中免除保险人责任的条款,保险人在订立合同时应当在投保单、保险单或者其他保险凭证上作出足以引起投保人注意的提示,并对该条款的内容以书面或者口头形式向投保人作出明确说明;未作提示或明确说明的,该条款不产生效力。"

在司法实践中,有的法院认为,保险人在保险单、投保单等凭证上以足以引起投保人注意的标志作出提示的,应当认定保险人履行了提示义务。例如,保险单上有特别提示投保人阅读免责条款、免责条款有加粗加黑的情况下,对于酒驾、无证驾驶等,车险免责条款生效。但是也有一些法院认为,即使在这种情况下保险人仍应当先根据《保险法》第十七条第一款规定的"提供格式条款和说明义务",如果保险人不能证明其提供了格式条款和说明合同内容(如格式条款没有签收、没有附在投保单上、保险单和投保单没有投保人签名等),则即使保险单、投保单条款中做了提示,法院仍然不能认定保险人已履行免责条款的提示义务,所以免责条款不生效。

上述情形实际上涉及《保险法》第十七条第一款和第二款的关系问题,以及提示和说明、明确说明的关系问题,对此我们要从第十七条的发展演变来考虑。1995年《保险法》第十六、十七条和2002年《保险法》第十七、十八条的内容一致,均分别规定:保险人对"一般条款内容"需要说明,对"责任免除条款"应当明确说明,两者在说明的范围和程度上存在差异,且没有规定提示义务。2009年《保险法》第十七条的第一、二款在此基础上加以吸收和改进,本次修改是把原一般说明义务的对象由"保险合同条款"限制为"格式条款",将明确说明的对象由"保险人责任免除条款"改为"免除保险人责任的条款",且增加了免责条款的提示义务条款,并规定未提示或未明确说明的免责条款均

不产生效力。

笔者以为,从《保险法》第十七条的条文结构上看,可以理解为:保险人对于一般格式条款要提供条款且说明的义务,而对于包含有责任免除条款的格式条款则须履行提示并明确说明的义务。2009年前的《保险法》规定的说明和明确说明义务之间具有层级递进关系,因为2009年《保险法》第十七条第二款加入新的"提示"义务而变得复杂,一部分法院认为,如果保险人没有履行第一款一般格式条款的提供条款和说明内容的义务,则不能认定保险人履行了免责条款的提示义务。

关于《保险法》第十七条第一款和第二款的关系,笔者认为:《保险法》第十七条第一款和第二款应当是并列关系而非包含关系,第二款的提示义务是一个独立的义务,并未包含在第一款规定的说明义务范围之列。理由如下:

第一,《保险法》第十七条第一款仅仅是一般管理性规定,而非效力性规定,只有第二款才是效力性规定。违反第二款才产生免责条款不生效的法律后果,故不应再以未履行第一款认定免责条款不生效,更不应以未履行第一款来认定未履行第二款单独设定的提示义务。

第二,《保险法司法解释(二)》第十条认为,对于禁止性规定作为免责条款的,仅仅要求保险人履行提示义务,即既未要求保险人必须说明,也未要求明确说明。该司法解释的本意在于减轻保险人说明义务的举证责任,保险人提示即可认定已明确说明,保险人的提示使得投保人知道违反禁止性规定与保险人免责直接的之间关联性,则保险人的上述行为就已经符合本解释第十一条的要求,达到了《保险法》第十七条第二款的立法目的和效果,即达到了明确说明的标准。

因此,关于免责条款的提示义务是保险人的一项独立的义务,而并不从属于格式条款的说明义务。

## 二、《保险法》第十七条第二款规定的提示和说明义务规制对象的范围

如果单纯看《保险法》第十七条第二款,看不出免责条款是特指格式条款中的免责条款还是泛指保险合同中(无论是格式条款还是非格式条款)的免责条款。有部分法院判例认为该条文表述为"保险合同中免除保险人责任的条款"很明显是指所有保险合同中的免责条款,既包括格式条款中的免责条款,也包括非格式条款中的免责条款。例如,特别约定、批单等,凡是符合"免除保险

人责任"的条款都是免责条款,因而,保险人都要履行提示、明确说明义务,否则不产生效力。例如,车险保险单中常见对新车投保盗抢险的,会特别约定"盗抢险从正式取得牌照之日起生效",如未取得牌照时被盗抢则保险人拒赔。如果按照前述解释,此类条款会被视为免责条款,未经提示和明确说明不产生效力。

《保险法司法解释(二)》第九条第一款规定:"保险人提供的格式合同文本中的责任免除条款、免赔额、免赔率、比例赔付或者给付等免除或者减轻保险人责任的条款,可以认定为保险法第十七条第二款规定的'免除保险人责任的条款'。"可见,明确将免责条款的范围界定为"格式合同文本中的免责条款",而"格式合同文本"的范围比"保险合同"的范围显然要小,当然又比"格式条款"的范围要大,因为格式文本合同既有以格式条款形式的,又有事先印制的格式合同,还有一些统一版本逐个投保时打印的保险合同。

《保险法》第十七条第二款规定的提示和说明义务规制对象的范围,究竟是整个保险合同中的免责条款,还是格式合同文本中的免责条款,还是仅仅限于格式条款中的免责条款,法院对此问题不同的理解会导致不同的处理结果,各地高级人民法院关于审理保险案件的指导意见规定不一致,而从最高人民法院民二庭所编著的《最高人民法院关于保险法司法解释(二)理解与适用》一书对第九条的解读内容来看,倾向性的意见是需要保险人提示和明确说明的免责条款限于格式条款中的免责条款。

### 三、保险人对保险合同中免责条款的提示与明确说明的方式与程度

《中华人民共和国保险法》第十七条第二款明确规定了保险人对保险合同中免责条款的提示与明确说明义务的履行方式,将保险人履行提示与明确说明义务的标准确定为两个方面。

第一,表现形式上,要求保险人在订立合同时应当在投保单、保险单或者其他保险凭证上作出足以引起投保人注意的提示。在办理保险过程中,对于投保人来说,"足以引起投保人注意"是一个比较抽象的概念,保险人可以使用下列方式进行提示而"足以引起投保人注意"。

(1)可以在投保单的抬头部分打印特别提示、制作专门的投保提示与投保单同时使用,提示投保人详细阅读保险条款,并特别提醒注意有关免除保险人责任的条款;

(2)可以在保险合同中对有关免除保险人责任的条款采用"足以引起投保人注意"的文字、符号、字体等特别标识,如使用加粗字体、黑体字、加大字

号等方式作出醒目的标志,以区别于其他条款内容;

(3)可以在投保单的尾部设置"足以引起投保人注意"的投保人声明栏目,声明保险人已对保险条款特别是免除保险人责任的条款向投保人作了明确说明,投保人已充分理解,并同意以本投保单作为订立保险合同的依据,然后再由投保人签名确认。

第二,实质内容上,要求保险人在订立合同时应当对免除保险人责任的条款的内容、概念及法律后果以书面或者口头形式向投保人作出明确说明。由于投保人个体具体情况的不同,其对免责条款解释的理解程度也因此不同。一般认为,保险人的明确说明应当达到通常人所能理解的程度,且"保险人的明确说明是否达到通常人所能理解的程度"的举证义务由保险人承担,因此,在实务操作中,为了避免不利的法律后果,保险公司须注意两点。

(1)保险公司应当加强营销人员、保险代理人以及保险代理机构的培训与管理,督促其依法向投保人履行明确说明义务,如可在保险代理合同约束双方法律关系的协议条款中,对其未履行明确说明义务导致的不利后果即保险公司损失的责任承担问题作出明确约定,以有效地约束营销人员、保险代理人以及保险代理机构履行明确说明义务;

(2)保险公司在承办具体的保险业务活动中,应当注意保存"履行了明确说明义务"的相关证据,如能够证明"履行了明确说明义务"的笔录(当然应由投保人签字、捺印加以确认)、录音等相关证据,以便在投保人与保险人就"保险人对免责条款是否履行了明确说明义务"发生争议时有据可查,有效减少不必要的争议和纠纷。

# 以原告陈某某等诉被告刘某某等机动车交通事故责任纠纷案为例

## ——商业三者险中"车辆未年检免赔"条款效力认定

**关键词**

"车辆未年检免赔"条款 效力 提示说明义务

**裁判要点**

作为格式条款的提供人,保险公司将未通过年检作为免责事由,其应当在投保单、保险单或者他保险凭证上做出足以引起投保人注意的提示,并对合同中有关机动车安检的免责条款之概念、内容及其法律后果,以书面或者口头形式向投保人作出常人能够理解的解释说明，否则"车辆未年检免赔"条款对相对人不发生法律效力。

**相关法条**

《最高人民法院关于适用＜中华人民共和国保险法＞若干问题的解释（二）》第十条、第十一条

《中华人民共和国保险法》第十七条

**基本案情**

原告宋某系范某丈夫，原告宋某1系范某女儿，原告陈某某系范某母亲，原告范明生系范某父亲。2017年3月8日07时36分，刘某某驾驶川Q×号重型自卸货车，沿某路从塘坝村方向往某场镇方向行驶，当车行至宜威路51KM+800M处（中国石油加油站）右转进加油站时，碾压同向由范某驾驶的川QH×号电动自行车，造成范某死亡及车辆受损的道路交通事故。事故经G县公安局交通管理大队出具公交认字[2017]第00017号道路交通事故认定书，认定：刘某某承担此次事故的全部责任，范某在此次事故中无责任。事故发生时，川Q×号货车实际车主为被告骆某某，该车挂靠在被告鑫×物流公司，行驶证上登记所有人为被告鑫×物流公司，被告刘某某系被告骆某某雇请的驾驶员。川Q×号货车在被告人民财保公司投保了机动车强制责任保险及商业险，保险期间均为：2016年9月2日16时至2017年9月2日16时，商业险保单载明：第三者责任保险限额为1000000元，并投保了不计免赔特约险。范某于2012年6月31日至2014年5月1日在G县人民医院从事护理工作，于2014年5月26日至本次事故发生时在G县妇幼保健院从事护理工作。范某与宋某生育一女宋某1，范某的父母范明生、陈某某生育范某、范某某二子女，陈某某、范某某系残疾人，陈某某经四川某司法鉴定所鉴定为属大部分丧失劳动能力，范某某经四川某司法鉴定所鉴定为属大部分丧失劳动能力。

被告人民财保公司认为，根据《机动车第三者责任保险条款》第二十四条第（三）项第一点约定，发生保险事故时被保险机动车未按规定检验，不论任何原因造成的人身伤亡，保险人均不负责赔偿。且在投保人购买保险时，保险人已经对该条款进行了特别提示，故保险人在商业险中不承担赔偿责任。被告鑫×物流公司认为，车辆的年检是一个行政行为，川Q×号车在事故发生后即被送去车管部门进行年检，而且年检合格，车辆当时未按规定年检与发生交通事故之间无因果关系，且保险公司提出的保险条款系格式合同，对于免责条

款，人民财保公司未对投保人进行明确说明，故保险公司应当在商业第三者责任险限额内承担赔偿责任。被告骆某某认为，作为实际车主，保险人对车辆未年检商业险免赔的免责条款毫不知情，保险合同系保险公司提供的格式条款合同，保险公司未尽到提示、告知义务，因此保险公司应当在商业第三者责任险限额内承担赔偿责任。

**裁判结果**

四川省 CN 县人民法院于 2017 年 7 月 4 日作出一审判决，其中前三项为：

一、在本判决生效后十日内，由被告中国人民财产保险股份有限公司 YB 市分公司赔偿原告宋某、宋某1、陈某某、范明生各项损失共计 913788.50 元；

二、在本判决生效后十日内，由被告中国人民财产保险股份有限公司宜宾市分公司赔偿被告宜宾鑫×物流有限公司垫付的费用 20000 元；

三、在本判决生效后十日内，由被告中国人民财产保险股份有限公司宜宾市分公司赔偿被告骆某某垫付的费用 100000 元。

**裁判理由**

本案争议的焦点，川 Q× 号车在事故发生时未进行年检，被告人民财保公司在商业第三者责任险限额内是否应当承担赔偿责任。CN 县人民法院认为：《中华人民共和国道路交通安全法》第十三条要求上路行驶的车辆定期进行安全技术检验属于行政管理性规定，不属于禁止性规定，人民财保公司将车辆未按规定年检作为本案商业第三者责任险免赔的事由，应当按照《中华人民共和国保险法》第十七条第二款的规定履行提示和明确说明义务，"对保险合同中免除保险人责任的条款，保险人在订立合同时应当在投保单、保险单或者其他保险凭证上作出足以引起投保人注意的提示，并对该条款的内容以书面或者口头形式向投保人作出明确说明；未作提示或者明确说明的，该条款不产生效力。"保险人对免除保险人责任条款既承担提示义务，又承担明确说明义务。关于保险人提示义务、明确说明义务履行的判断标准问题，《最高人民法院关于适用〈中华人民共和国保险法〉若干问题的解释（二）》第十一条作出了规定，"保险合同订立时，保险人在投保单或者保险单等其他保险凭证上，对保险合同中免除保险人责任的条款，以足以引起投保人注意的文字、字体、符号或者其他明显标志作出提示的，人民法院应当认定其履行了保险法第十七条第二款规定的提示义务。保险人对保险合同中有关免除保险人责任条款的概念、内容及其法律后果以书面或者口头形式向投保人作出常人能够理解的解释说明的，人民法院应当认定保险人履行了《保险法》第十七条第二款规定的明确说明义务。"鑫×物流公司向本院提交的商业险保单原件上并没有记载关于免除保险人责任的条款，且鑫×物流公司否认人民财保公司向其提供了保险条款，人民财保公司提交的机动车综合商业保险条款上虽对责任免除条款进行了加粗，但未举证证明向投保人提供的是该保险条款，故对于人民财保公司提出已尽到提示义务的辩解意见，本院不予采信；对于明确说明义务，根据上述法律条款的规定，人民财保公司未提供充足的证据证明保险公司对免责条款的概念、内容及其法律后果以书面或者口头形式向投保人作出过常人能够理解的解释说明。人民财保公司就车辆未年检商业险不承担赔偿责任的免责条款未向投保人作出提示和明确说明，因此该免责条款不发生效力，人民财保公司应当在商业第三者责任险限额内承担赔偿责任。故范某因交通事故死亡后的损失，应由被告人民财保公司在川Q×号车的交强险限额内予以赔偿，不足部分，由被告人民财保公司在川Q×号车的商业第三者责任险限额内予以赔偿。

**案例注解**

车辆投保的初衷是为了在发生交通事故后，保险公司基于保险合同对被保险机动车发生道路交通事故造成的人身伤亡、财产损失，在保险合同范围内予以赔偿，减低肇事方的经济压力，使被保险人和受害方得到更好的赔偿。机动车实行定期检验制度，即对已经领取正式号牌和行驶证上路行驶的机动车辆定期进行安全技术检验的制度，该制度的目的在于检查机动车的主要技术状况，督促车主加强机动车的日常维护保养，使机动车经常处于良好状态，保障道路交通活动中的公共安全和预防道路交通事故的发生。双方当事人订立的商业三者险中"未按规定检验或检验不合格免除保险责任"的责任免除条款，从条款的设置目的来理解，保险公司作出此项格式条款的目的是为了督促投保人按时对投保车辆进行检验，使投保车辆处于性能合格的行驶状态，从而杜绝投保车辆危险系数增加而导致保险公司承担过重的风险。本案中投保车辆在保险事故发生时虽未进行机动车年检，但是投保车辆未按时年检并不必然推出投保车辆安全检验不合格、投保车辆危险程度增加的结论；保险事故发生时，交警部门出具的事故认定书未涉及是因投保车辆性能不合格导致事故的发生，仅仅是认定投保车辆司机违反交通法规而导致事故发生。如果保险公司并未提供证据证明曾提出对投保车辆性能进行检验，也未提供证据证明投保车辆发生保险事故时性能不合格、投保车辆未按时进行年检是导致事故发生的直接原因，保险公司主张的发生事故时投保车辆未年检属于责任免除情形的抗辩理由不成立。若

# 第四章 保险合同中免责条款的效力

简单地认为肇事车辆未年检均属于免责情形，不符合投保以分散社会风险之缔约目的，同时有违保险立法尊重社会公德与诚实信用之原则。车辆年检是车辆管理部门的行政行为，保险合同是基于投保方与承保方的民事行为，不能单以发生事故时肇事车辆未年检而拒赔，应该多方考虑，若发生交通事故确实是因为车辆不合格而造成的，保险公司则可以免予赔偿，若发生交通事故后，经相关部门检验合格，就不能免除保险公司的赔偿责任。这样更能还原保险合同的真实原意，也能维护弱小群体的合法利益。只有如上正确认识"车辆未年检免赔"条款，才符合正义这一法则的基本价值，亦符合社会和谐发展的科学内涵。

保险公司的商业三者险保单约定保险期限内保险车辆须检验合格，否则保险人不负赔偿责任。该约定系双方当事人真实意思表示，具有法律约束力。同时，该免责条款属于某财险公司出具的格式条款，即使保险公司对该免责条款作出了特别的提示及说明，但因该约定涉及免除某保险公司自身责任等内容，故应当依据合同及保险法的相关规定，对该免责条款的具体内容进行审查。《中华人民共和国合同法》第四十条规定："格式条款具有本法第五十二条和第五十三条规定情形的，或者提供格式条款一方免除其责任、加重对方责任、排除对方主要权利的，该条款无效。"《中华人民共和国合同法》第四十一条规定："对格式条款的理解发生争议的，应当按照通常理解予以解释。对格式条款有两种以上解释的，应当作出不利于提供格式条款一方的解释。"笔者认为，不仅应将被保险车辆未通过年检作为适用该免责条款的前提条件，还应当考虑该免责条款的适用前提与免责后果之间的实际联系，只有当车辆发生事故前已存在安全隐患，且该安全隐患与事故的发生之间存在因果关系，并导致事故发生的概率增加时，该免责条款才具有实质合理性，保险公司才能援引该免责条款免除其保险责任。

# 以占某某等诉中国人民财产保险股份有限公司 YB 市分公司等机动车交通事故责任纠纷案为例

## ——"肇事逃逸"免责条款效力研究

**关键词**

肇事逃逸　免责条款　效力

**裁判要点**

机动车保险合同中约定的"肇事逃逸"免责条款具有一定的合理性,不符合有关法律、行政法规的禁止性规定,不属于《保险法》第 19 条规定的无效保险格式条款情形,保险人对此类条款履行提示说明义务后,应当承认其法律效力。

**相关法条**

《中华人民共和国保险法》第十九条

**基本案情**

川 QBRXX 轻型普通货车系被告邓某某所有,被告吴某某具有驾驶资格,准驾车型为 C1。2017 年 5 月 3 日,被告吴某某驾驶川 QBRXX 轻型普通货车由 JL 县某镇中和站驶往某镇方向,行至 JL 路 4KM+300M 处时,与停靠在公路右侧的川 QCYXX 普通二轮摩托车发生碰撞,造成骑坐在川 QCYXX 普通二轮摩托车上的占成才当场死亡及两车受损的交通事故,肇事后被告吴某某驾车逃逸。2017 年 5 月 6 日,JL 县公安局交通管理大队委托四川某司法鉴定所对川 QBRXX 轻型普通货车转向系、制动系及照明装置进行鉴定,该所于 2017 年 5 月 19 日作出川某司鉴所〔2017〕车鉴字第 312 号司法鉴定意见书,认定川 QBRXX 轻型普通货车转向系、制动系及照明装置均符合相关要求。2017 年 6 月 13 日,JL 县公安局交通管理大队作出公交认字〔2017〕第 00042 号道路交通事故认定书,认定被告吴某某承担本次交通事故全部责任,占成才无责任。交通事故发生后,被告邓某某垫付了丧葬费 21000 元,被告吴某某垫付了丧葬费 5 000 元。二原告在 JL 县某店对川 QCYXX 普通二轮摩托车进行修理,花去费用 1 950 元。被告邓某某为川 QBRXX 轻型普通货车在被告人财保 YB 公司投保了交强险(死亡伤残赔偿限额为 110 000 元,医疗费用赔偿限额为 10 000

元,财产损失赔偿限额为 2 000 元)及商业第三者责任险(第三者责任险限额 300 000 元),本次事故发生在保险期内。

被告邓某某为川 QBRXX 轻型普通货车在被告人财保 YB 公司处投保时,在投保单上的投保人声明(加黑提示)项下签名,投保人声明内容为:保险人已向本人详细介绍并提供了投保险种所使用的条款,并对其中免除保险人责任的条款等内容向本人明确说明,本人充分理解并接受上述内容。中国人民财产保险股份有限公司机动车综合商业保险条款第二十四条载明:"在上述保险责任范围内,下列情况下,不论任何原因造成人身伤亡、财产损失和费用,保险人均不负责赔偿:……事故发生后,在未依法采取措施的情况下驾驶被保险机动车或者遗弃被保险机动车离开事故现场……"。

**裁判结果**

JL 县人民法院于 2017 年 9 月 18 日作出一审判决,判决如下: 一、被告中国人民财产保险股份有限公司 YB 市分公司于本判决生效后五日内赔偿原告占某某、文某某因占成才交通事故死亡造成的各项损失共计 90 950 元(已扣减被告邓某某垫付的丧葬费 21 000 元);二、被告中国人民财产保险股份有限公司 YB 市分公司于本判决生效后五日内支付被告邓某某垫付的丧葬费 21 000 元;三、被告吴某某于本判决生效后五日内支付原告占某某、文某某因占成才交通事故死亡造成的各项损失共计 510 212.5 元(已扣减被告吴某某垫付的丧葬费 5 000 元);四、驳回原告占某某、文某某的其他诉讼请求。

宣判后,当事人未提起上诉,判决已发生法律效力。

**裁判理由**

JL 县人民法院认为:二原告主张被告人财保 YB 公司在被告邓某某为川 QBRXX 轻型普通货车投保时未告知免责条款,属于格式条款,被告人财保 YB 公司应在商业险范围内承担赔偿责任。因被告邓某某在投保单上的投保人声明(加黑提示)项下签名确认,投保人声明内容载明了:保险人已向本人详细介绍并提供了投保险种所使用的条款,并对其中免除保险人责任的条款等内容向本人明确说明,本人充分理解并接受等内容,故应认定被告人财保 YB 公司对免责条款进行了告知;再根据《中国人民财产保险股份有限公司机动车综合商业保险条款》第二十四条:"在上述保险责任范围内,下列情况下,不论任何原因造成人身伤亡、财产损失和费用,保险人均不负责赔偿:……事故发生后,在未依法采取措施的情况下驾驶被保险机动车或者遗弃被保险机动车离开事故现场……"本院对二原告的该主张不予支持。

**案例注解**

在机动车辆保险及交强险中，保险格式条款通常会将交通肇事后"逃离事故现场"或"未依法采取处置措施离开现场"等情形约定为保险人不承担责任的免责条款。目前机动车保险条款中关于"肇事逃逸（逃离）"免责条款的具体表述可以分为三类，有的表述为"交通肇事后逃逸"，有的表述为"被保险人或其允许的驾驶人在未依法采取措施的情况下驾驶保险车辆或者遗弃保险车辆逃离事故现场"，还有的表述为"驾驶人在未依法采取措施的情况下驾驶保险车辆驶离或遗弃保险车辆离开事故现场"。笔者将此类保险免责条款统称为"肇事逃逸免责条款"。

《中国保险行业协会机动车综合商业保险示范条款》在机动车损失险、第三者责任险及车上人员责任险部分均规定，驾驶人有下列情形之一者："事故发生后，在未依法采取措施的情况下驾驶被保险机动车或者遗弃被保险机动车，离开事故现场"，不论任何原因造成被保险机动车的任何损失和费用，保险人均不负责赔偿。对于此类条款的效力及审查方式，司法实践中存在不同观点。从裁判思路看，主要可以分为以下三类。

**（一）格式条款内容控制的审查**

不少法院通常以该格式免责条款属于《保险法》第十九条约定的无效情形来认定此类条款为无效，但在具体理由上又有所区别。大体可以分为以下两种。

1. 绝对无效说

持此类观点的法院认为，《保险法》第二十一条仅规定了投保人、被保险人在保险事故发生后及时通知的义务。投保人、被保险人违反及时通知的法定义务，法律后果也仅是在因故意或者重大过失未及时通知，致使保险事故的性质、原因、损失程度等难以确定时，保险人就无法确定的部分，不承担赔偿或者给付保险金的责任。"肇事逃逸（逃离）"免责条款将事故发生后的及时通知义务升级为"未依法采取措施前不得离开现场"的义务，而且将违反的法律后果升级为一律不承担保险赔偿责任，明显加重了投保人、被保险人的义务及违反义务的法律后果，应当属于《保险法》第十九条第（一）项所规定的"加重投保人、被保险人责任"的无效保险格式条款，即使保险人尽到了对该条款的明确说明义务，也仍然无效。

## 2. 部分无效说

持此类观点的法院认为，该条款属于格式免责条款。交通事故就是约定的保险事故，交通事故发生意味着约定的赔偿条件成就，保险人即应按约履行赔偿义务。逃逸行为属于事后行为，并非交通事故的原因，其影响仅及于逃逸之后。就逃逸行为加重的责任部分，应由肇事方自行承担，但对于逃逸之前的责任，保险人不得免除赔偿责任 [ 参见广东省梅州市中级人民法院（2014）梅中法民一终字第 28 号民事判决书；湖北省仙桃县人民法院（2013）鄂仙桃民一初字第 1676 号民事判决书；江西省赣县人民法院（2013）赣民一初字第 766 号民事判决书 ]。

### （二）保险人信息提供义务的审查

也有的法院则认为此类条款属于免除保险人责任的条款，适用经说明而生效的规则。但因对该条款涉及的规范属性存在不同认识，从而认定保险人应当履行的义务程度亦不同。主要有三种观点。

#### 1. 已履行提示义务即可生效

持此类观点的法院认为，交通行政法规规定了事故发生后保护现场及立即报警等义务，肇事后不得逃逸属于公众应当知悉且遵守的社会公共秩序，所以，此类免责条款属于法律、行政法规中的禁止性规定，只需尽到提示义务，此类条款就具有约束力。至于提示后是否进行了明确说明，不影响该条款的效力 [ 参见北京市第一中级人民法院（2015）一中民（商）终字第 4854 号民事判决书；江苏省无锡市中级人民法院（2014）锡商终字第 854 号民事判决书；江苏省苏州市中级人民法院（2014）苏中商终字第 179 号民事判决书 ]。如深圳市中级人民法院《关于审理财产保险合同纠纷案件的裁判指引（试行）》（深中法〔2016〕3 号，2015 年 12 月 28 日深圳市中级人民法院判委员会第 21 次会议讨论通过）第五条第一款规定："在机动车保险合同纠纷案件中，与下列情形有关的免责条款，保险人已经履行提示义务，被保险人主张保险人未履行明确说明义务而不生效的，人民法院不予支持：……（四）事故发生后，被保险人或驾驶人在未依法采取措施的情况下驾驶保险车辆或者遗弃保险车辆逃离事故现场的。"在该裁判指引的说明中，深圳中院认为，对于法律、行政法规中的禁止性规定情形不应宽泛认定，参考《最高人民法院关于审理道路交通事故损害赔偿案件适用法律若干问题的解释》第十八条所规定的情形，应当将实践中常见的交通肇事后逃逸、无证驾驶、醉酒驾驶等明显违法、社会危害性较大的常见情形加以认定即可。交通肇事后逃逸属于较为严重的行政违法行为，

《道路交通安全法》等法律、行政法规均规定了较重的法律责任。《广西壮族自治区高级人民法院关于审理机动车交通事故责任纠纷案件有关问题的解答》(桂高法〔2014〕261号，2014年9月1日经广西高院审委会民事专业委员会第33次会议讨论通过)第二条第(四)项规定，保险公司将逃逸、逃离事故现场作为保险合同免责条款的免责事由，对这些条款作出提示后，投保人、被保险人或者受益人以保险公司未履行明确说明义务为由主张这些条款不生效的，不予支持。

2. 未经保险人明确说明不生效

持此类观点的法院认为，禁止性规范是指规定人们不得作出某种行为的法律规范，属于禁止当事人采用特定模式的强行性规范。"肇事逃逸（逃离）"免责条款应属于对当事人义务性规范的范畴，不属于法律禁止性规定，保险人未能证明已履行了明确说明义务，该免责条款不产生效力[参见河南省周口市中级人民法院（2014）周民终字第108号民事判决书；河南省滑县人民法院（2013）滑民一初字第259号民事判决书；青岛市中级人民法院（2014）青商终字第295号民事判决书；江苏省盐城市中级人民法院（2015）盐商终字第445号民事判决书]。

3. 保险人的说明义务不免除但可适当减轻

也有法院持相对折中的观点，认为此类条款的说明义务可以减轻，但不能免除，如《江苏省高级人民法院关于审理保险合同纠纷案件若干问题的讨论纪要》（苏高法审委〔2011〕1号，2011年1月7日经江苏省高级人民法院审判委员会第2次全体会议讨论通过，2011年1月12日印发）第五条第（二）项规定，机动车辆保险合同中规定严重违反交通法规的免责条款，如无证驾驶、酒后驾车、肇事后逃逸等，保险人的明确说明义务可适当减轻但不免除。江苏省高级人民法院在《保险合同纠纷案件审理指南》中进一步指出，对于以酒后驾车等法律或行政法规禁止的行为作为免责事由的保险条款，如果法律或行政法规未明确规定出现上述禁止性行为保险人可以免责，则保险人的明确说明义务不能免除。尽管投保人应当明知酒后驾车的含义、非法性及对社会的危害性，但如果保险人不向投保人说明"酒后驾车不赔"，则投保人自身无从知悉"酒后驾车"还会产生"保险人不负赔偿责任"的法律后果，在这样的保险知识背景下，不利于遏制投保人（被保险人）从事酒后驾车等违法行为，可以说，免除保险人的明确说明义务，既与《保险法》的规定不符，亦不利于预防和减少酒后驾车等违法行为。不过，鉴于投保人投保时对于酒后驾车等违法行为能否获得保险赔偿应当较一般免责条款具有更高的关注度，保险人的明确说明义务虽不应免除，但可适当减轻其举证责任。《浙江省高级人民法院关于审理财产保险合同纠纷案件若干问题的指导意见》（2009年9月8日印发）第十一条也有类似规定。

### （三）依据常理审查离开现场的合理性与必要性

在认可此类条款效力的基础上，即使刑事判决或交通事故责任中未认定构成肇事逃逸，持此类观点的法院也认为，"肇事逃逸（逃离）"免责条款需结合生活经验和设立目的予以解释。按照交通行政法规的规定，保护现场及时报警是事故发生后驾驶员的重要义务，只有特殊情况下才允许撤离现场，如事故中出现人员伤亡需要及时医疗救治等，即未采取合理措施而离开现场的行为必须具有合理性和必要性，否则保险人可以按约免责。从个案情形来看，可根据事故的严重程度、人员受伤状况来判断离开现场的合理性和必要性。轻微伤或者仅是身体不适不能作为离开现场的合理理由。

由此可见，对于此类条款的效力及合理性认定的裁判标准存在相当程度的冲突。最典型的是同一法院的不同合议庭也曾作出截然相反的认定，如广东省高级人民法院有的合议庭持部分无效说 [ 参见广东省高级人民法院（2013）粤高法刑四申字第27号判决书 ]，有的合议庭则认为肇事后逃逸是严重违法行为，车辆的驾驶人、实际支配人都应当遵守法律法规的强制性规定，并理应知晓违反法律法规强制性规定行为应承担的不利后果。因此，保险人只要尽到基本的提示义务即可，该条款合法有效 [ 参见广东省高级人民法院（2013）粤高法民二申字第1015号民事裁定书 ]，以致广东省高级人民法院不得不通过个案批复的方式统一认定尺度。广东省高级人民法院在（2014）粤高法民复字第1号批复中指出，商业第三者险与交强险是有区别的，商业三者险属于投保人自愿购买的责任保险，虽然客观上也有及时填补受害人损失的作用，但其设立目的是减轻侵权人的赔偿负担，而非填补受害人的损失。审查商业三者险保险合同应坚持当事人意思自治原则，尊重当事人合法的意思表示。保险合同中保险人与被保险人的权利义务由双方协商确定，肇事后逃逸免赔的条款不违反我国法律规定，也有加大逃逸者的违法成本从而促使其遵章守法的导向作用，故即使逃逸行为并不加重保险人的赔偿责任，保险人也可依据合同条款免于赔偿。

但该批复作出之后，持部分无效说的判决仍不鲜见。笔者认为，对于此类条款的效力审查及信息提供义务履行程度的界定，需要以保险格式条款规制的体系化思维进行审查；在刑事或行政责任未认定肇事逃逸情形下，则需区分刑事、行政及民事案件中"肇事逃逸"的不同构成要件，结合个案具体情形综合认定；至于交强险中肇事逃逸情形的处理，不能简单类推酒驾或无证驾驶。

# 以李某某诉中国人民财产保险股份有限公司人身保险合同纠纷案为例

——关于保险公司是否尽到了免责条款的提示告知义务的认定

**关键词**

免责条款　提示和告知义务

**裁判要点**

保险公司未充分举证证明其就免责条款向投保人履行了提示、明确说明义务，故该免责条款不产生法律效力，对投保人无约束力。

**相关法条**

《中华人民共和国保险法》第十三条、第十七条

《最高人民法院关于适用<中华人民共和国保险法>若干问题的解释（二）》第十一条

**基本案情**

原告李某某（川QF××××号轻型自动货车车主）诉称2017年3月8日13时25分许，原告所属川QF××××号轻型自卸货车由牟某某（川QF××××号轻型自动货车司机）驾驶自某街道方向经龙湾路至某镇村道往206省道（轿子石）方向行驶，当车行驶至某镇村道（象鼻嘴）时因避让车辆往右手边打方向，导致车辆与同向的由宋某某骑行的川QD×××××号超标电动自行车以及路侧波形防护栏相撞后冲出路面侧翻至坡下水泥路面上，致使两车、波形防护栏受损以及川QF××××轻型自卸货车侧翻处附近农田受污染，牟某某、宋某某受伤的交通事故。经交警认定，牟某某负事故的全部责任，宋某某无责任。牟某某住院治疗21天，经鉴定构成十级伤残、九级伤残，原告赔付了牟某某残疾费用。原告在本案中垫付了112 974.50元，原告主张被告按照保险合同约定直接支付给原告。

被告人保YB公司辩称：①本案是保险合同纠纷，保险公司按照国家有关法律法规规定的赔偿范围、项目和标准以及保险合同、条款的约定进行赔付；②本案事故发生时，被保险车辆驾驶人牟某某没有取得相应的"道路运输从业

人员从业资格证",不属于被保险人的合法驾驶人,事故不属于保险公司的责任范围,即便是属于责任范围,也符合保险公司免赔情形,因此对于原告请求的所有损失都不能得到赔偿。

法院审理查明:川QF××××号轻型自卸货车为原告李某某所有,该车办理了道路运输证,有效期自2016年5月26日至2017年5月。原告为被保险人,为川QF××××号轻型自卸货车在被告公司投保了交强险、商业保险(机动车损失保险限额47 265元、第三者责任保险限额500 000元、车上人员责任险司机50 000元、车上人员责任险乘客20 000元)及不计免赔,保险期限自2016年5月24起至2017年5月23日止。被告公司《机动车保险条款》《机动车第三者责任保险》《机动车车上人员责任保险条款》均约定,下列情况下,不论任何原因造成的人身伤亡,保险人均不负责赔偿:……驾驶人驾驶出租机动车或营业性机动车无交通运输管理部门核发的许可证书或其他必备证书。

牟某某经住院治疗21天产生医疗费38 088.34元,该费用由原告李某某支付。后原告赔付了牟某某因伤造成的损失费用42 800元,牟某某出具收条予以确认。

另查明①交警部门作出事故认定,认定:牟某某负此事故的全部责任,宋某某无责任;②川QF××××轻型自卸货车受损,后产生施救费4 500元、修理费31 134.50元;③波形防护栏受损,原告支付受损费用7 800元,YB市某区公路路政管理大队出具了收款发票;④川QD×××××号超标电动自行车受损,维修费1 840元;⑤川QF××××轻型自卸货车侧翻处附近农田受污染,原告赔付苗木赔偿款17 700元;⑥牟某某准驾车型为A1、A2,其从业类别为经营性道路旅客运输驾驶员,初领日期为2008年5月23日,有效起止期为2015年6月16日至2021年6月15日。

**裁判结果**

四川省YB市某区人民法院于2017年10月11日作出一审判决:被告中国人民财产保险股份有限公司YB市分公司于本判决生效之日起十日内支付原告李某某保险金112 974.50元。

判决作出后,双方均未上诉,判决发生效力。

**案例注解**

本案是一起较为典型的保险公司未尽到免责条款提示、告知义务导致保险公司承担赔偿责任的案例。

## 一、保险责任与除外责任

保险合同纠纷案件的特殊性在于，保险合同既包含保险责任条款，又包含除外责任（也称责任免除）条款。

### （一）保险责任

《保险法》没有明确规定保险责任的概念，根据《保险法》第二条的规定，可以推断出保险责任是指保险人对保险事故造成的财产损失承担的赔偿保险金责任，或者当被保险人死亡、伤残、疾病或者达到合同约定的年龄、期限等条件时承担的给付保险金责任。《保险法》第二十三条规定："……对属于保险责任的，（保险人）在与被保险人或者受益人达成赔偿或者给付保险金的协议后十日内，履行赔偿或者给付保险金义务。"可见，属于保险责任的，保险人才承担赔偿或给付保险金的义务。

《保险法》第十六条第七款规定："保险事故是指保险合同约定的保险责任范围内的事故。"保险责任范围是投保人和保险人在保险合同中约定的，保险责任范围内的事故才属于保险事故。对于保险合同纠纷案件而言，首先需要确定的是保险事故是否发生，只有在保险事故发生的情况下，才能谈及保险责任，没有发生保险事故就不存在保险责任。

### （二）除外责任

保险公司承担赔偿或者给付保险金责任的前提是保险事故发生，但是，保险事故发生，并不必然导致保险公司承担赔付责任。《保险法》第二十四条规定，对不属于保险责任的，保险人应当自作出核定之日起三日内向被保险人或者受益人发出拒绝赔偿或者拒绝给付保险金通知书，并说明理由。可见，对属于保险责任的保险事故，保险公司才承担赔付责任；不属于保险责任的，保险公司没有赔付义务。

《保险法》第十八条规定，"保险合同应该包括以下事项：……（四）保险责任和责任免除；……"因此，保险合同中都含有责任免除条款，即在保险事故发生后，如果投保人或者被保险人存在合同约定的责任免除情形，保险公司不承担给付保险金的责任。责任免除包括原因免责和结果免责。保险责任属于保险人对被保险人提供的保险保障范围，保险事故如果符合保险责任条款，保险人应当承担赔付责任。除外责任条款则减少了保险人对被保险人的保障范围，如果保险事故符合除外责任情形，则保险人可以以此抗辩索赔方的请求。

## 二、免责条款的认定

免责条款一般是指在订立保险合同时,保险人所提供订立的免除或减轻保险人依该合同应负之义务,而加重投保人、被保险人的义务或限制投保人、被保险人依据该合同所享有的权利的条款。免责条款的效力认定问题一直是保险纠纷当事人之间争执的焦点。保险合同纠纷中,保险人往往援引免责条款作为拒赔的依据,被保险人或受益人往往以免责条款无效为由,要求保险人赔偿或给付保险金。由于我国相关法律对保险免责条款的规定过于简单,在司法实践中,对于免责条款及其效力的认定就非常重要。

怎样判断某一条款是否为免责条款?这就要结合保险合同的特点和具体案情进行分析。由于保险合同一般由保险人预先拟定,一些本质上属于免责事项的条款未必规定在免责事由中,而可能出现在合同的其他部分。因此,并非只有规定在免责事项中的条款才属于免责条款。对于免责条款的判断,应从条款内容的实质进行判断,而不应只从形式上进行认定。有的免责条款不一定规定在免责内容中,可能出现在合同的任何部分,只要该规定减轻或免除保险人的责任,或者加重了投保人的责任,即属于免责条款。

## 三、免责条款明确说明义务的履行

保险合同因投保人和保险人的意思表示一致而成立,并以保险人和投保人的相互诚信为基础。但是保险业发展至今,保险合同的条款基本上是由保险人预先拟定的,由于保险专业知识难以为一般投保人所知,因此投保人与保险人在缔约过程中存在着实质上的不平等。在订立保险合同时,保险人凭借自己的保险知识和经验等信息而明显处于比投保人有利的地位,所拟定的保险条款如果含有免除或减轻保险人责任的规定,投保人往往对其含义及内容不甚了解。因此,投保人向保险人支付保费参加保险,在相当程度上要依赖于保险人就其保险条款所做的解释说明。基于此,我国修订前后的《保险法》均对保险人就免责条款的明确说明义务进行了规定。修订前的《保险法》对于保险人免责条款的明确说明义务的规定基本一致,而且修订后的《保险法》增加了保险人对责任免除条款的提示义务,将提示义务和明确说明义务一起作为免责条款生效的前提条件。

修订前后的《保险法》均规定保险人在保险合同订立时应当向投保人明确说明,否则免责条款不生效,也即保险人在合同订立时向投保人明确说明免责条款是该条款生效的前提条件。这一规定决定了认定保险免责条款是否产生效力的关键在于认定保险人是否履行了明确说明义务。笔者认为，在实践中应当依据《保险法》的规定结合具体的保险合同对明确说明义务的履行进行判断。首先，应关注对免责条款的提示义务即形式要件。提示应为书面形式，可以采取免责条款的字体用加大、加黑、加粗、斜体或者采用不同颜色印制，以达到《保险法》要求的足以引起投保人注意的程度。其次，关注明确说明义务的具体内涵即实质要件。明确说明义务的履行除提示外，还应对免责条款的概念、内容及其法律后果等以书面或者口头形式向投保人及其代理人作出解释，以使投保人明了该条款的真实含义及法律后果。从说明的程度看，保险人应以一个普通人的知识和社会经验，通过说明能够就保险合同之条款与保险人在认识上达成一致作为限度，即保险人的说明应当以正常的普通人能够理解的程度为限。

### 四、对保险人明确说明义务的理性思考

#### （一）立法初衷：缔约能力之衡平

由于保险产品的专业性和保险合同的制式性，使得保险合同多以内容庞杂、结构复杂、术语繁多、语言生硬的格式条款的形式出现在投保人面前。投保人或者照单全收，或者敬而远之。再谨慎的投保人也难免陷入"无奈身为门外汉，有心难解其中味"的尴尬境地，倘若不幸遇到少数心术不正的保险人，则难逃被忽悠的命运。投保人被忽悠的根本原因是合同双方因信息不对称而导致缔约能力悬殊，扭转这种失衡局面的关键则是补强投保人信息，从而加强其缔约能力。

#### （二）路径选择：制度理性之考量

补强投保人信息，大致有两种路径，一是依靠优胜劣汰的市场生存法则，通过自由竞争，逐步促使保险人加强产品透明度。绝大多数国家的保险立法并没有规定保险人对保险条款的内容有解释或说明的义务，而是运用合意规则或者诚信原则以及有关格式合同管制规则来处理这一问题。二是公权力积极干预保险合同关系，对保险人施以明确说明之责，加重投保人权利保障之砝码，《保险法》第十七条即为例证。采用何种路径，取决于立法者对保险活动各方当事人行为模式的预设。预设的前提则是对特定时空内保险业务的开展度、保险知识的普及度、保险行为的诚信度、公众风险意识的完备度的判断，以及对传统商事交易习惯和人文气质的评价。

与其他社会制度一样，法律制度建立在人类活动有限理性的基础上，受到

制度效用最大化的目标激励，因此法律倡导的正义本身即包含了制度成本的考量。以保险人明确说明义务为例，首先，该规定针对的是保险合同双方当事人之间信息失衡的一般状态，因实践发展和个案差异出现的新问题和例外状态，难以被立法者预见，却不得不被司法者关注，避免矫枉过正，因僵硬执法引发新的失衡。其次，契约自由原则使得法律对民事合同关系的干预应当控制在当事人能够接受的合理限度内，施予一方的义务应当具有必要性和可行性。这就要求司法者在处理具体个案时，既要保护投保人的合法利益，也要兼顾保险人作为商主体对成本效益、规模经济的合理诉求以及不断开展业务创新的积极性。

**（三）具体方式：说明效果之因素**

法律对保险人施予明确说明义务的初衷是补强投保人的信息，使投保人明确了解免责条款的概念、内容及法律后果。实践中，明确说明的效果是多方合力的结果，至少受到以下三个因素的影响。

一是说明的客体，即免责条款的内容是否为公众熟悉、相关概念是否易懂、文字表述是否通俗等。如果格式条款仅是对保险法定免责事由的重复，则法律一经公布即推定全体皆知，无须保险人说明，投保人自当了解；对保监会根据公共政策需要依据法律授权制定的强制保险条款，具有准法律效力，一旦送达投保人即对其有约束力，投保人亦自当了解；对于内容通俗易懂、普通人均能理解的免责条款，投保人与保险人的缔约能力实际未有明显差距，只需稍加提示或解释便能明确了解；而对于专业性较强、普通人不易理解的免责条款，投保人明显处于信息不对称的不利地位，非经保险人明确说明，无法明确了解条款内容。

二是说明的对象。一般情况下，应当将投保人视为一名具有完全民事行为能力的、普通的保险外行人，具备普通人的一般知识和智力水平，因此在投保时应当承担必要的谨慎和注意义务。特殊情况下，还应考虑投保人的特殊身份和特殊经历对其注意能力的影响，如投保人不识字，或投保人本身是保险从业人员，或投保人之前多次在同一保险公司处投保同一险种，或者在投保前曾因同一免责事由与保险公司发生过纠纷等。就保险免责条款而言，投保人至少负有三方面的注意义务：第一，是在保险人提示后认真阅读免责条款的义务；第二，在发现疑问时及时向保险人提出询问的义务；第三，在法律文件上签字时给予谨慎注意的义务。实践中，许多保险人事先以投保人的身份制作了声明文件，旨在证明保险人已尽到明确说明义务，如果投保人此时怠于行驶知情权，草率签字，则无异于在权利上"沉睡"，不值得法律保护。

三是说明的梯度。分析《保险法》第十七条文字表述的内在逻辑顺序，可以看出，可以将保险人的明确说明义务大致分成三个梯度：首先是提供格式条款的义务，这是对其履行说明义务的最低要求；其次是"醒示"义务，即保险人应当对免责条款作出足以引起投保人注意的提示，这是对其履行说明义务的进一步要求；最后是"醒意"义务，即保险人应当以口头或书面形式对免责条款的内容进行明确说明，这是对其履行说明义务的最高要求。实践中，保险人的说明效果又会因具体方式和媒介的差异而进一步呈现不同的强度。例如，保险人对免责条款的提示，既可以采用书面提示，也可以辅之以口头提醒。书面提示时，既可以将免责条款集中罗列，也可以将分散在各处的免责条款加黑、加粗标注。保险人对免责条款的内容既可以书面解释，也可以口头解释；既可以逐字逐句解释，也可以分批打包解释；既可以主动解释，也可以针对投保人的询问给予解释；等等。

说明的客体、说明的对象和说明的梯度，三者紧密相关，前两者构成了明确说明义务的具体要求和条件，在很大程度上决定了明确说明的具体梯度。保险人对属于法律或规章层面的免责条款，无须再行口头或书面说明；对通俗易懂的免责条款，可以给予一般程度的说明；而对专业性较强的免责条款，则应当给予较高程度的说明。若保险人明知或应知特定投保人的认识水平或理解能力低于一般人，则须以更大的勤勉予以解释和说明，反之则相应减轻保险人履行明确说明义务的程度。

具体到本案件中，原告在被告处投保，双方形成保险合同法律关系。原告发生了保险事故，被告应按照保险合同的约定给予原告赔偿。本案争议的焦点为：若属于保险责任范围，保险公司是否可依据合同约定免除赔偿责任。牟某某持有准驾车型为A1、A2的驾驶证，表明其具有驾驶资格，其驾驶车辆期间发生保险事故，应属于保险责任。牟某某无道路运输从业人员从业资格证并不代表其失去了驾驶车辆的资格，亦无证据证实无道路运输从业人员从业资格证即显著增加了承保车辆运行的危险程度；另外，无道路运输从业人员从业资格证驾驶运输车辆虽为法律法规禁止，且保险公司条款亦以此为由约定免除保险责任，但根据《保险法》规定，保险公司免除保险责任的前提为其就该免责条款尽到了提示、明确说明义务。从被告公司免责条款的字面内容看，并未出现"道路运输从业人员从业资格证"的明确表述，仅有"无交通运输管理部门核发的许可证书或其他必备证书"等概括性表述，且庭审中，被告公司未充分举证证明其就免责条款向投保人履行了提示、明确说明义务，故该免责条款不产生法律效力，对原告无约束力。

# 陈某诉陈洪某、中国人民财产保险股份有限公司 YB 市分公司机动车交通事故责任纠纷案

——商业险"免责条款"的效力认定

### 关键词

程序规范要件　明确说明义务

### 裁判要点

保险合同中关于免赔率条款作为格式条款中的免责条款，是必须明示、说明、告知投保人才能生效的商业险条款，如果保险人未尽到明确说明义务，则该免责条款无效。

### 相关法条

《中华人民共和国道路交通安全法》第七十六条

《中华人民共和国侵权责任法》第十六条、第二十二条、第四十八条

《最高人民法院关于审理人身损害赔偿案件适用法律若干问题的解释》第十九条、第二十条、第二十一条、第二十二条、第二十三条、第二十四条、第二十五条

### 基本案情

原告陈某诉称，2018 年 1 月 15 日 16 时 20 分许，自己驾驶无牌照三轮摩托车搭乘陈介某从某区往某镇方向行驶，当行驶至南大路 7 km+500 m 处时，与对向由被告陈洪某驾驶的川 Q×××××号重型货车相撞，结果造成原告陈某、陈介某受伤及两车受损的交通事故。本次事故经交通管理大队认定，原告陈某与被告陈洪某承担同等责任，陈介某无责任。原告受伤后入院治疗 115 天，为此原告陈某要求被告陈洪某承担受伤受损各项损失共计 282 334.20 元，后在诉讼过程中变更为 372 390.40 元。

被告陈洪某辩称自己所驾驶的车辆在被告保险公司处投了保，应当由保险公司承担赔付责任和诉讼费用。

被告保险公司辩称，①自己已经预付原告的 9 950 元，应当在自己承担的范围内扣减；②被告陈洪某驾驶的车辆存在超载情形应当按照保险合同约定在

商业险范围内免赔10%；③原告的病历显示许多自费药品和用具，应当按照20%的比例扣除自费药品与用具；④原告主张的营养费缺乏依据；⑤原告主张的护理费、误工费、交通费过高，应相应扣减；⑥原告主张的车辆损失，因原告并非权利人，不予认可；⑦原告主张的护理依赖费13 200元，根据鉴定机构的鉴定意见不存在护理依赖的情形，不予认可；⑧保险公司不承担鉴定费和诉讼费用。

经法院审理查明：2018年1月15日16时20分许，原告驾驶无牌照三轮摩托车（搭乘陈介某）从某城区往某镇方向行驶，当行驶至南大路7 km+500 m处时，与对向由被告陈洪某驾驶的川Q×××××号重型货车相撞，造成原告、陈介某受伤及两车受损的交通事故。本次事故经YB市公安局某区分局交通管理大队认定，原告承担同等责任，被告陈洪某承担同等责任，陈介某无责任。原告受伤后，先后在YB市某区人民医院、YB市第二人民医院、YB某医院住院治疗，共计住院治疗115天，产生医疗费245 344.60元。诉讼中，原告向本院申请对其伤情进行鉴定，法院委托四川某司法鉴定所对原告的伤残等级等事项进行鉴定，需后期医疗费约26 000元，无护理依赖，出院后需短期护理，护理时限以10个月为宜（自2018年5月9日起）。原告为此支付鉴定费4 400元。

另查明：①川Q×××××号重型货车登记车主为被告陈洪某，其为该车在被告保险公司购买了交强险和商业险（保险金额50万元，含不计免赔），本次事故发生在保险有效期内。②被告陈洪某驾驶的川Q×××××号重型货车核定载质量为7 945 kg，本次事故发生时载质量为17 690 kg。③本次事故发生后，被告陈洪某为原告垫付了费用15 000元，被告保险公司为原告垫付了费用9 950元。④本次事故中的另一伤者陈介某与原告协商一致，即对交强险赔偿限额12万元，由原告和陈介某各获赔6万元。⑤原告事发前系"YB市NX区久远车业"经营者（个体工商户）从事摩托车销售，并在某城内购有住房一套（已办理产权，位于某区某街道阳光路中段66号4栋1单元2层2号）。

**裁判结果**

四川省YB市某区人民法院于2018年7月4日作出一审判决：一、被告中国人民财产保险股份有限公司YB市分公司赔偿原告陈某各项经济损失共计299 415.50元；二、被告中国人民财产保险股份有限公司YB市分公司赔偿陈洪某经济损失共计15 000元；三、驳回原告陈某的其他诉讼请求。

被告中国人民财产保险股份有限公司YB市分公司和陈洪某在一审上诉期

限内均未提出上诉。

**裁判理由**

法院生效裁判认为,本案主要的争议焦点为:被告陈洪某驾驶的车辆超载情形是否应当适用保险合同中约定免赔10%的免责条款,该免责条款的效力如何认定?

关于该争议焦点,保险公司辩称在本次事故中被告陈洪某驾驶的车辆超载应当按照合同约定免赔10%的条款,符合《中华人民共和国保险法》中免责条款的规定,但被告陈洪某提出保险公司未向其提示和告知该保险条款,同时被告保险公司在庭审中也未提供证据证明在被告陈洪某投保时尽到了提示、告知义务,即保险人未尽到明确说明义务,所以依照《中华人民共和国保险法》应当认定该条款无效。本案中事故车辆存在的超载情形符合合同约定中的"在商业保险范围内免赔10%"的免责条款。但保险公司应当在签订投保合同时履行明确提示义务,而在本案中投保人并未在保单上签字,根据承保档案,保险公司也无其他证据能够证明其尽到了就该项免责情形向投保人明确提示、告知的义务,因此保险人履行了明确说明义务的法律事实不存在,故该免责条款不符合法定程序规范要件而无效。

**案例注解**

本案是一起比较典型的保险合同中免责条款的效力争议案件,在认定案件事实是否符合保险合同中约定的免责条款之前需要厘清免责条款是否生效,在无法确定保险合同中的免责条款是否生效的前提条件下去考虑案件事实是否符合免责条款是无意义的,因为认定该条款的效力才是考虑案件事实是否符合条款的前提。

### 一、免责条款效力的基本程序规范要件

《保险法》中对于免责条款的效力认定主要是从合同约定中的实质内容与程序规范要件是否合法有效两方面认定,本案中主要涉及的是免责条款的程序规范要件,所以我们从以下几个方面去认识其程序规范要件。

**(一)订入合同是免责条款生效的前提条件**

免责条款订入合同指的是,投保人在签订保险合同时已经意识到该条款的存在而且认同该条款,该条款成为合同的一部分。现在无论国内还是国外的法律基本上都要求援引免责条款作为抗辩事由的前提条件是该免责条款存在于合

同当中，是合同的一部分。所以，确定免责条款是否订入合同是至关重要的，而确定免责条款订入合同的基本要求是制定合同的一方必须提醒相对方意识到该免责条款的存在以及其内容，并且合同相对方必须作出明示或默示等方式明确接受该条款。这与我国《合同法》中关于合同自由和订立合同的过程是一样的，即发出要约、收到要约、作出承诺、成立合同。对此，我国《合同法》第三十九条也有关于免责条款的明确规定，当合同成立之后，保险人使用各类通知或者文件来明示、说明免责条款的，该条款的效力应当认定为无效；或者对方当事人从未意识到，或者不应当认识到该免责条款存在的，应当认定该免责条款未曾订入合同。由此可见，免责条款必须是由投保人与保险人在签订合同时的明确合意，如果不是双方的合意，则该条款未曾订入合同，也就不可能对双方产生约束力。

而在本案中被告陈洪某诉称自己不知道保险合同中免赔条款的存在，也未在保单上签字确认，所以该条款订入合同的认定存在瑕疵，该免责条款不符合基本的程序规范要件而无效。

### （二）保险人履行明示义务是免责条款生效的关键

保险合同是由保险人制定提供的，在这种合同中没有制定合同标准形式的当事人是没有任何讨价还价的余地的，即保险人处于一种不可撼动的强势地位，而对方当事人则处于一种弱势地位，双方主体的地位是不平等的。因此，保险人极有可能为了自己的利益最大化而滥用格式条款，而滥用格式条款主要体现为，在未履行明确说明义务的情况下使用免责条款减轻或者免除自己应尽的义务，或者加重对方当事人的责任，或限制对方当事人行驶权利。这无疑将严重地损害投保人利益，所以法律有必要对保险合同中的免责条款进行管控，而最为普遍的法律管控方式为在不影响双方实质公平的前提下进行效力控制。效力控制指的是法律规定合同或者条款效力的抽象或者具体的标准，然后由司法实践机关考察其争议条款是否符合这些标准而认定免责条款的效力。据此而知，保险人履行明确说明义务成为保险合同中免责条款生效的关键。

在本案中，法院审查双方争议的免赔率条款时，查明保险人未曾履行明确说明义务的法律事实，从而作出该免责条款无效的认定。由此可知，被告陈洪某获胜的关键是保险人未履行明确说明义务而导致免责条款生效的程序规范要件欠缺。

### （三）证据是认定免责条款效力的保障

因保险人负有"明确说明"义务，所以在司法实践中也要对此承担举证责任。在实践中，保险人基本上会在投保单上作出一栏投保人声明，如"保险人已经将保险合同中的免责条款向我作出了明确的说明，我已对这些条款充分了解。（附上日期与签字确认）"，这种声明已经成为实践中保险人取得自己已经履行了明确说明义务证据的重要形式。对于这种声明法律界有两种不同的观点，一种认为应当承认其法律效力，保险业界的人多数赞同这种观点，因其符合"谁主张，谁举证"的证明规则。也有另外一种观点认为该声明不具有法律效力。其理由为，该种声明不足以说明投保人已经充分了解该条款的内容，因为会有许多投保人在未能完全理解保险责任和免责条款含义时便签字确认；也不足以说明保险人尽到了明示的义务，因为投保人完全理解保险合同或者免责条款的真实含义就极有可能不予投保，所以许多保险人在解释说明保险合同或免责条款时不会把其真正的意思传达给投保人。但无论如何，"投保人声明"作为保险人履行明确说明义务的重要证据，保留该证据是相当重要的，因为采取何种方式证明保险人已经履行了其明确说明义务，并且如何保留该证据，在司法实践中关系到一旦发生争议就会直接影响到自己的实体权利。由此可见，保险人履行明确说明义务的证据形式、证据内容、证据保留等问题密切关系到免责条款能否生效。[①]

本案中被告保险公司虽然辩称自己尽到了明确说明义务，但是被告陈洪某却没有在保单上签字确认，保险公司在庭审过程中也未提交其他任何形式的相关证据支持自己的答辩意见。因缺乏证据，所以法院无法认可保险公司的答辩意见。

## 二、关于明确说明义务的认定

免责条款是为了保护保险人的利益制定的，而免责条款的明确说明义务则是为了规制保险人滥用免责条款损害对方当事人利益而设定的。据此我们有必要对明确说明义务进行了解和认识。明确说明义务是保险合同中免责条款生效的关键，对此我国《保险法》第十七条明确了保险人在订立合同时应尽的明确说明义务，但该制度自建立以来就面临着众多质疑，实务中就保险人说明对象范围的边界、说明方式以及说明程度标准存在大量争议。[②] 因此，对该说明义务的范围、说明的方式以及说明标准的定位显得尤为重要，如果对此有一个清

---

[①] 李天生.论保险合同免责条款效力的程序规范[J].学术论坛，2011，34（9）：184-187，191.

[②] 杨茂.论保险免责条款的认定标准[J].西南政法大学学报，2015，17（5）：110-117.

晰的认识就可以避免大量争议，为其在实践中提供指引。

## （一）关于明确说明义务的对象范围

我国《保险法》第十七条未具体列举保险人责任免除的范围，因此哪些条款应当作出明确说明无论在理论界还是实务界都莫衷一是。但主要存在广义说和狭义说两种观点。广义说以实质判断为标准，认为所有导致保险人不承担责任或者减轻其责任的合同条款皆为免责条款。这无疑是强化保险合同订立主体在订立合同时的能力均衡与信息对称，但是其对免责条款做出了最宽泛的理解，夸大了责任免除范围，加重了保险人的说明义务，进而引发了双方在权利义务上的失衡。狭义说则以形式判断为标准，认为只有能够免除保险人责任的除外责任条款才属于免责条款，这种观点得到了保险业界人士的大力认同，因为其有利于保险人利益最大化。然而狭义说又缺乏操作性和现实性，因为其限定在保险合同中冠以免责条款的部分，这无疑有利于保险人逃避责任，损害对方的利益。

在界定明确说明义务的范围时，我们应着重注意以下几点。其一，保证条款。与除外责任不同的是保证条款并非直接、具体地免除特定的风险或者损失，而相反的是在肯定了保险责任的前提条件下要求投保人或者被保险人对特定事项进行担保某种行为或事实的真实性。[①] 保证条款要求的是当投保人或者被保险人违反了保证约定的义务时，保险人有权拒绝其应当履行的赔偿义务。换言之，阻碍投保人或者被保险人权利实现的原因是自己违反了合同中约定的保证义务。我国《保险法》对此规定具体体现在，当保险事故发生时，被保险人应采取合理措施阻止损失的进一步扩大，如果被保险人未采取合理措施而导致的损失，保险人不予承担责任。如果将这种类型的条款归属于免责条款，那么保险合同就失去了公平性，所以保证条款不属于免责条款的范围。其二，程序性条款。程序性条款是保险框架中的重要组成部分，其内容涉及保险合同的订立、保险费用的缴纳、保险事故发生后的追偿等，如保险合同已经订立，保险费用也已经缴纳，但要求具体生效日期为保单上确定的日期。这虽然与投保人的初衷不同，但也没有加重投保人的义务而且缩小了保险责任的范围，充分体现了意思自治，所以这种类型的条款也不应当归属于免责条款。其三，免赔率条款。免赔率条款不同于前述条款，其属于免责条款。确立免赔率制度的目的在于减少赔偿额度，实现风险共担。正因免赔率条款的存在，被保险人才会作出更符合合理预期期待的行为，这对防止道德风险的升高起着重要作用，并

---

[①] 杨茂.完善我国保险人明确说明义务的法律思考J.现代法学，2012（2）：59-65.

且《中国人民财产保险股份有限公司机动车第三者责任保险条款》第九条也将其明确规定为免责条款，其目的也在于此。

### （二）关于明确说明义务的程度标准

明确说明义务的标准问题实则是关于缔结合同中的知情权与选择权问题，而关于说明到什么程度才算尽到了明确说明义务则是关于举证问题与说明程度问题。举证问题其实是一种形式判断，而说明程度问题则是一种实质判断。依据我国《保险法》我们可以得知，形式判断有"醒示"和"醒意"两个内容。要醒示保险人首先要做到已经履行了明确说明义务，最普遍的做法是保险人在投保单上或者其他相关权利凭证上使用醒目的方式让投保人阅读，实践中一般使用字体加粗、加黑或使用不同颜色的字体等方式将一般条款和免责条款区分开。此外，也有在保单上面写上"注意事项""投保人须知"等方式让投保人认真审阅。其次，保险人为了证明自己尽到了明确说明义务会让投保人在投保人声明栏签字确认。是否必须严格要求投保人签字确认投保人声明？在笔者看来并非都需要如此做，如在订立合同时使用口头说明方式向投保人指出免责条款，并明确说明、解释，然后将其录音、录像也可以替代投保人声明。

实质判断是以某个人的理解作为判断基准的一种判断方式。然而保险人或者投保人的理解是不能作为判断标准的，因为保险人自己制定的合同，在制定过程中首先考虑的是自己利益最大化，而投保人却处于只有选择认可与否，而无法修改合同内容的劣势地位，其次无论保险人还是投保人都只会按照有利于自己的方面去解释，所以不能采取保险人或者投保人的理解作为说明程度的基准。然而，我们却可以将普通大众的理解作为认定保险人是否尽到了明确说明义务的程度基准，所以实质判断要看免责条款的语言表述是否通俗易懂、清晰准确，不能存在模棱两可的表述，其说明的内容要完整无缺失，不存在可能造成重大误解的表述。其说明方式应当包括主动说明的方式和被动说明的方式，即既包括保险人自己主动向投保人做出的说明、解释，也包括投保人提出疑问而作出的回答。笔者认为将法院的理解作为认定保险人达到了明确说明义务的程度基准比普通大众的理解更具有优越性。首先，法院与普通大众一样都是居中的第三方，偏袒保险方或投保方的理由不存在。其次，法院人员较之普通大众专业水平更高，具备的专业技能更强，更能准确、全面地理解保险人作出的说明。

### （三）关于明确说明义务的履行方式

一般来说，保险人履行明确说明义务可以采取口头说明与书面说明两种方式，我国《保险法》第十七条对于保险人说明义务的履行方式并未明文规定，因此，无论采用书面、口头或其他方式，只要使得投保人理解保险契约之内容即可。① 由此可知，履行方式是多种多样的，操作简便而快捷，这符合现代快节奏的生活方式，有利于保险合同的订立。然而，正是因为明确说明义务履行方式的简便快捷，导致了履行了义务的证据容易损毁、丢失，进而使保险人的利益处于一种岌岌可危的状态之下。为了防止投保人或者被保险人的不诚信行为，即防止投保人或者被保险人以保险人未尽到明确说明义务为理由恶意抗辩，如何留下证据、保存证据是极其重要的。

保险人应当如何证明自己已经尽到了明确说明义务，笔者认为可以从以下几点着手。首先，在签订合同时或者在签订合同之前把保险条款提交投保人，这是保险人最先需要履行的义务。在提交保险合同条款给对方时，保险人就可以要求投保人签字确认，从而保留自己已经履行了明确说明义务的证据。其次，保险人在提交保险合同条款时可以附加对免责条款的明确说明文件，并要求投保人同意并签字确认。有人认为即使投保人签字确认了的免责条款也不足以说明其完全理解保险合同条款的具体含义，对于此种观点笔者不予认同，因为明确说明义务要求的是保险人做到明确说明，而非要求保险人做到让投保人准确、具体地理解保险合同条款。这种观点也缺乏现实性和可操作性，在实务中任何保险人不可能让所有投保人明确、具体、准确地理解保险合同条款。当然当今社会生活节奏快，投保人不一定有耐心认真仔细地阅读完所有的合同条款，但是保险人却有义务必须让其意识到免责条款的存在。最后，保险人出具声明书是目前保险业的普遍做法，保险人会在保单中作出一栏投保人声明，以确认其对免责条款的认可。有人认为这种声明书不应当具有法律效力，但笔者并不认同这种观点，因为根据签字即生效的原则，投保人签字确认便应当生效。明确说明义务要求的是保险人作出明确说明，只要保险人作出了明确说明并且投保人予以签字确认便是已经履行了明确说明义务。当然该声明只存在于保单内容中的一栏，这就使得其不够显眼，而且空间有限，内容实在太过于简单，所以对其效力的认定难免存在争议。因此，笔者认为保险人与投保人订立合同时，可以于保单之外单独出具投保人声明书，让投保人签字确认。

综上所述，在司法实务当中，如何认定商业险中免责条款的效力，前提在于缔约阶段确定有关免除或者限制保险人责任的格式条款是否纳入了合同约定的范围；核心关键是保险人是否已经履行了明确说明义务；重要保障为履行

---

① 李勇.我国《保险法》说明义务的规则完善[J].西南金融，2017（10）：70-76.

了明确说明义务之后存留下切实有效的证据。在本案当中，被告保险公司辩称自己已经履行了明确说明义务，然而却缺乏证据支持自己的意见，加之被告陈洪某不予承认，因此，被告保险公司已经履行了明确说明义务的法律事实不存在，导致合同约定中关于免赔率免责条款未发生法律效力。

# 严某一、周某、严某二诉钟某、中国人民财产保险股份有限公司YB市分公司机动车交通事故责任纠纷案

——肇事逃逸是否作为保险合同免责条款的免责事由

### 关键词

肇事逃逸　交通事故认定书　提示说明

### 裁判要点

肇事逃逸并不属于保险人将法律、行政法规中的禁止性规定情形作为保险合同免责条款的免责事由，相应的，责任免除条款应认定为一般性质的责任免除条款，保险人理应向投保人就责任免除条款尽到提示和明确说明义务。

投保人已经交纳保险费的，视为其对代签字或者盖章行为的追认。但是，投保人的追认效力只涉及追认保险合同的成立，而非追认了保险人对免责条款已尽到提示和明确说明的义务。

### 相关法条

《中华人民共和国侵权责任法》第六条、第十六条、第四十八条

《中华人民共和国保险法》第十七条

《中华人民共和国道路交通安全法》第七十六条

《最高人民法院＜关于审理人身损害赔偿案件适用法律若干问题的解释＞》第十六条、第二十七条

《最高人民法院关于适用〈中华人民共和国保险法〉若干问题的解释（二）》第三条、第十条

### 基本案情

2016年10月24日22时40分，钟某驾驶川Q×××××小型轿车，沿JA县JA镇某大道东段方向往西段育江广场方向行驶，由于行经十字路口时未

减速慢行，与沿华夏路由南往北方向，由严某驾驶搭乘李某的电动自行车发生碰撞，造成李某当场死亡、严某受伤后经医院抢救无效于次日死亡、两车部分受损的道路交通事故。事故发生后，钟某拨打"120"急救电话后弃车离开现场，由其父亲钟某一出面代其处理事故，支付了严某的抢救费用2 752.76元，并于次日分别垫付严某、李某损失各40 000元。

2016年11月8日，四川某司法鉴定所出具川金司鉴所2016病鉴字第115号尸表检验司法鉴定意见书，鉴定意见为：死者严某符合暴力致颅脑及胸腔损伤，中枢神经系统受损，急性中枢性呼吸循环衰竭死亡。2016年12月12日，JA县公安局交通管理大队出具公交重认字[2016]第00008号道路交通事故认定书，认定：钟某驾驶机动车在道路上行驶时，行经十字路口未减速慢行，且在交通事故发生后，未立即报警并弃车逃逸，其过错是事故的直接原因，负此次事故的主要责任；严某醉酒后驾驶非机动车在道路上行驶，行经十字路口时未减速慢行，其过错是事故发生的次要原因，负此次事故的次要责任；李某无责任。

**裁判结果**

四川省YB市JA县人民法院于2017年5月26日作出一审判决：一、中国人民财产保险股份有限公司YB市分公司于判决生效后五日内，在川Q×××××号小型轿车第三者责任强制保险责任限额内赔偿周某（严某之母）、严某一（严某之父）、严某二（严某非婚生育之女）因严某在交通事故中死亡造成的各项经济损失64 352.76元；二、中国人民财产保险股份有限公司YB市分公司于判决生效后五日内，在川Q×××××号小型轿车第三者责任商业保险责任限额内赔偿周某、严某一、严某二因严某在交通事故中死亡造成的各项经济损失285 000元。三、钟某于判决生效后五日内赔偿周某、严某一、严某二因严某在交通事故中死亡造成的各项经济损失272 672.84元。四、驳回周某、严某一、严某二的其他诉讼请求。案件受理费10 511元，由严某一、周某、严某二负担2 111元，钟某负担8 400元（钟某已预交800元，还应负担7 600元）。钟某应负担金额严某一、周某、严某二已预交，由钟某在支付上述赔偿款时一并支付严某一、周某、严某二。

被告中国人民财产保险股份有限公司YB市分公司（下称人保YB分公司）不服YB市JA县人民法院作出的民事判决，提起上诉。四川省YB市中级人民法院民事判决书于2018年6月8日作出二审判决：驳回上诉，维持原判。二审案件受理费5 575元，由上诉人中国人民财产保险股份有限公司YB市分公

## 第四章 保险合同中免责条款的效力

司负担。

**裁判理由**

一审法院认为,钟某在事故发生后即拨打"120"急救电话对死伤者施救,由其父亲钟某一出面代其处理事故,支付了严某的抢救费用,于次日分别垫付严某、李某损失各 40 000 元,钟某在本案中无逃避责任的故意和破坏、伪造现场、毁灭证据的行为,亦未造成扩大损失的后果,故一审法院对交通事故认定书中关于钟某逃逸的认定不予采信。其次,因保单上非钟某本人签名,人保 YB 分公司提交的证据不足以证实对逃逸免赔条款尽到了提示说明义务,故对其对商业三者险免赔的意见不予采纳。最后,严某虽系农村户口,但据严某一、周某、严某二提供的严某的劳动合同、工资单、单位证明等证据,能够形成证据链证明严某的经常居住地和主要收入来源地均为城镇;钟某对此亦未提供证据反驳,故对严某一、周某、严某二以 2016 年城镇人口标准计算赔偿金额的诉求予以支持。

二审法院认为,钟某在事故发生后、交警未到达现场之前弃车离开事故现场的事实客观存在。根据钟某的供述,钟某在事故发生后同意其父亲的建议离开现场、由父亲出面处理后续事宜;且因自己非常害怕,同意其父亲进行顶包。钟某的供述能够反映钟某离开事故现场存在逃避法律责任的侥幸心理。综合钟某事发后的心理状态和行为,钟某的行为应当认定为肇事逃逸。同时,肇事逃逸并不属于保险人将法律、行政法规中的禁止性规定情形作为保险合同免责条款的免责事由,相应的,责任免除条款应认定为一般性质的责任免除条款,保险人理应向投保人就责任免除条款尽到提示和明确说明义务。最后,本案所涉保险合同的投保单上投保人签字(盖章)栏"钟某"的签名,经鉴定机构鉴定不是钟某本人的签名,不能以此证据证明钟某对投保单上特别提示内容进行了阅读并确认。逃逸免赔条款对钟某不产生效力。人保 YB 分公司主张在商业三者险内免赔的理由不能成立。

**案例注解**

本案争议焦点如下:一、钟某在本次交通事故中是否存在肇事逃逸的行为;二、肇事逃逸是否属于保险人将法律、行政法规中的禁止性规定情形作为保险合同免责条款的免责事由,保险人对该条款负有的提示、说明义务的程度标准应如何确定;三、人保 YB 分公司对投保人钟某就商业三者险肇事逃逸责任免除条款是否尽到了符合法律规定的提示和说明义务。

## 一、钟某在本次交通事故中是否存在肇事逃逸的行为

### (一)肇事逃逸的法律界定

根据《中华人民共和国刑法》第一百三十三条规定,交通运输肇事后逃逸或者有其他特别恶劣情节的,处三年以上七年以下有期徒刑;因逃逸致人死亡的,处七年以上有期徒刑。首先,交通运输肇事后逃逸以行为人构成交通肇事罪为前提条件。

首先,根据《最高人民法院关于审理交通肇事刑事案件具体应用法律若干问题的解释》(下称《解释》)中"本解释第二条第一款规定和第二款第(一)至(五)项规定的情形之一"指的是构成交通肇事罪的情形,是交通运输肇事后逃逸的前提条件。如果行为人的行为发生了交通事故,但情节轻微,或负次要责任、同等责任、无人员伤亡、无重大财产损失等,则不构成交通肇事罪。这种情况下,行为人若主观上认为后果严重,自己已构成犯罪,为逃避法律追究而逃跑的,不应认定为"交通运输肇事后逃逸"。因为刑法仅处罚那些具有严重社会危害性的行为,对于客观上未造成严重的社会危害或威胁的行为,不宜以刑法的方法定罪处罚。

其次,交通运输肇事后逃逸以行为人为逃避法律追究为主观目的条件。《解释》中"为逃避法律追究"是行为人逃逸行为的主观目的,法律追究不仅包括刑事法律追究,也应包括民事法律追究、行政法律追究,即包括:①民事人身、财产损害赔偿义务;②五项行政义务;③抢救伤者和财产的刑事义务。所以交通运输肇事后,行为人负有上述三类义务,为逃避任何一类义务,在主观上都具备了应受刑法加重追究刑事责任的主观要件,都是逃避法律追究。

最后,行为人有逃跑行为。逃跑在这里应界定为,行为人交通肇事后,在人身未受到控制时,为逃避承担民事责任、行政责任和刑事责任,而使自己的人身不受被害人及其亲属、群众、事故处理人员控制而离开的行为。依据《解释》规定逃跑的时间是在发生交通肇事后。逃跑的地点,并不限于当场。行为人在被事故处理机关带去谈话尚未采取关押措施时,趁人不备离开的,仍应认定为《解释》中的逃跑。

本案中,事故发生后,钟某拨打了120急救电话后弃车逃离现场。钟某在事故发生后、交警未到达现场之前弃车离开事故现场的事实客观存在。而根据钟某的供述,钟某在事故发生后同意其父亲的建议离开现场、由父亲出面处理后续事宜;且因自己非常害怕,同意其父亲进行顶包。钟某的供述能够反映钟

某离开事故现场存在逃避法律责任的侥幸心理。综合钟某事发后的心理状态和行为，钟某的行为应当认定为肇事逃逸。JA县公安局交通管理大队出具公交重认字2016第00008号道路交通事故认定书，认定：钟某驾驶机动车在道路上行驶时，行经十字路口未减速慢行，且在交通事故发生后，未立即报警并弃车逃逸，其过错是事故的直接原因，负此次事故的主要责任。

依据《最高人民法院关于审理道路交通事故损害赔偿案件适用法律若干问题的解释》第二十七条"公安机关交通管理部门制作的交通事故认定书，人民法院应依法审查并确认其相应的证明力，但有相反证据推翻的除外"之规定，一审法院认为交通事故认定书是公安机关处理交通事故，做出行政决定所依据的主要证据，其属性在民事诉讼中应为书证，其效力应经过质证后，由人民法院审查确定其证据能力和证明力，而不能作为民事侵权损害赔偿责任分配的唯一依据。

一审法院并未将交通事故认定书作为民事侵权损害赔偿责任的依据，而是根据《中国人民财产保险股份有限公司机动车第三者责任保险条款》第六条第（六）项对逃逸免赔的规定："事故发生后，被保险人或其允许的驾驶人在未依法采取措施的情况下驾驶被保险机动车或者遗弃被保险机动车逃离事故现场，或故意破坏、伪造现场、毁灭证据"，认定钟某在本案中无逃避责任的故意和破坏、伪造现场、毁灭证据的行为，亦未造成扩大损失的后果。

### 二、肇事逃逸是否作为保险合同免责条款的免责事由

上诉人主张肇事逃逸属于保险人将法律、行政法规中的禁止性规定情形作为保险合同免责条款的免责事由，保险公司对相应的责任免除条款仅需尽到提示义务。首先，《最高人民法院关于适用〈中华人民共和国保险法〉若干问题的解释（二）》第十条规定对于保险免责条款因其免责事由为法律、行政法规禁止性规定而免于保险人再作明确说明，减轻了格式合同提供方的举证责任，因而对于该禁止性规定的范围理应从严限制，不得不当扩大，即一般人能明确判断出约定的保险条款免责事由为法律、行政法规明确禁止情形，该情形为法律、行政法规明确命令不得为之行为。《中华人民共和国道路交通安全法》第七十条规定："在道路上发生交通事故，车辆驾驶人应当立即停车，保护现场；造成人身伤亡的，车辆驾驶人应当立即抢救受伤人员，并迅速报告执勤的交通警察或者公安机关交通管理部门。因抢救受伤人员变动现场的，应当标明位置。乘车人、过往车辆驾驶人、过往行人应当予以协助。"上述规定对于发生交通事故的车辆驾驶人应当采取的措施进行规范，应属于对当事人的义务性规范的范畴。其次，肇事逃逸与交通事故的发生没有因果关系，肇事逃逸的影

响只及于事故发生以后,不溯及以前,就侵权责任而言,投保人只应对逃逸行为扩大损害的部分担责。再次,对于交通事故肇事方有醉驾、毒驾、无证驾驶等属于《中华人民共和国道路交通安全法》明令禁止情形的,《最高人民法院关于审理道路交通事故损害赔偿案件适用法律若干问题的解释》赋予保险公司在交强险内赔偿后享有对肇事方的追偿权;但根据《中华人民共和国侵权责任法》的规定,保险公司针对肇事逃逸情形在交强险内赔付后并不享有追偿权。因此,肇事逃逸与醉驾、毒驾、无证驾驶等法律、行政法规明令禁止行为在终局责任终局承担方面明显不同。综合以上几点,肇事逃逸并不属于保险人将法律、行政法规中的禁止性规定情形作为保险合同免责条款的免责事由,相应的,责任免除条款应认定为一般性质的责任免除条款,保险人理应向投保人就责任免除条款尽到提示和明确说明义务。

### 三、人保 YB 分公司肇事逃逸责任免除条款是否尽到了提示和说明义务

庭审中,人保 YB 分公司提交了一份"投保人签字(盖章)"处有"钟某"签名、无落款时间的投保单和机动车保险条款,拟证明保险公司已对钟某就保险条款中责任免除的内容尽到了提示义务,以钟某有逃逸行为主张对商业三者险免赔。钟某否认该投保单上的"钟某"是自己的签名并申请字迹鉴定。经鉴定,投保单上"钟某"二字不是钟某本人所签。虽然有《中华人民共和国保险法》第十七条第二款"对保险合同中免除保险人责任的条款,保险人在订立合同时应当在投保单、保险单或其他保险凭证上作出足以引起投保人注意的提示,并对该条款的内容以书面或者口头形式向投保人作出明确说明;未作出明确说明的,该条款不产生效力"和《最高人民法院关于适用〈中华人民共和国保险法〉若干问题的解释(二)》第三条第一款"投保人或者投保人的代理人订立保险合同时没有亲自签字或者盖章,而由保险人或者保险人的代理人代为签字或者盖章的,对投保人不生效。但投保人已经交纳保险费的,视为其对代签字或者盖章行为的追认"之规定,但是投保人的追认效力只涉及追认保险合同的成立,而非追认了保险人对免责条款已尽到提示和明确说明的义务。据此,因保单上非钟某本人签名,人保 YB 分公司提交的证据不足以证实对逃逸免赔条款尽到了提示说明义务。

# 刘某、晏某诉王某、中国人民财产保险股份有限公司 YB 市分公司机动车交通事故责任纠纷案

——投保人无从业资格，保险人是否免赔问题研究

**关键词**

从业资格　车辆超载　保险免责

**裁判要点**

1. 投保人符合保险条款约定的未取得交通运输管理部门核发的许可证书或其他必备证书，造成被保险机动车损失的，保险公司对上述条款进行了提示及明确说明的，不承担赔偿责任。反之，则应承担赔偿责任。

2.《保险法》第十九条规定：采用保险人提供的格式条款订立的保险合同中的下列条款无效：（一）免除保险人依法应承担的义务或者加重投保人、被保险人责任的；（二）排除投保人、被保险人或者受益人依法享有的权利的。若签署的保险条款属于免除己方责任、加重对方责任、排除对方主要权利的条款，违背了公平原则，应当认定该条款无效。

3.《道路运输从业人员管理规定》第六条规定：经营性道路客货运输驾驶员和道路危险货物运输从业人员必须取得相应从业资格，方可从事相应的道路运输活动。在交通事故发生的期间并没有依据法律取得道路运输驾驶员从业许可证，保险公司有理由拒赔。

4. 保险机动车载货超出规定重量，投保司机无从业资格，违反《道路交通安全法》及其他法律法规中有关机动车装载的规定导致交通事故发生的，保险人不负责赔偿。

**相关法条**

《中华人民共和国侵权责任法》第十六条、第二十条、第二十二条、第四十八条

《中华人民共和国道路交通安全法》第四十八条、四十九条、第七十六条

《中华人民共和国保险法》第十七条、第十九条

《道路运输从业人员管理规定》第六条、第四十八条

《机动车交通事故责任强制保险条例》第二十二条

《机动车商业保险行业基本条款》

《最高人民法院关于适用〈中华人民共和国保险法〉若干问题的解释（二）》第十条

**基本案情**

2017年9月6日7时许，被告王某驾驶川QMP×××号轻型货车沿自某路从一地往另一地方向行驶至自某路24 km+500 m处时，与行人刘某、晏某两人相撞，造成刘某、晏某受伤的交通事故。原告晏某当即被送往YB县某镇中心医院抢救，后转到YB市第二人民医院住院35天，于2017年10月11日好转出院。YB县公安局交通管理大队于2017年9月21日对此次交通事故出具公交认字2017第00152号道路交通事故认定书，认定王某负本次交通事故全部责任，刘某、晏某无责任。本次事故给原告造成了严重的经济损失和精神损失，川QMP×××号轻型货车系王某所有，并在中国人民财产保险股份有限公司YB市分公司投保了交强险和限额100万元的商业三者险，事故发生在保险期内。被告仅支付原告在住院期间的医疗费，而对于其余费用，不予支付。原告为保护合法权利，特提起诉讼。被告中国人民财产保险股份有限公司YB市分公司辩称，对本次交通事故发生的事实以及责任认定没有异议。保险公司按照国家有关法律规定的赔偿范围、项目和标准以及保险合同、条例按约定进行赔付。保险公司只在交强险中承担赔偿责任，在事故发生的时候王某没有取得货运从业资格，不具备驾驶资格，根据保险合同约定，保险中的商业三者险不应承担赔付责任。住院伙食补助费按照20元/天计算。营养费应有医嘱，如无医嘱不予认可。住院期间的护理费按照80元/天计算。误工费不予支持，原告已经年满73周岁，已经达到了法定退休年龄，并且已经丧失劳动能力。交通费认可200元。保险公司不承担诉讼费。

被告王某辩称，对本次交通事故发生的事实及责任认定没有异议。投保保险的时候，保险公司没有提示要从业资格证，保险公司应承担赔偿责任。原告受了伤，原告的损失应该得到赔偿，对原告的诉求没有异议。垫付了护理原告21天的护理费2 572.50元、生活费700元，请求在本案中一并解决。

原告晏某围绕诉讼请求依法提交了原告身份证及户口簿复印件、川QMP×××号车行驶证、王某驾驶证、川QMP×××号车保险单复印件、YB县公安局交通管理大队公交认字2017第00152号道路交通事故认定书、YB市第二人民医院病历；被告王某提交了从业资格证、驾驶证、行驶证、YB市第二人民医院医疗费发票2张；被告中国人民财产保险股份有限公司YB市分公司提交了商业第三者责任保险条款、交强险的保单、商业险投保单。对前述证据，本院予以确认并在卷佐证。被告王某提交的用于证明支付护理费和生活费的收款收据，非正规票据，且无其他证据佐证其内容真实性，本院依法不予采信。

法院经审理查明：川QMP×××号轻型普通货车系被告王某所有，在被告中国人民财产保险股份有限公司YB市分公司投保了机动车交通事故责任强制保险，保险期间为2017年3月9日16时起至2018年3月9日16时止，并投保了机动车商业第三者责任保险（责任限额1 000 000元）及不计免赔，保险期间为2017年3月13日0时起至2018年3月12日24时止。保险条款第八条规定："驾驶出租机动车或营业性机动车无交通运输管理部门核发的许可证书或其他必备证书，不论任何原因造成被保险机动车的任何损失和费用，保险人均不负责赔偿：（一）……（二）……6.驾驶出租机动车或营业性机动车无交通运输管理部门核发的许可证书或其他必备证书；……"被告王某于2008年10月30日取得准驾C1车型驾驶资格，2013年7月24日取得经营性道路旅客运输驾驶员从业资格，2018年1月31日取得经营性道路货物运输驾驶员从业资格。2017年9月6日7时许，被告王某驾驶川QMP×××号轻型货车沿自某路从一地往另一地方向行驶至自某路24 km+500 m处时，与行人刘某、原告晏某两人相撞，造成刘某、原告晏某受伤的交通事故。原告晏某当即被送到YB县某镇中心医院治疗，被告王某支付医疗费1 304.79元。当日，原告晏某转到YB市第二人民医院治疗，诊断为：①轻型脑伤；②右侧第3、5肋骨骨折；③左膝关节外侧半月板破裂；④腰部软组织损伤；⑤双大腿软组织损伤；⑥左侧胫骨挫伤；⑦肝功能损害；⑧左肾囊肿。原告晏某住院35天，于2017年10月11日好转出院，被告王某支付了医疗费24 001.77元。出院医嘱：①休息，避免劳累，胸带外固定，保护肋骨骨折，胸心外科门诊随诊复查；②双下肢避免负重，休息，骨科门诊随诊复查；③动态复查肝功能，清淡饮食；④我科门诊随诊，1月后查头颅CT，警惕颅内出血；⑤1月后骨科、胸外科门诊随诊；⑥病情变化立即就医。2017年9月21日，YB县公安局交通管理大队作出道路交通事故认定书，认定被告王某负本次事故全部责任，刘某、原告晏某无责任。在本案审理过程中，原告晏某承认被告王某请人与原告晏某的亲属共同护理原告晏某21天，并支付原告晏某生活费700元。原告晏某同意刘某的损失在交强险中赔付，如有剩余的，再在原告晏某一案中赔付。

**裁判结果**

四川省YB市X区人民法院于2018年11月8日作出一审判决。

一、被告中国人民财产保险股份有限公司YB市分公司赔偿原告晏某4 400元，限于本判决生效后十日内支付；

二、被告中国人民财产保险股份有限公司YB市分公司赔偿被告王某700元，限于本判决生效后十日内支付；

三、驳回原告晏某其他诉讼请求。

**裁判理由**

法院的生效裁判认为，原、被告双方对交通事故发生的事实和责任划分没有异议，本院对YB县公安局交通管理大队认定"王某负本次事故全部责任，晏某无责任"的责任认定予以采信。依照《中华人民共和国道路交通安全法》第七十六条规定，原告晏某遭受的损失由承保川QMP×××号轻型货车交强险的被告中国人民财产保险股份有限公司YB市分公司在交强险分项责任限额范围内赔偿。因被告王某虽向被告中国人民财产保险股份有限公司YB市分公司投保了川QMP×××号轻型货车商业第三者责任险及不计免赔，但被告王某在事故发生时未取得经营性道路货物运输驾驶员从业资格，不具备驾驶经营性货物运输机动车上路行驶的资格，被告中国人民财产保险股份有限公司YB市分公司依据保险合同约定拒绝在商业三者险责任限额内赔偿的理由成立，原告晏某遭受的超出交强险赔偿限额的损失应由被告王某赔偿。

本案的争执焦点有两个：一是驾驶人王某是否有驾驶资格；二是投保人在没有取得经营性道路货物运输驾驶员从业资格的情况下发生事故，保险公司商业三者险是否应当免赔。

关于第一个争议焦点，因被告王某虽向被告中国人民财产保险股份有限公司YB市分公司投保了川QMP×××号轻型货车商业第三者责任险及不计免赔，被告王某在2008年10月30日取得准驾C1车型驾驶资格，2013年7月24日取得经营性道路旅客运输驾驶员从业资格，2018年1月31日取得经营性道路货物运输驾驶员从业资格，但是在2017年9月6日与行人刘某、原告晏某两人相撞，造成刘某、原告晏某受伤的交通事故。在本案中，本案驾驶员王某在事故发生时未取得经营性道路货物运输驾驶员从业资格，因此不具备驾驶资格。

关于第二个争议焦点，依照《中华人民共和国道路交通安全法》第七十六条规定，原告晏某遭受的损失由承保川QMP×××号轻型货车交强险的被告中国人民财产保险股份有限公司YB市分公司在交强险分项责任限额范围内赔偿。

依照《中国人民财产保险股份有限公司机动车综合商业保险条款》条款第八条规定:"驾驶出租机动车或营业性机动车无交通运输管理部门核发的许可证书或其他必备证书,不论任何原因造成被保险机动车的任何损失和费用,保险人均不负责赔偿:…… 6. 驾驶出租机动车或营业性机动车无交通运输管理部门核发的许可证书或其他必备证书;……"在事故发生时王某未取得经营性道路货物运输驾驶员从业资格,不具备驾驶经营性货物运输机动车上路行驶的资格。所以中国人民财产保险股份有限公司YB市分公司依据保险合同约定拒绝在商业三者险责任限额内赔偿的理由成立,原告晏某遭受的超出交强险赔偿限额的损失应由被告王某赔偿。

**案例注解**

本案虽然争议较多,但所涉及的法律问题都十分典型,由于被侵权人晏某和刘某受伤是单纯由被告人王某违反交通法规所导致的,仅就其有无从业资格进行争论,确认投保人没有货运车辆道路运输许可证和道路货物运输从业人员许可证的情况下,保险人是否免赔的问题。

## 一、投保人司机没有道路运输驾驶员从业许可证,保险公司是否免赔问题研究

道路运输从业资格证是道路运输从业人员从业资格证件的简称,道路运输从业资格证是通过交通部门道路运输有关知识、技能考试合格后核发的一种证件,也是一种通过职业驾驶等活动而获取报酬的一种资质。

在本案中,被告人王某辩称,他向被告中国人民财产保险股份有限公司YB市分公司投保了川QMP×××号轻型货车商业第三者责任险及不计免赔,所以事故发生后他向保险公司要求事故赔偿。

保险公司根据《机动车交通事故责任强制保险条例》第二十二条规定,交强险法定除外责任有四种情形,即①驾驶人未依法取得驾驶资格;②驾驶人醉酒驾车;③被保险机动车被盗抢期间肇事;④被保险人故意制造交通事故。

保险条款第八条规定:"在上述保险责任范围内,下列情况下,不论任何原因造成的人身伤亡、财产损失和费用,保险人均不负赔偿责任:

(一)……(二)……6. 驾驶出租机动车或营业性机动车无交通运输管理部门核发的许可证书或其他必备证书;……"

本案的被告人王某在交通事故发生的期间并没有依据法律取得经营性道路货物运输驾驶员从业许可证,所以保险公司拒赔。

对于驾驶人在事故发生时未取得相关经营性货物运输从业资格证，保险公司是否可以免赔，在学术界有不同观点。

## （一）观点一：保险公司不能免赔

第一，保险合同中约定的许可证书或其他必备证书具体指向的内涵并不明确，换言之，许可证书没有明确指向道路运输从业资格证，因此不能认定保险公司对该驾驶人应取得道路运输从业资格证履行了明确说明义务。

第二，交通运输管理部门核发的许可证书只是对从事相关运输行业驾驶人职业素养的基本评价，并不影响对驾驶人驾驶能力的考核，其无经营性货物运输从业资格证并不代表其失去了驾驶准驾车型的资格，也不能证明会因此显著增加承保车辆运行的危险。机动车驾驶证才是对驾驶人机动车驾驶能力的认定，事故车辆驾驶员具有相应的驾驶证，证明其具有驾驶与准驾车型相符车辆的资格。保险公司在免责条款中约定驾驶员具有相应的从业资格证才予以赔偿，在事实上加重了投保人和被保险人的责任，所以该免责条款无效。

## （二）观点二：保险公司可以免赔

第一，被保险车辆为营业用货车，其投保的是营业用车保险。《道路运输从业人员管理规定》第六条第三款明确规定，经营性道路客货运输驾驶员和道路危险货物运输从业人员必须取得相应从业资格，方可从事相应的道路运输活动。司机王某不具备运输从业资格证，违反了行政法规的禁止性规定。

第二，《机动车综合商业保险条款》第二十四条关于驾驶出租机动车或营业性机动车无交通运输管理部门核发的许可证书或其他必备证书，保险公司可以免赔的约定，属于保险公司的免责条款。保险公司已经履行了对免责条款的提示义务，因此司机王某在发生交通事故时，没有有效的从业资格证，属于商业三者险的免责事由，保险公司在商业险责任限额内不承担赔偿责任。

笔者倾向于第二种观点，驾驶人虽然通过了机动车驾驶能力的考核，但是我国现行行政法规已经明确规定了驾驶营业用车的，驾驶人应当取得道路运输从业资格证，根据保险法司法解释的精神，保险公司可以以法律行政法规中的禁止性规定情形作为保险理赔的免责事由，只要在路上行驶就要对道路安全负责任，所以对于驾驶不同用途机动车的驾驶资格有必要进行重复许可、多次认定。

## 二、针对不同案例的无相关驾驶资格，保险公司免赔与否不同结果的思考

在众多无驾驶资格要求保险公司赔偿的案例中，并非全是保险公司免赔的结果，这要根据实际情况来进行不同的思考。

**案例一：养殖户吴某撞坏路灯案**[①]

法院经审理认为，吴某已经取得了机动车驾驶证、行驶证，并在行政管理部门依法领取了道路运输证、道路运输经营许可证，具有驾驶涉案车辆的驾驶资格，保险公司未能举证证明吴某系以道路运输经营活动为主业。事故的发生是为避让过往车辆，吴某没有从业资格证与事故的发生不存在必然因果关系，也不能显著增加机动车发生交通事故的概率，进而增大保险公司理赔风险，故不能成为保险公司免除其承担第三者责任险赔偿责任的免责事由。同时，保险公司提供的加重投保人责任、减轻自身责任的免责条款属于无效条款，遂判决保险公司给付吴某理赔款 15 000 元。保险公司对判决不服，上诉后被驳回，维持原判。

**案例二：网约车交通事故赔偿案**[②]

法院经审理认为，A 公司与保险公司之间的保险合同成立并生效，对双方产生法律约束力。A 公司将车辆向保险公司投保了机动车损失保险并约定了不计免赔率，保险期间内 A 公司允许的驾驶员使用被保险车辆发生交通事故造成损失的，保险公司应按保险合同约定履行赔付义务。保险公司未能举证证明

---

[①] 养殖户吴某为了运货方便，购买了一辆厢式运输货车，并领取了机动车行驶证、道路运输证、道路运输经营许可证（未办理运输从业资格证）。2016 年 5 月 22 日，在某财产保险公司投保了交强险及保险金额 50 万元的第三者商业责任险。2017 年 3 月 21 日，吴某驾车帮朋友拉取货物归来的途中，为紧急避让车辆，不慎撞坏路边的一根灯杆，该灯杆砸坏停放在路边的陈某所拥有的轿车尾部。警方认定吴某在事故中承担全部责任。某鉴定机构出具定损鉴定，太阳能路灯杆损失额为 15 000 元，陈某轿车修复费用为 21 290 元。事后，吴某赔偿了太阳能路灯维修费 15 000 元。经与保险公司协商理赔时，保险公司认为，因吴某驾驶营业性货车未从交通运输部门领取道路运输从业人员资格证书，保险公司拒绝赔偿。

[②] 2017 年 7 月 11 日，吴某驾驶 A 公司（从事网络预约出租汽车客运）的小型轿车与驾驶电动三轮车的黄某相撞，造成黄某受伤，两车损坏。交警部门认定吴某负事故主要责任，黄某负事故次要责任。该小型轿车的维修费为 10 350 元，该车在保险公司投保了车损险及不计免赔，事故发生在保险期内。吴某在发生事故时未取得网络预约出租汽车驾驶员证。12 月 5 日，A 公司向法院提起诉讼，要求保险公司赔偿车损 10 350 元。保险公司认为吴某在发生事故时未取得网络预约出租汽车驾驶员证，符合保险合同关于保险公司免责的约定，不予赔偿。

其对保险合同约定的"驾驶营业性机动车无交通运输管理部门核发的许可证书或其他必备证书，保险人对造成被保险机动车的任何损失不负责赔偿"的免责条款向 A 公司进行了明确说明，A 公司亦未在投保单或保险合同上签字、盖章或以其他形式对免责条款予以确认，免责条款对 A 公司不产生效力。保险公司在承担赔偿责任后，有权在赔偿金额范围内代位被保险人对有责任的第三人进行追偿。之后法院判决保险公司支付 A 公司车辆损失 10 350 元，该判决已经生效。

综上所述，此类案件在实际审判过程中，我们不仅仅要看投保人是否具有相关从业资格，还要注意以下几点。

**（一）投保人要注意保险合同中对免责条款的认定**

保险公司签署的合同文本中的责任免除条款、免赔额、免赔率、比例赔付或者给付等免除或者减轻保险人责任的条款，为《保险法》第十七条第二款规定的免除保险人责任的条款。本案中保险条款约定"驾驶营业性机动车无交通运输管理部门核发的许可证书或其他必备证书，保险人对造成被保险机动车的任何损失不负责赔偿"系保险公司免除自身责任的免责条款。在投保人和保险公司签署合同时要仔细注意这一内容。

**（二）保险人对免责条款有提示和说明义务**

《保险法》第十七条规定，对保险合同中免除保险人责任的条款，保险人在订立合同时应当在投保单、保险单或者其他保险凭证上作出足以引起投保人注意的提示，并对该条款的内容以书面或者口头形式向投保人作出明确说明；未作提示或者明确说明的，该条款不产生效力。保险合同条款具有专业性和复杂性，保险公司在签署合同时要对投保人履行提示义务。

**（三）提示及明确说明义务的履行要求**

提示和明确说明义务要分开进行，缺一不可。提示义务是明确说明义务的前置义务。保险合同订立时，保险公司在投保单或者保险单中对免除保险人责任的条款，以足以引起投保人注意的文字、字体、符号或者其他明显标志作出提示的，属履行了提示义务。实践中，投保人可在投保单或保险条款上签字、盖章或出具相关文书对保险人履行的说明义务予以确认。

**（四）明确说明义务特定条件下予以免除**

《最高人民法院关于适用〈中华人民共和国保险法〉若干问题的解释（二）》第十条规定，保险人将法律、行政法规中的禁止性规定情形作为保险合同免责条款的免责事由，保险人对该条款作出提示后，投保人、被保险人或者受益人

## 第四章 保险合同中免责条款的效力

以保险人未履行明确说明义务为由主张该条款不生效的,人民法院不予支持。《道路运输从业人员管理规定》第六条第三款明确规定经营性道路客货运输驾驶员和道路危险货物运输从业人员必须取得相应从业资格,该规定属于部门规章,非法律、行政法规的禁止性规定,保险公司还是应对免责条款有明确说明义务。

# 第五章　残疾赔偿金的计算标准问题研究

## 何某一等诉中国人民财产保险股份有限公司 YB 市分公司机动车交通事故责任纠纷案

——残疾赔偿金是否应按城镇标准计算

**关键词**

死亡赔偿金　同命不同价　损害赔偿　死亡赔偿金的赔偿标准

**裁判要点**

1. 死亡赔偿金在性质上既不是对死者生命的赔偿，也不具有精神抚慰性质，而是一种对近亲属财产损失的赔偿。

2. 农业人口可以比照城镇居民进行赔偿，大多数省份均规定了在城市工作、居住一年以上，或主要生活来源来自城市的均可以作为城镇居民进行赔偿。

**相关法条**

《中华人民共和国侵权责任法》第四十八条

《中华人民共和国道路交通安全法》第七十六条

《最高人民法院关于审理人身损害赔偿案件适用法律若干问题的解释》第十七条、第十八条、第二十七条、第二十九条、第三十条、第三十一条

**基本案情**

2016年11月28日，肖某驾驶川Q×××××小型普通客车，由河湾苑小区方向经黄桷坪路往白沙湾加油站方向行驶，当车辆行驶至黄桷坪路（三江家园小区门口）时，与横过道路的行人严某相撞，造成车辆受损的道路交通事故，严某经 YB 市蜀南医院医生确认当场死亡。YB 市公安局交通警察支队出具交管五大队公交认字 2016 第 00862 号道路交通事故认定书，认定：肖某承

担本次事故主要责任；严某承担本次事故的次要责任。

2016年12月5日，g县公安局大窝镇某村2组6号出具"严某死亡户籍注销证明"，内容为：2016年11月30日，严某火化。2016年11月30日，四川YB吉星物业有限公司和YB市某区白沙湾街道学堂社区居民委员会联合出具"证明"，主要内容为：何某二及其母亲严某于2014年10月至2016年11月28日居住于某家园6栋2单元1楼3号。2014年10月20日，罗某与何某二签订"租房协议书"，协议约定：罗某将自己所有的位于某家园6幢2单元103号的房屋租给何某二，租赁期从2014年10月20日起至2017年10月20日止。2017年5月26日，g县大窝镇龙洞村村民委员会出具证明，主要内容为：村民何某（已于2008年8月17日过世）与严某（已于2016年11月28日过世）为合法夫妻，共育有三子：长子何某一，次子何某二，幼子何某三，无其余子女，严某户籍显示其为农业人口。

### 裁判结果

四川省YB市某区人民法院于2017年8月24日作出一审判决：一、中国人民财产保险股份有限公司YB市分公司于判决生效之日起15日内在川Q×××××小型普通客车交强险承保范围内赔偿何某一、何某二、何某三各项损失共计110 000元；二、中国人民财产保险股份有限公司YB市分公司于判决生效之日起15日内在川Q×××××小型普通客车商业险承保范围内赔偿何某一、何某二、何某三各项损失共计363 530元；三、中国人民财产保险股份有限公司YB市分公司于判决生效之日起15日内在川Q×××××小型普通客车商业险承保范围内支付肖某50 000元；四、驳回何某一、何某二、何某三的其他诉讼请求。

被告中国人民财产保险股份有限公司YB市分公司不服YB市某区人民法院作出的民事判决，提起上诉。四川省YB市中级人民法院于2018年4月16日作出二审判决：一、驳回上诉，维持原判。二、二审案件受理费6 753元，由中国人民财产保险股份有限公司YB市分公司负担。

### 裁判理由

一审法院认为，何某一、何某二、何某三的母亲严某因交通事故死亡，并经交警部门认定，肖某承担本次事故主要责任，严某承担此事故的次要责任。何某一、何某二、何某三请求相关事故责任人赔偿其相应损失，予以支持。发生交通事故时，本案肇事车辆川Q×××××小型普通客车的驾驶人和所有人均系肖某,事发前肖某就本案肇事车辆川Q×××××小型普通客车在中国人民财产保险股份有限公司YB市分公司投保了交强险、商业险以及不计免赔,其中机动车商业第三者责任保险限额为50万元,事发时在投保期内,中国人民财产保险股份有限公司YB市分公司应在承保范围内承担保险赔偿责任,超出部分应由肖某承担。何某一、何某二、何某三提出的证明能证明严某长期和其子何某二居住生活在城镇,平时由何某二供养,因此其诉请按城镇人口标准计算有关损失,法院予以支持。

二审法院认为,何某一、何某二、何某三在一审诉讼中已经举证证明本案受害人严某在事故发生前,长期在YB市某区与其儿子共同居住生活,中国人民财产保险股份有限公司YB市分公司认为其提供的证据存在瑕疵,没有单位出具证明人签名。二审诉讼中,YB市某区白沙湾街道学堂社区居民委员会出具了有经办人彭某签名的"证明",证人任某、唐某、严某也到庭证明了严某生前长期在YB市某区下江北某家园居住的事实,故一审法院按城镇居民标准计算严某的死亡赔偿金并无不当,中国人民财产保险股份有限公司YB市分公司认为应按农村居民标准计算严某死亡赔偿金的理由不成立。

**案例注解**

根据公安部统计,我国平均每年发生近20万起交通事故,导致了大量的法律纠纷,也涉及众多人身权益损害赔偿的争议。因城乡居民在交通事故领域内取得赔偿时标准不同,导致相同案件裁判结果赔偿数额相差巨大。在本案中,受害人的死亡赔偿金标准是案件的争议焦点。

### 一、死亡赔偿金的法律属性

死亡赔偿金一般是指受害人因遭受侵权人的侵权行为而造成死亡的,由相关侵权责任人根据法律规定的标准而对死者近亲属(或家属)给予一定金额的赔偿。死亡赔偿金并不是对死者本身失去生命进行物质上的衡量、计算而做出的经济赔偿,人的生命无价,也无法予以经济赔偿。我国现行立法上确立死亡补偿金项目其目的就是在于安定死者近亲属(或家属)将来的生活,弥补死者近亲属(或家属)所受到的相应财产损失。根据我国现行的《中华人民共和国民法总则》《侵权责任法》《最高人民法院关于审理人身损害赔偿案件适用法律若干问题的解释》(下称《人身损害赔偿司法解释》)及相应法律法规规定,死亡赔偿金范围主要有以下几种赔偿项目:丧葬费、抚养费、死亡赔偿金、其他损失费、精神损害抚慰金。

死亡赔偿金在性质上既不是对死者生命的赔偿，也不具有精神抚慰性质，而是一种对近亲属财产损失的赔偿。《中华人民共和国民法通则》（下称《民法通则》）以及《最高人民法院关于贯彻执行〈中华人民共和国民法通则〉若干问题的意见（试行）》（即《民通意见》）的条文内容规定来看，均将死亡赔偿金认定为是对被扶养人生活费的损失，认为其具有财产属性。因此，可以理解为在死亡赔偿金立法中采取了死亡赔偿金"扶养丧失说"，不是精神抚慰性质的，而是具有财产属性的。

其次，在2003年《最高人民法院司法解释》中第二十八条规定了被扶养人生活费的请求权，在同解释中的第二十九条规定了死亡赔偿金的赔偿标准。从第二十八条的规定来看，很明显侵权人应该赔偿的是被扶养人的生活费，据此看出此条采用的"扶养丧失说"的观点。第二十九条是死亡赔偿金的赔偿标准依据收入和年龄来确定，但收入依据是以受诉法院所在地上一年度城镇居民或农村居民人均收入作为标准，这一标准可以理解为侵权人是对死者余命收入的损失进行赔偿，据此看出第二十九条死亡赔偿标准所坚持的是"继承丧失说"。

再次，2010年的《中华人民共和国侵权责任法》第十六条所列举的赔偿项目中，只有死亡赔偿金而没有涉及关于被扶养人生活费的赔偿。根据这条法律规定，结合上述司法解释的第二十九条，死亡赔偿金在立法中的观点所坚持的依然还是"继承丧失说"。

最后，2010年7月1日实行的《最高人民法院司法解释》中将被扶养人的生活费计入死亡赔偿金。该司法解释将《侵权责任法》放弃的被扶养人生活费又重新纳入死亡赔偿金之中。根据该《最高人民法院司法解释》，现在的死亡赔偿金是由两部分组成的，一部分是按年龄和收入计算的死亡赔偿金，另一部分则是被扶养人的生活费。对死亡赔偿金的这种扩大解释可以看出司法机关将两种学说相结合，共同作为死亡赔偿金的理论基础。

综上，死亡赔偿金性质的确定给赔偿标准和赔偿内容的确定奠定了一个基调。根据民法的理论和侵权责任的承担目的，侵权责任是对因侵权行为造成的损害结果进行责任的承担。结果造成的损害有多少，就应该承担相对应的责任。不进行超出结果范围内的责任承担，防止不当得利。死亡赔偿金在形式上是以财产形式进行赔偿的，目的是对死者继承人财产权受到损害而进行救济。

## 二、城乡二元化的死亡赔偿金标准

交通事故发生后对于城乡不同人口的赔偿标准会引发巨大的社会争议，在大多数情况下，仅仅因为身份的不同，赔偿数额上就有较大的差异。首先，在抚养费方面，我国现行的法律采取的是分别计算。按照受理案件的法院所在地的城镇或者农村居民人均消费性支出为标准。被抚养人是未成年人的，计算至其18周岁。被扶养人为成年人的，只计算20年。并且法律还规定了限制条件，就是当人数不是一人或者两人而是多人的时候，每年的赔偿金额的总额，不得超过上一年度的支出额来计算赔偿金额。

其次，死亡赔偿金的金额在法律条文的规定中不仅受到了地域差异的限制，还受到了户籍制度的限制。根据2006年《最高人民法院民一庭关于经常居住地在城镇的农村居民因交通事故伤亡如何计算赔偿费用的复函》可知，在一定情况下，农业人口可以比照城镇居民进行赔偿，大部分省份都把已经在城市工作、生活一定期限的农村居民视为城镇居民进行赔偿，只是在法律条文的表述中存在差异，而实质内容没有不同。大多数省份均规定了在城市工作、居住一年以上，或主要生活来源来自城市的均可以作为城镇居民进行赔偿。即使某些省份的规定中忽略了没有固定收入的老年人和儿童，但根据扩大解释，一个家庭中父母既然已经作为城镇居民对待，老人和小孩同样也应作为城镇居民来对待。

该标准将农村和城镇二元化区分反映到了赔偿中。就目前来看，城镇的人均可支配收入是要大大高于农村人均纯收入的。因此，求偿权利人因城镇和农村的身份不同，可能得到的赔偿额会相差太大，从而引起大众的"同命不同价"的社会舆论。以某法院的判决为例，该判决写明肇事者赔偿在同一侵权事件死亡赔偿金的数额，城市女生的家长获得20多万元，而户籍是农村的女生的家长仅获得了5.8万元的赔偿额以及人道主义补偿3.2万元，一共是9万元。

最后，根据《侵权责任法》的规定，同一侵权行为造成多人死亡，应该以相同数额确定死亡赔偿金。但是尚未写明相同数额是以城市还是农村或者其他的统一标准来确定，在审判实务中会产生困惑，导致赔偿的金额不尽相同。

### 三、同命不同价的具体差异及其分析

在我国死亡赔偿金制度中，不同的赔偿标准会造成巨大的差别，如上海市居民户籍的受害人与江西省农村户籍的受害人的死亡赔偿金差距可能高达8倍之多。

我们分析"价"这个字。严格意义上来说"同命同价"说法并不准确，因为生命是不能直接以物质化、金钱化来衡量其价值的，价值是商品才有的属性，若是承认人的生命具有其价值性且可以以金钱进行衡量，那就是承认生命

是商品，这与我们人类现代的思想理念格格不入。分析造成"同命不同价"的具体原因，在现有的法律规范内，主要有下列几点。

### （一）死者户籍的不同而造成赔偿金额不同

同样的生命权遭到不法侵害致死后，因为城镇户籍与农村户籍的不同，导致死亡赔偿金数额差距悬殊，在相同性质的侵权行为中，一个城镇居民的死亡赔偿金一般是一个农村居民死亡得到的死亡赔偿金额的两倍左右，甚至更高。随着我国改革开放四十余年来社会经济的高速发展，人员迁徙流动日益频繁，城乡差距逐渐缩小，城乡一体化的进程加速，原有户籍的城乡二元制已经严重不符合时代的发展，户籍制度已经到了必须改革的地步。目前，部分省份，如浙江、江西、广东、福建等地区已经开始对现行的户籍制度进行改革，取消城乡二元制，废除城镇居民与农民的身份差别，废除农业户籍和城镇户籍的说法，所有公民统称为居民。随着改革的深入，城乡二元制的户籍制度最终会被取消，这对于社会而言无疑是一个巨大的进步，但是相关法律并没有因为户籍制度的改革而修改，特别是在死亡赔偿金方面并无任何改变。现实中仍然是实行区分城镇户籍与农村户籍二元制来计算赔偿标准，而划分认定的标准由以户口本为准变为国家统计局每年发布的各地城乡区划代码为准。每个村或社区都有一个四位数的代码，其中第一位的数字为"1"的地区按照城镇户籍标准计算死亡赔偿金，而第一位的数字为"2"的地区则按照农村户籍标准计算死亡赔偿金。

### （二）死者年龄不同而造成赔偿金额不同

根据《人身损害赔偿司法解释》第二十九条的规定，死亡赔偿金按收入标准，按20年计算。但60周岁以上的，年龄每增加1岁减少1年；75周岁以上的，按5年计算。假如受害人（死者）为60周岁以上公民，其死亡赔偿金的具体数额肯定低于未满60周岁公民的；如果是75周岁以上的公民死亡赔偿金就更少。

### （三）死者在不同行业领域而适用不同的死亡赔偿金额

根据《国内航空运输承运人赔偿责任限额规定》之规定，在国内航空运输的侵权责任事故中，承运人对每位受害人（乘客）因侵权事故而支付的赔偿金设定了最高限额，最高为人民币40万元。根据《最高人民法院关于审理涉外海上人身伤亡案件损害赔偿的具体规定（试行）》的规定，对于在涉外海上的侵权事故中，死者的近亲属（或家属）因侵权行为而获得的死亡赔偿金也设定了最高限额，其中规定赔偿最高不超过人民币80万元。山西省发布的《关于落实煤矿安全责任预防重特大事故发生的规定》并不是规定死亡赔偿金的最高限额而是限定了最低赔偿限额。该文件规定，在煤矿发生的生产安全事故中，对于死者的近亲属（或家属）的死亡赔偿金最低赔偿限额为人民币20万元。针对在20世纪90年代非法用工问题比较严重，其中有不少致人死亡的案件发生的情况，劳动部门发布的《非法用工单位伤亡人员一次性赔偿办法》规定，如果用工方在生产经营中因为非法用工的行为，而导致工人患职业病或遭受事故伤害并且致人死亡的，按照10倍的赔偿基数一次性赔偿。由此可见，在遭受到同样都是死亡的结果，因为涉及的行业领域不同而适用的赔偿规定不一致，造成其死亡赔偿金具体金额也不同。

（四）因死者所在的行政区划不同而赔偿金额不同

同样性质案件中的死亡赔偿金，因为行政区划的不同也会出现不同的赔偿结果。由于我国地域辽阔，各地经济发展有较大的差距，如前所述，若是将上海市居民与江西省居民的死亡赔偿金对比，两者之间的差距非常巨大；假设再以上海市居民与江西省农村户籍的死亡赔偿金对比，其差距就更令人吃惊了。甚至于在广东省同一行政区划内，竟然还存在着广州、深圳等经济发达地区与梅州等经济相对较落后地区两种不同死亡赔偿金的计算标准。

随着社会现代化的发展，死亡赔偿金制度的完善是迫切需要的。我国在交通事故纠纷处理上需要一个统一的人身损害赔偿标准，来解决现实中发生的问题。现在，交通事故案件的损害赔偿标准问题，已经越来越多地受到各界的关注，在学界的研究和探讨下，相信今后交通事故领域的立法一定会越来越完善。

# 曾某某诉张某某、张某、人保YB市分公司机动车交通事故责任纠纷案

——赔偿金的城镇标准和农村标准赔偿的认定问题

**关键词**

残疾赔偿金城镇标准认定 农村标准认定 举证责任

**裁判要点**

1. 残疾赔偿金是指对受害人因人身遭受损害致残而丧失全部或者部分劳动

## 第五章　残疾赔偿金的计算标准问题研究

能力的财产赔偿。

2. 残疾赔偿金、死亡赔偿金和被抚养人生活费的计算，应当根据案件的实际情况，结合受害人住所地、经常居住地等因素，确定适用城镇居民人均可支配收入（人均消费性支出）或者农村居民人均纯收入（人均年生活消费支出）的标准。

**相关法条**

《中华人民共和国侵权责任法》第六条、第十六条、第十九条、第二十二条、第四十八条

《最高人民法院关于审理人身损害赔偿案件适用法律若干问题的解释》第二十条

《中华人民共和国道路交通安全法》第七十六条

《最高人民法院关于审理道路交通事故损害赔偿案件适用法律若干问题的解释》第十六条

**基本案情**

原告曾某某诉称，2017 年 6 月 11 日，被告张某某驾驶属于被告张某所有的川 QJE×××号小型普通客车，从 JA 县某镇方向沿江红路（Q25 县道）往 JA 县 JA 镇方向行驶，当日 9 时 50 分左右行驶到 JA 县某镇江红路（Q25 县道）26 km+100 m 路段处时，将原告和案外人朱某刮撞倒地，造成原告和案外人朱某受伤的交通事故。经交警认定：被告张某某负事故全部责任。原告受伤后入院治疗 43 天，经鉴定达十级伤残，为此要求被告赔偿各项损失 102 876 元。另查明，川 QJE×××号车车主为被告张某，该车在人保 YB 市分公司投保有交强险和商业险，故被告人保 YB 市分公司应当在保险责任限额内承担赔偿责任。

被告人保 YB 市分公司辩称，对交通事故的事实及责任认定无异议。川 QJE×××号车在我司投保了交强险和商业险，事故发生在保险期内，人保 YB 市分公司在交强险限额内承担赔偿责任，不足部分在商业险内赔偿。关于赔偿明细问题，误工费依照住院期间计算为 43 天，按 60 元／天计算。护理费按 60 元／天计算。残疾赔偿金（含被抚养人生活费）按农村标准计算。鉴定费、本案诉讼费保险公司不予承担。交通费无票据，保险公司不予认可，对其余赔偿项目及金额无异议。

被告张某某、张某辩称，对交通事故的事实及责任认定无异议，二被告系父子关系，川 QJE×××号车系被告张某所有，被告张某某在借用驾驶期间发生本次交通事故。该车在被告人保 YB 市分公司投保有交强险和商业险，人保

YB市分公司在保险限额内承担赔偿责任后不足部分由被告张某某承担全部赔偿责任。被告张某某垫付原告医疗费11 433.31元和其他费用2 500元，合计13 933.31元，请求在本案中一并处理。

当事人围绕诉讼请求依法提交了证据，有原告提交的原告和张某身份证及家庭成员户籍本，出生医学证明复印件，证人魏某的身份证，营业性演出许可证，JA龙腾演艺团证明一份，魏某调查笔录一份，JA县某镇社区居民委员会出具的证明一份、收据一份，JA县某镇下午寺村民小组和JA县某镇下午寺村民委员会联合出具的证明一份，JA县夕佳山镇天惠村新房子村民组和JA县夕佳山镇天惠村民委员会联合出具的证明一份，JA县底蓬镇小天使幼儿园出具的证明一份，JA县某镇语丁花小学出具的证明一份、收据一份，被告张某某的驾驶证、川QJE×××号车行驶证，交强险保险单复印件，交通事故认定书，JA县中医医院出具的住院病历复印件、出院证原件、结算票据和门诊票据3张，鉴定费发票1张，四川某司法鉴定所鉴定意见书原件一份，张某的驾驶证、行驶证，证人魏某出庭作证的证人证言；被告人保YB市分公司提供的营业执照、法定代表人身份证明、YB某司法鉴定所司法鉴定意见书、商业险代抄单一份及各方当事人的陈述在卷佐证。

法院经审理查明：2017年6月11日，被告张某某驾驶车牌号为QJE×××号小型普通客车，从JA县某镇方向沿某路（Q25县道）往JA县城区方向行驶，当日9时50分行驶至JA县某镇境内江红路（Q25县道）26 km+100 m时，因对行人动态观察不仔细，将原告和案外人朱某刮撞倒地，造成原告和案外人朱某受伤的交通事故。此次事故经JA县公安局交通管理大队出具第5115231201701006号道路交通事故认定书，认定被告张某某负此次事故全部责任，原告曾某某、案外人朱某无责任。事故发生后，原告随即被送往JA县中医医院进行治疗。住院共计43日，产生医疗费15 983.31元。原告于2017年6月17日在L州王氏骨科医院产生门诊检查费1 063元，以上医疗费合计17 046.31元。其中原告自行垫付医疗费5 613元，被告张某某垫付11 433.31元。

2017年8月11日，原告伤情经四川某司法鉴定所出具川临司鉴所[2017]临鉴字第800号司法鉴定意见书鉴定：①曾某某因交通事故致左腓骨尖骨折伴韧带损伤。现遗留左踝关节功能丧失60%，鉴定为十级伤残；②曾某某进行康复治疗、复查X线片及左外踝骨折内固定物取出术之后续医疗费用，累计约需人民币7 750元。③曾某某误工期约为180日（自受伤之日开始计算）。原告曾某某为此支付鉴定费2 600元。被告人保YB市分公司于2017年9月11日诉前向本院申请对原告的伤残等级和续医费进行重新鉴定,本院准许后,依法委托YB某司法鉴定中心进行鉴定,该鉴定中心于2017年10月13日出具的宜兴司鉴中心2017临鉴字第997号法医学鉴定意见书认定:①曾某某因交通事故致左踝关节功能丧失达50%,评定为十级伤残;②曾某某后续医疗费需人民币3 000元整。现原、被告就赔偿事宜协商未果,原告遂诉至法院提出上述诉讼请求。

另查明,被告张某某与被告张某系父子关系,川QJE×××号小型普通客车系被告张某所有,被告张某某在借用车辆驾驶期间发生本次交通事故。该车在被告人保YB市分公司投保有机动车交通事故责任强制保险及商业第三者责任险,其中,交强险在有责赔偿情形下伤残赔偿限额10 000元、医疗费用赔偿限额10 000元、财产损失赔偿限额2 000元,商业险限额1 000 000元,保险期间从2016年12月28日0时起至2017年12月27日24时止。另查明,原告曾某某自2009年起在某镇社区居住和生活,自2016年12月起在JA龙腾演艺团从事演艺工作。原告有被抚养人其儿子黄某某,男,2010年6月17日出生,现随原告生活,在某镇语丁花小学读一年级。

**裁判结果**

JA县人民法院于2017年作出一审判决:一、被告中国人民财产保险股份有限公司YB市分公司赔偿原告曾某某因本次交通事故造成的各项损失87 746元,支付被告张某某垫付款2 597元;二、被告中国人民财产保险股份有限公司YB市分公司支付被告张某某垫付款11 336.31元;三、驳回原告曾某某的其他诉讼请求。

**裁判理由**

法院生效裁判认为,本案争议焦点有两个。

一是关于原告请求的受害人赔偿(误工费、护理费),被告对计算天数和和计算标准提出异议;二是关于原告请求残疾赔偿金,被告提出按农村标准计算的异议。

关于第一个争议焦点,依据《最高人民法院关于审理人身损害赔偿案件适用法律若干问题的解释》第二十条"误工费根据受害人的误工时间和收入状况确定。误工时间根据受害人接受治疗的医疗机构出具的证明确定。受害人因伤致残持续误工的,误工时间可以计算至定残日前一天。受害人有固定收入的,误工费按照实际减少的收入计算。受害人无固定收入的,按照其最近三年的平均收入计算；受害人不能举证证明其最近三年的平均收入状况的，可以参照受诉法院所在地相同或者相近行业上一年度职工的平均工资计算"的规定，依照鉴定意见，原告误工天数计算至定残日前一日为60天，因原告证据不足以证明收入状况，依照法律规定及本地实际，依法调整误工费、住院伙食补助费、营养费、精神损害抚慰金、续医费总共11 490元，被告未提出异议且符合法律规定。同时，原告请求护理费3 440元（43天×80元/天），被告对计算标准提出异议，依照法律规定及本地实际，本院依法调整护理费为3 010元（43天×70元/天）。

关于第二个争议焦点，根据原告方提供的社区、村组、学校证明及证人出庭证言等证据形成证据链，证明原告收入、居住生活主要在城镇，且被告未提交相反证据证明，故对原告该项请求本院依法予以支持。交通费1 500元，原告虽未提供交通费发票，但考虑原告产生一定交通费属实，本院酌情认定500元。关于原告请求鉴定费2 600元，因重新鉴定意见部分改变了第一次鉴定意见中的伤残等级意见，本院依法认定原告鉴定费1 600元。综上，原告因本次交通事故受伤造成的合理损失合计为101 679.31元。其中医疗项损失为21 336.31元，伤残项损失为80 343元。

因川QJE×××号小型普通客车在被告人保YB市分公司处投保了交强险和商业三者险，且此次交通事故发生在保险期间内，《中华人民共和国侵权责任法》第四十八条规定，机动车发生交通事故造成损害的，依照道路交通安全法的有关规定承担赔偿责任。《中华人民共和国道路交通安全法》第七十六条第一款规定，机动车发生交通事故造成人身伤亡、财产损失的，由保险公司在机动车第三者责任强制保险责任限额范围内予以赔偿。超过责任限额的部分，按照下列方式承担赔偿责任：机动车与非机动车驾驶人、行人之间发生交通事故，非机动车驾驶人、行人没有过错的，由机动车一方承担赔偿责任；有证据证明非机动车驾驶人、行人有过错的，根据过错程度适当减轻机动车一方的赔偿责任；机动车一方没有过错的，承担不超过百分之十的赔偿责任。《最高人民法院关于审理道路交通事故损害赔偿案件适用法律若干问题的解释》第十六条规定，同时投保机动车第三者责任强制保险（以下简称交强险）和第三者责任商业保险（以下简称"商业三者险"）的机动车发生交通事故造成损害，当事人同时起诉侵权人和保险公司的，人民法院应当按照下列规则确定赔偿责任：（一）先由承保交强险的保险公司在责任限额范围内予以赔偿；（二）不足部分，由承保商业三者险的保险公司根据保险合同予以赔偿；（三）仍有不足的，依照《道路交通安全法》和《侵权责任法》的相关规定由侵权人予以赔偿。

被侵权人或者其近亲属请求承保交强险的保险公司优先赔偿精神损害的，人民法院应予支持。根据以上规定，本次交通事故造成的损失应当在交强险限额内优先赔偿。

**案例注解**

本案是一起较为典型的交通事故赔偿金依城镇标准和农村标准赔偿的认定争议案件。在被侵权人曾某某的伤残赔偿金以及被扶养人的生活费依城镇标准还是依农村标准计算时，在赔偿标准判断之前，还要先厘清原告的住址、工作与收入适用的标准。

事故责任的划分和对受害人的赔偿金额是审理道路交通事故人身损害赔偿案件的两大基本问题。由于交警部门在事故责任认定书中已经划分了事故责任，且相关的《中华人民共和国道路交通安全法实施条例》对事故各方承担的比例亦有具体规定，所以当事人对责任划分争议很小。因此，对受害人的赔偿金额成了当事人之间最大的争议点。受害人赔偿通常由医疗费、护理费及护理依赖费、交通费、住院伙食补助费、营养费、住宿费、精神损害抚慰金、残疾赔偿金或死亡赔偿金、误工费、被扶养人生活费等项目构成。其中，医疗费有医疗机构票据为依据，引发争议较少；争议焦点通常在残疾赔偿金或死亡赔偿金、误工费、被扶养人生活费的赔偿标准上。所以，伤残赔偿金、被扶养人生活费计算标准是人身损害赔偿案件中的争议焦点。

伤残或死亡赔偿金、被扶养人生活费等赔偿项目的共同特点就是与受害人或受害人的被扶养人的身份密切有关。因此，确定受害人或受害人的被扶养人的身份是审理人身损害赔偿纠纷案件的基本出发点。户口类别是确定受害人或被扶养人身份的基本依据，决定着人身损害赔偿标准的适用。但是，由于市场经济的充分发展，进城务工的农民日益增多，他们中的很多人常年工作和生活在城市，"人户分离"的现象日益普遍，因此户口类别不再是决定人身损害赔偿标准的唯一因素。人身损害赔偿案件中，残疾赔偿金、死亡赔偿金和被扶养人生活费的计算，应当根据案件的实际情况，结合受害人住所地、经常居住地等因素，确定适用城镇居民人均可支配收入（人均消费性支出）或者农村居民人均纯收入（人均年生活消费支出）的标准。受害人虽然是农村户口，但在城市经商、居住，其经常居住地和主要收入来源地均为城市，有关损害赔偿费用应当根据当地城镇居民的相关标准计算。

## 一、对农村居民与城镇居民之赔偿标准的法律依据的研究

2003年12月,《最高人民法院关于审理人身损害赔偿案件适用法律若干问题的解释》(以下简称《解释》)发布,该《解释》第二十五条、第二十八条、第二十九条、第三十条规定的死亡伤残赔偿金、被扶养人生活费区别城镇居民和农村居民两个标准,此规定出台之前我国一直以户口性质(即农村户口和城镇户口)来区别赔偿标准,以往的司法实践也简单地按照户口性质来判决赔偿标准。

《解释》的出台,目的在于按照受害人的实际居住情况来确定赔偿标准。为进一步明确适用标准,最高人民法院于2005年下发了《最高人民法院民一庭关于经常居住地在城镇的农村居民因交通事故伤亡如何计算赔偿费用的复函》答复如下:人身损害赔偿案件中,残疾赔偿金、死亡赔偿金和被扶养人生活费的计算,应当根据案件的实际情况,结合受害人住所地、经常居住地等因素,确定适用城镇居民人均可支配收入(人均消费性支出)或者农村居民人均纯收入(人均年生活消费支出)的标准。本案中,受害人虽然是农村户口,但在城市经商、居住,其经常居住地和主要收入来源地均为城市,有关损害赔偿费用应当根据当地城镇居民的相关标准计算。

近年来,广东、江西、山东、重庆等省、市、自治区高级人民法院纷纷出台相关法规和文件明确规定,对已经在城镇居住、工作、生活且达到一定期限的农村居民,应视为城镇居民,其人身损害赔偿按照城镇居民的标准对待。而这一点也已成为全国多数地方法院的共识,现仅举例如下:

(1)2004年12月底,广东省高级人民法院、广东省公安厅在《关于〈道路交通安全法〉施行后处理道路交通事故案件若干问题的意见》中第二十七条明确规定:"受害人的户口在农村,但发生交通事故时已在城镇居住一年以上、且有固定收入的,在计算赔偿数额时按城镇居民的标准对待。"

(2)江西省高级人民法院在2005年3月29日印发的《二〇〇四年全省民事审判工作座谈会纪要》中明确强调指出:"农村居民到城镇、城市务工、生活、学习,符合《最高人民法院关于适用〈中华人民共和国民事诉讼法〉若干问题的意见》第五条'公民的经常居住地是指公民离开住所地至起诉时已连续居住一年以上的地方'的规定,可以按经常居住地更高的标准确定赔偿。"

(3)山东省高级人民法院印发的《全省民事审判工作座谈会纪要》鲁高法[2005]201号第三部分第五条规定:最高人民法院法释[2003]20号司法解释针对城镇居民和农村居民分别确定了不同的赔偿标准,这是考虑到当前我国城乡差

别的实际情况而制定的。但随着我省农村城镇化水平的提高,城乡差别逐步缩小,从保护受害者利益出发,在两种标准存在交叉的情形下,可以按照"就高不就低"的原则确定具体的赔偿标准。对于农村人口在城镇住所地至起诉时已连续居住一年以上的,可以按照城镇人口标准计算损害赔偿数额;对于实行城乡户口统一登记管理的地方,计算标准也可以统一适用城镇人口统计标准。

(4) 2006年10月,《重庆市高级人民法院关于审理道路交通事故损害赔偿案件适用法律若干问题的指导意见》第二十六条和第二十七条在维持《最高院司法解释》的前提下,规定了"户籍登记地在农村的受害人,在发生道路交通事故时已经在城镇连续居住一年以上,且有正当生活来源的,可以按照城镇居民标准计算赔偿数额"。

## 二、农村户口可以按城镇标准赔偿的情况

交通事故的农村标准是对农村居民而言的,而不是农村户口,那农村户口与农村居民有何区别呢?由于城市化进程的加快,进城务工的"农民工"队伍迅猛增加,但是这些"农民"大部分虽户口未迁至城镇,但实际上已"人户分离",在城镇居住、务工、生活,已融入城镇,其居住、职业、生活及消费均与城市人口无异,交通事故对其产生的损失已不同于在农村所受损失,远比农村大很多。

故一般而言,受害者在城镇居住一年以上,并在城镇务工、生活、消费,就可按城镇标准计赔。如果以排除法来判断,农村户口的受害者按城镇标准计赔主要基于两个要素,一是没有从事农业生产经营,二是居住生活在非农村区域达一年以上。

因交通事故受到伤害的当事人,属以下情形之一,可以按城镇标准赔偿(以成都为例):①在城镇居住一年以上,并在城镇务工、生活;②在城镇居住一年以上,不以农业收入为生活来源;③在城镇居住一年以上,年龄女在55周岁以上,男60周岁以上及未成年人;④在城镇经商一年以上;⑤户籍所在地基层组织系村民委员会,但本户已被征地;⑥户籍属于成都五区农村户口,未被征地;⑦外来务工的建筑工人,在一个或多个建筑工地连续务工超过一年;⑧虽然居住在农村,但就职于某单位超过一年,以非农业收入为主要生活来源。

### 三、城镇居民的标准认定

**（一）从户口簿确定城镇居民**

首先，凡户口簿上户别栏注明为非农业户口的为城镇户口，户别栏注明为农业户口或者农业家庭户的为农村户口，但现在办理的户口簿通常户别栏注明的是居民家庭户，这样区别农村与城镇户口主要以职业栏判定，如果职业栏注明的是农业劳动者、粮农等为农村户口，如果职业栏注明的是其他职业或无业为城镇户口，当然也有些职业栏未填，在何时由何地迁来本址栏如注明为未征地农民农转居为农村户口，未征地农民农转非、已征地农民农转非、未征地转为已征地等情况为城镇户口。

**（二）从区域界定城镇**

城镇是以非农业人口为主，具有一定规模工商业的居民点。一般而言，县级及县级以上机关所在地，或常住人口在 2 000 人以上，其中非农业人口占50％以上的居民点，都是城镇。

就成都地区而言，笔者以为成都五区范围均属城镇，城郊接合部以非农业生产为主要经济模式的为城镇。另可以以管理机关的属性来划分是否属于城镇，如基层政府是乡镇人民政府的非集镇区域一般界定为农村，基层政府系街道办事处所辖的整个区域一般可以界定为城镇。又如基层自治组织系村民委员会所辖区域一般系农村，系社区自治组织一般系城镇。当然现实状况也有某个区域先改乡镇政府为街道办事处，下面的村民委员会自治组织并未变为社区或正在准备筹建社区，以及某些地区自治组织已由村民委员会变更为社区，但管辖这一区域的基层政府仍然是乡镇人民政府，未变为街道办事处，这两种情况仍然可以认为街道办事处所辖区域或者社区所辖区域为城镇。

### 四、农村户口按照城镇居民标准赔偿的举证责任

受害人虽然是农村户口，但在城市经商、居住，其经常居住地和主要收入来源地均为城市，有关损害赔偿费用应当根据当地城镇居民的相关标准计算。但在城镇居住、工作的农村户口的受害人，应当同时提交经常居住地和主要收入来源地均为城镇的证据，二者不能或缺。我国法律虽然对如何证明"经常居住地"没有明确的规定，但在审判实务中主要有以下四种证据：①暂住证或者居住证，以及当地管辖公安派出所出具的证明等；②街道、居委会、小区出具的证明等；③房屋权属证书；④房屋租赁合同、房租缴费收据、房屋出租人出

具的证人证言等。证明主要收入来源地在城镇的证据主要有以下几种形式：①劳动合同、存折或银行卡里的工资发放流水、用人单位出具的证明等；②个人所得税缴纳凭证等；③社会保险费用缴纳记录等。

目前，如何实现农村户口按城镇标准计赔，是一个值得我们探讨的实践问题。既然在城镇长期居住、务工的受害者可以按城镇标准计算赔偿，那么如何实现按城镇标准计赔？

首先，我们要明确交通事故实际赔偿的主体。一般而言，大部分的交通事故赔偿纠纷案，保险公司能替代肇事者充分赔偿受害人，也就是说大部分的案件实际是由保险公司赔偿，肇事者或者不赔偿，或者赔偿很少一部分费用（当然，赔偿的数额较大、未投保或投保的商业险不充分的，肇事者要根据实际情况多赔），保险公司能否认可按城镇标准赔偿就十分重要。其次，我们知道受害人获得赔偿主要通过两个途径，一是交管部门协商调解，二是向法院起诉。作为交警主持协商的调解程序，能否启动程序取决于双方自愿，启动后能否达成一致也取决于双方的意思，既然两种赔偿标准（城镇和农村）差距太大，保险公司一般只按受害人户口簿上的户口性质赔偿（农村），当然现实中也有部分保险公司在受害人能够提供车祸前在城镇连续居住一年以上的暂住证的情况下，愿意协商按照城镇标准赔偿，但是没有暂住证的情况，无论受害者在城镇居住、务工的证据多么充分，保险公司通常拒绝按城镇标准赔偿。这样，受害人所聘请的律师应该针对其实际情况，组织一套相互印证、高度统一、高度严密的证明受害人（或被扶养人）实际已是城镇居民的证据，同时要通晓交通事故法律法规，有过硬的法学理论功底和敏锐的庭审思辨才能。

笔者相信随着专业交通事故律师的不断增加，法院以人为本审判风格的渐渐深入，农村户口按城镇标准计赔的交通事故案胜诉率会越来越高，使实际融入城镇，或生活状态与城镇人口相似的受害者在很大程度上实现"同命同价"。

# 罗某某、魏某某诉李某、中国人民财产保险股份有限公司 XW 支公司、张某某、L 州四源运输有限公司、太平财产保险有限公司某支公司机动车交通事故责任纠纷案

——同命同价的理论探讨

**关键词**

人身损害赔偿　赔偿金标准　先行赔付　同命同价

**裁判要点**

1. 死者陈某已经按照城镇标准计算赔偿金，且该判决业已生效，故根据"同案同命"原则，死者罗某成也应当按照城镇标准计算死亡赔偿金。

2. 结合 XW 县交警大队所作的责任认定以及《侵权责任法》规定，由被告李某承担 50% 的民事责任，被告张某某承担 25% 的民事责任。

3. 根据《保险法》的相关规定，保险公司也应当赔偿一定金额。

**相关法条**

《中华人民共和国侵权责任法》第十六条、第十七条、第二十二条、第四十九条

《最高人民法院关于审理人身损害赔偿案件适用法律若干问题的解释》第十七条、第十八条、第二十七条、第二十九条

《最高人民法院关于审理道路交通事故损害赔偿案件适用法律若干问题的解释》第三条、第十六条

《中华人民共和国道路交通安全法》第七十六条第一款

《中华人民共和国保险法》第六十五条第一款

**基本案情**

2016 年 6 月 21 日，罗某成驾驶搭乘陈某的摩托车与被告张某某驾驶的川 ER×××× 号小型货车相撞倒地后，又被被告李某驾驶的川 Q×××AC 的小型轿车碾压，造成陈某、罗某成当场死亡，三车受损的交通事故。事发后，交警认定，被告李某负此次事故的同等责任，罗某成、张某某共同承担此次事故的同等责任，陈某无责。被告 L 州四源运输有限公司（以下简称 L 州四源

公司）系肇事车辆川ER×××号车的登记车主，被告张某某系该车实际车主。被告李某业系肇事车辆川Q×××AC的小型轿车所有权人。肇事车辆川Q×××AC的小型轿车在保险公司投保了交强险和50万商业三者险并投保了不计免赔，本次事故发生在保险期限内。

法院经审理查明，2016年6月21日22时许，罗某成驾驶无牌摩托车搭乘陈某从XW县古宋镇往麒麟乡方向行驶，22时21分许，当该车行驶至兴威路12 km+500 m处时，与张某某驾驶的川ER×××号小型货车相撞，罗某成、陈某倒地后，又被由李某驾驶从古宋往大坝方向行驶的川Q×××AC号小型汽车碾压，造成陈某、罗某成当场死亡，三车受损的道路交通事故。2016年7月28日，XW县公安局交通管理大队作出公交认字[2016]第00112号道路交通事故认定书，认定：李某负此次事故的同等责任，罗某成、张某某共同负此次事故的同等责任，陈某无责任。

另查明，被告张某某的川ER×××号小型货车挂靠在被告L州四源公司，该车在被告太平财保某支公司投保了交强险和商业三者险，商业三者险保险责任限额为50万元，本案交通事故发生在保险期间内。被告李某业系川Q×××AC号小型汽车所有权人，该车在被告人保财险XW支公司投保了交强险和商业三者险，商业三者险保险责任限额为50万元，本案交通事故发生在保险期间内。

还查明，事发后，被告L州四源公司向原告垫付了5万元，请求在本案中一并处理。死者罗某成生于2002年4月23日，系原告罗某某和魏某某之子。死者陈某生于2001年11月27日，系陈某松和黄某梅之子。陈某松、黄某梅诉李某、李某业、张某某、L州四源公司、太平财保某支公司、人保财险XW支公司，罗某某、魏某某机动车交通事故责任纠纷一案，本院已于2016年12月20日作出[2016]川1528民初1546号民事判决书，该判决现已生效。根据上述判决，陈某的死亡赔偿金按照城镇标准计算为26 205元/年×20年=524 100元，被告人保财险XW支公司和被告太平财保某支公司各自在交强险死亡伤残赔偿限额内预留了55 000元，被告人保财险XW支公司在商业三者险责任限额内赔付了236 167元，被告太平财保某支公司在商业三者险责任限额内赔付了118 083元。

**裁判结果**

（1）被告中国人民财产保险股份有限公司XW支公司在交强险限额内支付原告罗某某、魏某某赔偿款55 000元。

（2）被告中国人民财产保险股份有限公司XW支公司在商业第三者责任险限额内支付原告罗某某、魏某某赔偿款186 167元。

（3）被告中国人民财产保险股份有限公司XW支公司于本判决生效后五日内在商业第三者责任险限额内支付被告L州四源运输有限公司50 000元。

（4）被告太平财产保险股份有限公司某支公司在交强险限额内支付原告罗某某、魏某某赔偿款55 000元。

（5）被告太平财产保险股份有限公司某支公司在商业第三者险限额内支付原告罗某某、魏某某赔偿款118 083元。

**裁判理由**

本院裁判认为，本案争执焦点有两个：一是该交通事故的责任划分，被告分别该承担多少责任；二是交强险和商业三者险的效力如何认定。

关于第一个争议焦点，公民的生命权受法律保护。本案交通事故的发生，XW县公安局交通管理大队已作出认定，该责任认定，程序合法，责任划分准确，本院予以采信。根据《中华人民共和国侵权责任法》第十六条"侵害他人造成人身损害的，应当赔偿医疗费、护理费、交通费等为治疗和康复支出的合理费用，以及因误工减少的收入。造成残疾的，还应当赔偿残疾生活辅助具费和残疾赔偿金。造成死亡的，还应当赔偿丧葬费和死亡赔偿金"、第二十二条"侵害他人人身权益，造成他人严重精神损害的，被侵权人可以请求精神损害赔偿"的规定，本案交通事故造成罗某成、陈某死亡，结合XW县交警大队所作的责任认定，本院确定由被告李某承担50%的民事责任，被告张某某承担25%的民事责任。

关于第二个争议焦点，川ER××××号小型货车在太平财保某支公司投保了交强险和商业三者险，川Q×××AC号小型汽车在被告人保财险XW支公司投保了交强险和商业三者险，根据《中华人民共和国道路交通安全法》第七十六条第一款"机动车发生交通事故造成人身伤亡、财产损失的，由保险公司在机动车第三者责任强制保险责任限额范围内予以赔偿"、《中华人民共和国保险法》第六十五条第一款"保险人对责任保险的被保险人给第三者造成的损害，可以依照法律的规定或者合同的约定，直接向该第三者赔偿保险金"、《中华人民共和国侵权责任法》第四十九条"因租赁、租用等情形机动车所有人与使用人不是同一人时，发生交通事故后属于该机动车一方责任的，由保险公司在机动车强制保险责任限额范围内予以赔偿。不足部分，由机动车使用人承担赔偿责任；机动车所有人对损害的发生有过错的，承担相应的赔偿责任"以及

## 第五章 残疾赔偿金的计算标准问题研究

《最高人民法院关于审理道路交通事故损害赔偿案件适用法律若干问题的解释》（下称《解释》）第三条"以挂靠形式从事道路运输经营活动的机动车发生交通事故造成损害，属于该机动车一方责任，当事人请求由挂靠人和被挂靠人承担连带责任的，人民法院应予支持"、第十六条"同时投保机动车第三者责任强制保险（以下简称交强险）和第三者责任商业保险（以下简称"商业三者险"）的机动车发生交通事故造成损害，当事人同时起诉侵权人和保险公司的，人民法院应当按照下列规则确定赔偿责任：（一）先由承保交强险的保险公司在责任限额范围内予以赔付；（二）不足部分，由承保商业三者险的保险公司根据保险合同予以赔偿；（三）仍有不足的，依照道路交通安全法和侵权责任法的相关规定由侵权人予以赔偿。被侵权人或者其近亲属请求承保交强险的保险公司优先赔偿精神损害的，人民法院应予支持"的规定，由于本案中另一死者陈某已在交强险死亡伤残赔偿限额内赔付了50%，故太平财保某支公司和人保财险XW支公司首先应在交强险死亡伤残赔偿限额中预留的50%范围内予以赔付，不足部分由被告李某、张某某、L州四源公司按各自民事责任大小承担。由于川ER××××号车在被告太平财保某支公司投保了商业第三者责任保险，且本案事故发生在保险期限内，故对于张某某和L州四源公司应承担的民事赔偿责任，太平财保某支公司应按保险合同约定在保险责任限额范围内进行赔付，超过商业三者险责任限额部分再由张某某和L州四源公司承担。川Q×××AC号车在被告人保财险XW支公司投保了商业三者险，且本案事故发生在保险期限内，故对于李某应承担的民事赔偿责任，人保财险XW支公司应按保险合同约定在保险责任限额范围内进行赔付，对于本案交通事故的发生，被告李某业无过错，不承担民事责任，故超过商业三者险责任限额部分，应由李某承担。

**案例注解**

本案是摩托车与小型货车相撞，又被小型轿车碾压的惨痛案件，在本案中，我们需要把握交强险与商业三者险的不同，厘清在交强险与商业三者险同时存在时，交强险先行赔付的依据；由于被告张某某的川ER××××号小型货车挂靠在被告L州四源公司，还需要分析车辆挂靠经营的法律问题；罗某某与魏某某为农村户口，其子罗某成为农村户口，基于本案另一死者陈某的城镇标准的生效判决，我们需要探讨"同命同价"的合理性。

### 一、交强险与商业三者险的区别

交强险和商业三者险都是保障道路交通事故中第三方受害人获得及时有效

赔偿的险种。商业三者险以被保险人自愿投保的方式保障交通事故发生后受害人的损失，而交强险以强制投保的方式实现对受害人利益的保护和道路交通安全的维护。我国立法已显示出这种趋势，因此两者的最终目的都是保护交通事故中受害第三人的利益。两个险种在保险关系中当事人及关系人是相吻合的，包括投保人、保险人、被保险人，都是商业性的保险。但是，这两种车险制度，在结构安排上有明显的区别，表现在以下几点。

（一）归责原则不同

归责原则上的差异是两者间最明显的区别之一。交强险实行混合制归责原则，即责任限额内的无过错责任和责任限额外的过错责任原则，然而商业三者险实行过错责任原则，保险公司赔付赔偿金根据被保险人购买的车险种以及在交通事故中的过错程度来确定。保险公司在商业三者险实际赔付中，将交通事故中被保险人的过错程度划分为不同的层次，再根据不同的责任层次确定商业三者险的赔偿数额，其中全责不超过100%，主责不超过70%，同责不超过50%，次责不超过30%，无责0%。但是，2012年3月8日，保监会发布的《关于加强机动车辆商业保险条款费率管理的通知》中，取消了关于无责不赔和不计免赔的相关规定，意味着商业车险将无责任的车主也纳入了赔偿范围，只要购买车损险的车主，即使没有责任，只要自己车子有损失，就可以得到保险公司的赔偿。

（二）赔偿范围不同

交强险与商业三者险在赔偿范围上也存在诸多差异。以精神损害的赔偿为例，交强险的分项赔偿，精神损害抚慰金便是其中之一，包含在死亡伤残赔偿限额之中。但是，商业三者险则不同，要想得到保险公司对精神损害的赔付，以投保人投保精神损害附加险为前提。

（三）赔偿责任限额不同

交强险与商业三者险在保险金额、责任限额、责任限额设定方式等方面的区别也毋庸置疑。交强险的保险金额在全国范围内是统一的，另外交强险在总项限额下还实行分项责任限额，并且2008年保监会制定的《机动车交通事故责任强制保险条款》对每一分项的赔付数额做出了明确的规定。而商业三者险并不区分责任限额，在商业三者险中，保险金额并不是统一的，而是保险公司按照车主的实际需求分成不同档次，供车主自由选择，分别为5万、10万、15万、20万、30万、40万、50万、100万、100万以上。在实践中20万元以下的险种为大多数车主所偏爱，这与车主的实际消费水平和机动车本身的价值密切相关。总之，车主选择投保何种档次，则在该档次最高额内赔付，如车主购买了 10 万元的商业三者险，最高赔偿限额就是 10 万元。

### （四）免责事由不同

机动车保险中的免责事由是指，保险人不负赔偿或给付责任的范围。交强险中的免责事由一直存在争议，但是基于被害人故意造成的交通事故责任一直被认为是交强险的法定免责事由。如果交通责任事故是由受害人故意造成的，在这种情况下保险公司是不负责赔偿的，更不必承担因不履行交强险保险合同而造成的违约责任。与交强险不同，商业三者险的免责事由属于约定免责事由，免责范围与交强险相比则要宽泛许多。

## 二、交强险先行赔付的法理分析

机动车车主既投保了交强险又投保了商业三者险时，便产生了赔付顺序与赔偿比例的问题。交强险作为机动车车主必须投保的险种，商业三者险作为机动车车主自由选择投保的车险险种，两者均负有对第三方受害人赔付的义务。如果机动车车主同时投保了这两份车险，这便是我们所说的重复投保问题，如何协调重复投保后的赔付问题是解决交强险与商业三者险间冲突的关键问题。在实践中，我国通常采取这样的方式，即当投保车辆发生涉及第三者责任的交通事故时，按照顺序先由交强险部分进行赔偿，交强险赔付不足时再按照投保人与保险公司签订的商业三者险保险合同赔付剩余的部分损失。商业三者险同其他商业汽车保险险种，如车辆损失综合险一样都是根据驾驶人的责任比例来计算赔偿责任的。

### （一）交强险现行赔付的法律出处

《道路交通安全法》第七十六条规定，机动车发生交通事故后，先由承保交强险的保险公司进行赔付。根据《解释》第十六条，交强险赔付后，处于第二序列的赔偿责任主体是承保商业三者险的保险公司，最后才是侵权人与被侵权人双方按事故责任比例进行分担。

在涉及第三者人身伤亡及财产损失的机动车交通事故中，交强险的赔付特点是仅对机动车方的事故责任进行"有责"与"无责"区分，而对机动车"有责"情形不再进行全责、主责、同责、次责的细分。这样，在赔偿金额上可以很大程度地保障受害人的利益。之后剩余部分再由商业三者险或事故责任双方或多方按《侵权责任法》进行责任比例分摊。

## （二）在未投保交强险的事故中先行赔付原则的体现

根据《解释》第十九条规定，如一辆机动车未投保交强险，则发生交通事故后，机动车一方须先在交强险责任限额内进行赔偿，剩余部分再进行责任比例分担。这就意味着，机动车一方如果发生有责任的交通事故，无论责任大小，第三者将首先获得机动车方在交强险限额内的赔偿款项，其余部分才按交通法规及《侵权责任法》进行分担。这就在极大程度上保障了受害人的利益。

在此规定中，交强险制度已突破保险公司交强险合同条款的约束范畴，其"充分保护受害人利益"的立法精神得到了充分的体现。

## 三、挂靠经营中机动车交通事故损害赔偿的责任承担

### （一）损害赔偿责任的承担主体

学者一般根据风险与利益同在的原则，建立了确定损害赔偿责任主体的标准：一是物的运行与控制、支配权，即谁控制、支配运营车辆，谁就应当承担由该车辆引起的损害赔偿责任；二是运行利益之归属方，简单讲就是谁从运营的车辆中得到了收益，谁就是交通事故损害赔偿的责任主体。我们应当分具体情况来确定损害赔偿责任的主体。首先，当出现了名义车主与实际车主不一致时，鉴于登记具有对第三人公示公信的效力，应当以名义车主作为赔偿责任的主体，与此同时，由于车辆的实际车主拥有车辆的支配、管理与所获利益的归属权，因此其应当与名义上的车主承担连带的赔偿责任，名义上的车主在赔偿后，有向实际车主追偿的权利；当名义车主与实际车主一致时，应按其是否实际上具有对该车辆的运行管理与支配的地位，同时享有该机动车自身因运行所获取的利益，来决定赔偿责任的承担主体。

### （二）挂靠经营车辆损害赔偿责任的主体

1. 挂靠车辆的实际所有权人——挂靠一方

挂靠车辆的实际车主拥有对车辆的管理、支配和获益权，因此，根据"风险与收益同在"的基本原则，车辆的挂靠方是道路事故损害赔付责任主体。

2. 挂靠方雇佣的驾驶员

依据《最高人民法院关于审理人身损害赔偿案件适用法律若干问题的解释》第九条，实践中，挂靠方与雇佣的驾驶员一般签订有雇佣合同，对双方的权利与义务进行明确说明。对于雇佣的驾驶员并不是因为故意或重大过失而造成的交通事故的，挂靠一方应承担事故的损害赔偿责任，即由车主及被挂靠单位承担连赔偿责任。反之，如果雇佣的驾驶员是因为故意或者重大过失而造成

的交通事故，则驾驶员、车主、被挂靠单位均应连带承担赔偿责任。简言之，雇佣的驾驶员是否为交通事故损害赔偿的主体需要根据具体情况具体判定。

3. 被挂靠单位

被挂靠的企业对挂靠方车辆享有一定的运营、支配权和部分运营利润的理由之外，支持被挂靠方成为损害赔偿责任主体的另一个重要依据是前面提到的"名义责任标准说"，被挂靠方作为运营车辆名义上的车主，鉴于登记具有对第三人公示公信的效力，为了保护受害人的利益，也应当以名义车主作为赔偿责任的主体。此外，确定被挂靠单位的损害赔偿责任主体，也有利于督促被挂靠单位加强对挂靠人的管理与约束，使其合法经营。因此，被挂靠的企业也是交通事故损害赔偿的责任主体，与挂靠方共同承担对交通事故受害人的损害赔偿责任。

## 四、交通事故中的"同命同价"的法理学思考

在《侵权责任法》出台以前，在司法实践当中，我国法院审理有关人身损害的赔偿案件时，参照《最高人民法院关于审理人身损害赔偿案件适用法律若干问题的解释》，该司法解释规定，死亡赔偿金按照受诉法院所在地上一年度城镇居民人均可支配收入或农村村民人均纯收入的标准，按照20年来计算。由于我国城乡发展不平衡，地区发展各有差异，人均收入更加悬殊，该司法解释直接导致我国法院在处理死亡赔偿案件时，按照城市和农村两套赔偿标准来进行操作，这也是"同命不同价"为我国公民所唾弃的产生缘由。

### （一）生命权的价值基础

从法理学的角度来分析"同命同价"，我们必须理解"同命同价"所指向和保护的生命权含义。只有深入剖析生命权的本源含义和价值基础后，才能进一步阐释法所追求的生命权的公平与正义。从法律本意方面来看，生命并非泛指一切生物的生命，而仅仅指自然人的生命，它是人体维持其生存的基本的物质活动能力，是自然人最高的人格利益，是自然人的第一尊严，具有神圣不可侵犯的性质。在民法上，生命之于人的特别意义在于：首先，生命是自然人人格享有的基础，没有生命也就没有人格。同时，生命也是权利能力的载体，没有生命，自然人不能享有权利能力，更不能具备行为能力。其次，人的生命是社会关系的载体，是创造社会财富的源泉，没有生命，即便最简单的社会关系也无法展开。最后，生命具有不可替代性，世界上"没有类似生命的东西，也不能在生命之间进行比较"，因而"自然人的生命在法律上是没有替代品或替

代物的"。

### （二）公平正义的价值追求

公民对"同命不同价"产生强烈的质疑，源于公众普遍认为这违反了社会的公平与正义。"公平正义"是法的最高和最重要的价值理念，体现了公民对法的现实需求和价值追求，最大限度地体现法的指引作用和保障作用。我国是社会主义民主法治国家，法治理念深入人心，逐步在公民当中树立权利意识和公平意识是我国法治进程的一大目标。

## 侯某某诉吴某、YB 市蓝星出租汽车有限责任公司、中国人民财产保险股份有限公司 YB 市分公司机动车交通事故责任纠纷案

——农村户籍未成年人交通事故赔偿金的认定问题研究

**关键词：**

农村户籍　未成年　交通事故　赔偿标准

**裁判要点**

1. 公民离开居住地之后连续居住一年以上的地方为经常居住地，但住院治疗的除外。交通事故案件中，受害人即使户口在农村，其经常居住地和主要收入来源地均为城镇的，也可按照城镇居民对待。

2. 在城镇居住的未成年人没有收入来源，其生活开支均是来自父母的收入，间接来源于城镇，也应认定未成年人经常居住地在城镇。

3. 未成年人与60周岁以下的人的残疾赔偿金额计算方式相同，都是自定残之日起按二十年计算。

**相关法条**

《中华人民共和国民法通则》第一百一十九条

《中华人民共和国侵权责任法》第四十八条

《中华人民共和国道路交通安全法》第七十六条第一款第（一）项

《最高人民法院关于审理人身损害赔偿案件适用法律若干问题的解释》第十七条第一款、第二款，第十八条，第十九条第一款，第二十一条，第二十二条，第二十三条，第二十五条

# 第五章　残疾赔偿金的计算标准问题研究

**基本案情**

原告侯某某称,2016 年 11 月 5 日 14 时 57 分,被告吴某驾驶川 QDB×××号小型轿车从某区红坝路往振兴大道方向行驶,行至振兴大道某汽修厂路段时,与原告侯某某驾驶的二轮摩托车相撞,造成两车受损、侯某某受伤。YB 交警三大队检验后认定,由吴某承担本次事故的主要责任,侯某某承担本次事故次要责任。原告受伤后在 YB 骨科医院住院治疗 62 天,主要诊断为:右股骨颈头下型骨折、右髋臼后缘骨折等。经鉴定为八级伤残。为此,原告侯某某要求被告吴某赔偿各项损失共计 181 602.73 元。

被告吴某某辩称,其是 YB 蓝星公司员工,属履行职务行为。

被告 YB 蓝星公司辩称,①我司已经在保险公司投保了足额的交强险、商业三者险和不计免赔险,本案所有损失应由保险公司全额赔偿;②我司已垫付原告的住院费 31 116.88 元,请求在本案中一并解决,并由保险公司直接向我司支付;③吴某某是我司员工。

被告 YB 人保财险公司辩称,①我司将按照保险合同承担相应的赔付责任,但我司不是侵权人,承担的是保险责任而不是侵权责任;②我司不承担鉴定费用和诉讼费。医疗费应扣除 20% 的非基本医疗费用,扣除部分由侵权人承担;③我司在商业第三者责任保险中承担 15% 的赔付责任。因被保险车辆多次出险,已达 13 次,我司根据合同约定从第三次开始每次增加 5% 免赔率;④驾驶人需具备驾驶资质,否则我司不承担商业第三者责任保险的赔付责任;⑤残疾赔偿金应按照农村标准计算。护理费认可 60 元/天,护理时间按实际住院天数计算。护理依赖费应折算伤残等级系数。住院伙食补助费认可 15 元/天。精神抚慰金按责任分摊,商业保险中不赔付。交通费请法院酌情认定。

经法院审理查明,2016 年 11 月 5 日 14 时 57 分,被告吴某驾驶川 QDB×××号小型轿车与原告侯某某驾驶的无牌二轮摩托车相撞,造成两车受损、侯某某受伤。交警认定吴某承担该事故主要责任,侯某某承担次要责任。

经鉴定,侯某某为伤残八级。此次治疗产生医疗费 41 116.88 元,其中被告 YB 蓝星公司支付 31 116.88 元,原告自行支付 10 000 元。

川 QDB×××号小型轿车系被告 YB 蓝星公司所有,被告吴某系该公司驾驶员,本案交通事故事发时,吴某系履行职务行为。2015 年 11 月 19 日,该车在被告 YB 人保财险公司投保了机动车交通事故责任强制保险(保险限额 122 000 元。保险期限自 2015 年 12 月 9 日 0 时起至 2016 年 12 月 8 日 24 时止)、第三者责任保险(保险限额:1 000 000 元)及不计免赔保险(第三者责任保险和不计免赔保险期限均自2015年12月14日0时起至2016年12月13日24时止）。

本次交通事故造成的总损失为238 920.78元（残疾赔偿金157 230元、精神抚慰金9 000元、医疗费41 116.88元、护理费5 642元、护理依赖费8 271.9元、住院伙食补助费1 860元、续医费13 000元、鉴定费2 500元、交通费300元）。前述费用在交强险分项赔偿限额内均超过相应保险限额，故应由被告YB人保财险公司先于川QDB×××号车投保的交强险赔偿限额内赔付120 000元，余额118 920.78元（238 920.78元—120 000元），由被告YB人保财险公司赔付70%，即83 244.54元（118 920.78元×70%），其余30%由原告自行承担。据此，保险公司应赔付原告损失203 244.54元（120 000元+83 244.54元），抵扣支付被告YB蓝星公司垫付的31 116.88元后，还应赔付原告172 127.66元（203 244.54元—31 116.88元）。

原告侯某某系YB市某区方水中心学校的学生，并跟随其父母在YB城区生活居住。原告父亲侯某龙在四川省YB某厂有限公司工作多年，并与原告母亲杨某某共同购买了YB市某区旧州组团书香府第小区的房屋。

**裁判结果**

一、被告中国人民财产保险股份有限公司YB市分公司于本判决生效之日起十日内赔付原告侯某某因交通事故受损的各项赔偿费用172 127.66元。

二、被告中国人民财产保险股份有限公司YB市分公司于本判决生效之日起十日内支付被告YB市蓝星出租汽车有限责任公司垫付的费用31 116.88元。

**裁判理由**

法院认为，民事主体的民事权益遭受侵害，依法应由侵权人承担相应的侵权责任。本案交通事故中，被告吴某和原告侯某某分别承担事故主次责任，酌定二者的责任比例为7∶3。被告YB蓝星公司作为肇事者暨侵权人被告吴某的用工单位，依法应向原告侯某某承担相应的民事赔偿责任。被告人保财险公司YB市分公司作为川QDB×××号车交强险和商业保险保险人，应按保险合同约定在保险限额内承担保险理赔支付责任。

关于原告因本次交通事故造成的损失：

原告诉请损失基本组成中的残疾赔偿金157 230元 26 205元/年（四川省2015年度城镇居民人均可支配收入标准）×20年×30%（八级伤残系数）、精神抚慰金9 000元、医疗费41 116.88元（31 116.88元+10 000元）、护理费

5 642 元 62 天（实际住院天数）×91 元/天（未超过四川省 2015 年度其他服务业工资标准）、护理依赖费 8 271.9 元｛303 天 365 天（鉴定意见书关于护理时限的意见）— 62 天（住院天数）×91 元/天 ×30%（护理依赖系数）｝、住院伙食补助费 1 860 元（62 天 ×30 元/天）、续医费 13 000 元（有鉴定意见在案为凭）、鉴定费 2 500 元（有鉴定费票据在案为凭），上述费用有相关证据予以证明或在规定的计算标准以内。

本案争议焦点：

本案原告是农村户籍的未成年人，其在交通事故中的残疾赔偿金按照农村标准还是城市标准计算更为合理？

原告侯某某作为农村户籍的未成年人，因交通事故受伤之后能否按城镇标准获赔，存在两种不同意见。

第一种意见认为，侯某某虽在城镇就读，但仍是农村户籍，要严格依照其户籍所在地来计算赔偿标准，其伤残赔偿金不应适用城镇居民标准。

第二种意见认为，侯某某在城镇就读中学，并长期跟随其父母在城区居住，日常生活已融入城镇，与城镇户口的居民相比，侯某某已无甚区别，因此应认定其经常居住地在城镇，伤残赔偿金要按城镇标准来计算。

法院的生效裁判认为：

残疾赔偿金的计算标准并非严格按照户籍地来衡量，在具体案件中应综合考虑受害人的住所地、经常居住地等因素。受害人在交通事故中受伤之时，在城区有固定的住所，此时城镇已经成为原告一家工作、生活、学习的固定地方。他们的生活、消费水平已经发生变化，因其长期的生活环境都是城镇，也与农村有所区别，在发生交通事故后，应当按照城镇居民的标准计算残疾赔偿金。

**案例注解**

本案主要是农村户籍未成年人在交通事故中索赔的问题，值得重视的有三点，第一，农村户籍的人在这种情况下能否要求按城市标准索赔？第二，能否因未成年人无固定收入就否认其经常居住地在城市，从而拒绝按照城镇标准赔偿？第三，未成年人的残疾赔偿金的计算方式与成年人的计算方式有无区别？

## 一、农村户籍的人在城镇长期居住、生活，其生活条件、环境等因素与在农村时大有不同

根据《最高人民法院民一庭关于经常居住地在城镇的农村居民因交通事故伤亡如何计算赔偿费用的复函》，农村户籍的交通事故受害者若要想按城镇标准获得赔偿，应当符合下面两个条件：一是在城镇连续居住一年以上；二是受害者在城镇有固定的收入。本案的原告侯某某为农村户口，由于其长期随父母在城市上学、生活，符合在城镇连续居住一年的条件。

当受害者在交通事故中受伤时，居住在城市地区的居民当然采用城市居民标准计算残疾赔偿金，但农村户口的居民并不当然采用农村居民标准来计算残疾赔偿金，也应将受害者的经常居住地纳入考虑范围。当受害者离开户籍地并在城市生活和居住超过一年时，受害者目前的居住地就在该城市，其生活和工作环境基本上与农村生活分开，按照城市标准消费，如果按照农村居民标准计算受害者的残疾赔偿金，该赔偿金不符合实际生活，并不能赔偿受害者的实际损失。因此，在计算残疾赔偿金时，除了根据户口所在地进行判断外，还应考虑经常居住地的因素。

## 二、残疾赔偿金的计算不一定需要考虑受害人的主要收入来源地因素

《最高人民法院一庭民关于经常居住地在城镇的农村居民因交通事故伤亡如何计算赔偿费用的复函》对残疾赔偿金应当如何计算进行了说明，并且明确了赔偿的计算标准应结合住所地、经常居住地因素，但对于是否还需要结合主要收入来源地这一因素尚未明确。在处理案件时，应该按照具体案件分为成年人与未成年人这两种情况来分析。

（1）在城镇连续居住、生活一年以上的农村户口的成年人（包括年满16周岁、以自己的劳动收入作为生活主要来源的未成年人），以自己的劳动收入作为主要的收入来源，在发生交通事故受伤致残后，若要按照城镇居民标准计算残疾赔偿金，还应该在城镇有自己的收入来源，即其主要收入来源地应为城镇。

（2）在城镇连续居住、生活一年以上的农村户口的未成年人（不包括年满16周岁、以自己的劳动收入作为生活主要来源的未成年人），其本人没有收入来源，生活开支均来自父母的收入，其在城镇的生活消费水平与城镇户口的未成年人的生活消费水平是一样的，且这一类未成年人今后可能在城市生活，与

城镇户口的人除了户口所在地不一样之外无区别,将来的收入水平、消费水准与城镇居民相差无几,因此在发生交通事故受伤致残后,理应按照城镇居民标准计算残疾赔偿金。

### 三、未成年人的赔偿标准与 60 周岁以下的成年人相同

交通事故残疾赔偿金的计算公式为:残疾赔偿金 = 收入 × 年限 × 系数。

《最高人民法院关于审理人身损害赔偿案件适用法律若干问题的解释》第二十五条:"残疾赔偿金根据受害人丧失劳动能力程度或者伤残等级,按照受诉法院所在地上一年度城镇居民人均可支配收入或者农村居民人均纯收入标准,自定残之日起按二十年计算。但六十周岁以上的,年龄每增加一岁减少一年;七十五周岁以上的,按五年计算。受害人因伤致残但实际收入没有减少,或者伤残等级较轻但造成职业妨害严重影响其劳动就业的,可以对残疾赔偿金作相应调整。"

也就是说,交通事故中,未成年人的赔偿标准与六十周岁以下的成年人是没有区别的,都是自定残之日起计算二十年。

### 四、其他关于交通事故中未成年人作为受害者的问题 [参照(2014)扬民初字第 175 号]

未成年人在遭遇交通事故遭受伤害时,如何才能得到更合理的赔偿?具体的赔偿项目与成年人有无区别?

根据《人身损害赔偿司法解释》的相关规定,我国人身损害赔偿包含的项目主要有三类:①关于一般伤害的赔偿项目,包括医疗费、误工费、护理费、交通费、住宿费、住院伙食补助费、营养费等;②造成残疾的赔偿项目,包括残疾赔偿金、残疾辅助器具费、被扶养人生活费、康复费、护理费、后续治疗费等;③造成死亡的赔偿项目,包括丧葬费、被扶养人的生活费、死亡补偿费以及相关的交通费、住宿费和误工费等损失。另外,受害人或者死者近亲属遭受精神损害的,还可以请求精神损害抚慰金。

尽管已经规定了如此多的赔偿项目,但实践中偶尔会有被害人提出超出这些内容的赔偿,对于一些涉及未成年人特点的项目,现阶段尚存在争议。

#### (一)关于误学费

在司法实践中,对于误学费是否能够成立这一问题存在着争议。在法律规定不明确且不同地区、不同法官对误学费的理解不一致的背景下,实践中频

繁出现同案不同判的情况，司法权威受到严重影响。一种观点认为，《人身损害赔偿解释》中规定的赔偿项目已经十分具体，其中并没有涵盖误学费这一内容，所以无须进行赔偿。此外，也不能把这部分损失当成误工费，由于未成年人不直接参与生产劳动，没有固定的劳动收入，也当然谈不上误工损失。另一种观点则认为，法律虽未明文规定"误学费"这一赔偿内容，但是实践中确实可能出现因"误学"产生费用的情况。如果对此观点概不给予支持，则不能最大限度保障受害人的利益，也违背了民法的基本原则。因此，该类损失的赔偿请求应当得到法律的支持。

"误学费"这种损失到底是否该被支持呢？首先要了解误学费的概念。"误学费"是指在未成年人受伤后，因无法正常参与到学习中去，为了弥补这种损失而支付的费用，包括家教费、补课费、复读费等。[①] 其本质上是侵权之债的标的物，它可以看成是由误工费演化而来的。根据《中华人民共和国劳动法》的规定，16岁以下的未成年人一般没有劳动收入，所以他们受到人身伤害后，不存在误工费的赔偿。但会因耽误学业而产生"误学费"，这是受害者应当被保护的利益。

对误学费进行赔偿，在立法上是能找到依据的。《民法通则》第一百一十九条规定："侵害公民身体造成伤害的，应当赔偿医疗费、因误工减少的收入、残废者生活补助费等费用。"《中华人民共和国未成年人保护法》第四十七条规定："侵害未成年人的合法权益，对其造成财产损失或者其他损失、损害的，应当依法赔偿或者承担其他民事责任。"尽管法律规定的比较笼统，但可以明确立法的倾向是保障未成年受害人的利益的。但由于误学费这一赔偿项目本身是存在争议的，在目前的司法实践中，大多数法院的判决中都对误学费的赔偿采取反对的态度。可喜的是南京市鼓楼区人民法院少年庭在（2004）鼓民一初字第1127号民事判决书中首次支持了补课费的赔偿，自此之后各地法院逐渐尝试加强对误学费的支持力度。

当然，对误学费的赔偿不是没有限制的。法院要考虑未成年人的身体状况、学校的课程安排等具体情况，在事实的基础上合理作出判决。在实践中可能会出现父母借子女受到伤害之际，想办法"敲诈"侵权人，趁机为受害子女聘请名师进行辅导、家教，学习超出学校教学之外的课程，为受害人创造超出自己经济实力的学习条件，并把这些费用都计算在侵权人的赔偿范围内。这

---

[①] 赵洪方，苗泽泷．未成年人人身损害赔偿中误学费赔偿问题浅析[J]．浙江青年专修学院学报，2013，31（3）：62-64．

种行为属于以合法形式掩盖非法目的。如果法院对此全部予以支持，则会导致对侵权人的不公平。这种现象的存在就表明误学费的赔偿还存在一个重要问题——因果关系的认定。

对此，当前法学界存在三种观点，观点一为必然因果关系说，即"误学"是因受害人身体受到侵害引起的，与侵害行为之间是否能够形成直接的、必然的因果关系。依据该种学说，在未成年人侵权纠纷案件中，因果关系的认定要求相当严格，这也是当前我国司法实践中普遍坚持的。观点二为相当因果关系说，即侵害行为与损害结果之间存在着相当的联系，但不必达到哲学上的必然程度，该观点于1871年由德国学者巴尔（von Bar）首先提出。观点三为宽松因果关系说，行为与结果之间是否存在因果关系应该由法官结合案件实际情况进行分析，这是英美法系所持的观点。[①] 因为对这一项目的看法存在分歧，最终在实践中做法不同。

另外，对于误学费的责任承担的主体，因其产生源于未成年人身体遭受了损害，那么毫无疑问应当由侵权方赔偿。但直接由侵权人赔偿还是由保险公司赔偿，在司法实践中操作不一。这里的"误学费"是由交通事故导致的间接损失，依据侵权人与保险公司签订的保险合同，如果双方签订的合同已经明确约定了间接损失应当由侵权人承担，则由侵权人赔付。如果合同约定不明或在签订合同时保险公司已经承诺造成的一切损失由保险公司赔付的，则应当判令由保险公司承担。

### （二）关于机会丧失的损失，受害人是否可以要求侵权方赔偿？赔偿范围有哪些限制

一般而言，损害赔偿以受害人受到损害的利益为限。但是在实践中，未成年人在校园外道路交通事故中受到人身伤害后，还可能存在着机会丧失的损失，包含升学和将来就业。基于法律的公平正义价值，现代民法遵循全面赔偿原则[②]，在侵权责任中全面赔偿原则体现在受害人的全部损失都能得到赔偿，关于误学费的赔偿应是全面赔偿。对于就业机会的丧失（如丧失劳动能力等），《最高人民法院关于审理人身损害赔偿案件适用法律若干问题的解释》第二十五条规定："残疾赔偿金根据受害人丧失劳动能力程度或者伤残等级，按照受诉法院所在地上一年度城镇居民人均可支配收入或者农村居民人均纯收入标

---

① 赵洪方.未成年人人身损害赔偿中"误学费"的思考[J].法治与经济（下旬），2013(12)：22-24.

② 王利明.侵权责任法研究[M].北京：中国人民大学出版社，2011.

准，自定残之日起按二十年计算。但六十周岁以上的，年龄每增加一岁减少一年；七十五周岁以上的按照五年计算。"可见，未成年人因丧失就业机会导致的损失得到了法律保障。

而由于丧失升学机会受到的损害（例如，因为身体受到伤害而不能参加高考或其他类似考试）不属于物质性损失，对这种损失的具体大小不好判定，未成年人遭受升学机会的损失在实践中又是客观存在的。升学机会从性质上说，是一种非财产上的损害，属于一种期待利益，这种利益有两个特点：①"损害事故发生之前，机会能否实现为未知数；②损害事故发生后机会能否实现不可能知晓。"[1] 面对这个问题，从国外的立法及判解学说来看，对于升学机会损失等这类非财产上的损害，法律若没有特别规定的，一般不给予赔偿。按照大陆法各国的民法理论与实践，构成间接损失的可得利益须符合以下条件：①必须是当事人已经预见或应当合理预见的预期利益；②必须是未来必然能够得到的利益；③必须是直接与违法行为相关联并因之而丧失的利益。[2] 根据我国法律，因一般违约行为或侵权行为造成的间接损失原则上应当全部赔偿。[3] 但现实中决定考试成绩的因素多种多样，且受害人在正常状态下不一定能成功升学，所以升学机会的实际损失在大小上难以衡量。由此可见，升学机会不属于交通事故造成的间接损失，侵权方无须承担这部分损失，从这个角度看来，升学机会损失这个请求无法得到法院支持。但从精神损失层面来看，升学机会可能决定未成年人的一生，这一损失应当予以考虑。笔者认为，丧失升学机会对未成年人而言，也是一种精神损害，实践中可以适当提高精神损害赔偿的数额，以此来弥补受害人升学机会丧失带来的损失，这种做法也符合公平正义的价值目标。

现代社会，交通业日渐发达，车流量大幅度增加，未成年人在校园外因道路交通事故所引发的人身损害赔偿纠纷案也日益增多，问题复杂多样、亟待解决。法律对于交通事故中未成年的赔偿已有规定，但是其规定并不明确、不具体。现阶段的司法实践中，未成年的利益越来越被重视，在法律规定不明确、不具体的背景下，就要求司法人员正确理解法律已有规定、找准立法目的、在民法基本原则的指导下最大限度地保障未成年的合法权益和合理诉求。本案中，未成年人侯某某的诉求得到法院的支持，最终的赔偿金额按照城镇标准计

---

[1] 张琼.论机会丧失理论与侵权损害赔偿[D].南昌：江西财经大学,2010.
[2] 邹瑜.法学大词典[M].上海：上海辞书出版社,1991.
[3] 杨立新.侵权法论[M].北京：人民法院出版社,2004.

算，这些都是保障未成年人利益的体现。在今后的司法实践中，法官审理未成年人伤害赔偿案件时，也应维护未成年人的合法权益，在每个涉及未成年的案件中都体现出"足够保护主义原则"。

## 罗某诉人保 XW 支公司机动车交通事故损害责任纠纷案

——残疾赔偿金的计算标准及损伤参与度

**关键词**

格式条款　残疾赔偿金　损伤参与度

**裁判要点**

商业三者险中的免责条款被认定为格式条款，在保险公司未尽到合理提请义务的情况下，应当认定其无效，保险公司并不能因此免责。

经鉴定，原告的精神障碍与事故存在直接因果关系，建议参与度为100%，在计算残疾赔偿金时，应当加上损伤参与度，得到最终的赔偿数额。

**相关法条**

《最高人民法院关于审理人身损害赔偿案件适用法律若干问题的解释》第二十五条

《中华人民共和国侵权责任法》第十五条、第十六条

《中华人民共和国合同法》第三十九条、第四十条

《中华人民共和国道路交通安全法》第七十六条

**基本案情**

原告罗某诉称2015年11月1日，被告周某驾驶自有的货车从XW县古宋镇方向往某镇方向行驶，行至XW县境内S309省道191 km+300 m处时，撞到原告罗某，造成罗某受伤的交通事故。此事故经XW县公安局交通管理大队作出责任认定，周某负事故的全部责任，罗某无责任。罗某受伤后，被送到L州医学院附属医院住院治疗，经诊断为重型闭合性颅脑损伤，脑挫裂伤，左侧颞骨骨折。出院后，经鉴定为九级伤残，为此要求各被告赔偿各项损失共计220 332.21元。

被告周某辩称：①本案已被公安机关刑事立案，应中止审理；②被告驾驶

的车辆在人保财险 XW 支公司购买了保险，应由保险公司承担赔偿责任；③原告请求的部分费用过高；④原告受伤后，被告垫付费用 34 000 元，要求在本案中一并处理。

被告人保财险 XW 支公司辩称：①对本次交通事故发生的事实及责任认定没有异议；②本案被告周某存在逃逸事实，我公司对超出交强险部分应予免赔；③原告请求的部分费用过高；④保险公司不是侵权人，不应当承担鉴定费用和诉讼费用。

法院经审理查明：2015 年 11 月 1 日，周某驾驶自有的轻型仓栅式货车从 XW 县古宋镇方向往某镇方向行驶，行至 XW 县境内 S309 省道 191 km+300 m 处时，撞到行人罗某，造成罗某受伤的交通事故。2015 年 11 月 16 日，XW 县公安局交通管理大队作出公交认字 2015 第 00329 号道路交通事故认定书，认定当事人周某负此事故的全部责任，当事人罗某无责任。事故发生后，罗某先后在 XW 县中医医院、L 州医学院附属医院、XW 利民医院住院治疗，花费医疗费共计 85 925.21 元。经鉴定罗某颅脑的损伤评定为九级伤残、目前患有脑外伤所致精神障碍，器质性智能损害（轻度），本次颅脑损伤为精神障碍的主要原因。罗某支付鉴定费用 2 700 元、专家会诊费 400 元，合计 3 100 元。被告周某驾驶的货车的所有人为周某本人，该车辆在被告人保财险 XW 支公司处投交强险和商业第三者责任险，并购买了不计免赔率。此次交通事故发生在保险期限内。此次交通事故发生后，被告周某向原告垫付医疗费用 29 000 元。

另查明，本案原告罗某为农村居民户籍。自 1986 年起在 XW 县古宋镇居住，从事建筑行业工作。其收入主要来源于城镇。

**裁判结果**

四川省 XW 县法院于 2017 年 6 月 6 日作出一审判决：①被告中国人民财产保险股份有限公司 XW 支公司在其承保的货车交通事故责任强制保险限额范围内赔付原告罗某医疗费、误工费、残疾赔偿金、精神损害抚慰金等各项损失 120 000 元，在其承保的货车商业第三者责任险限额范围内赔偿原告 53 040.21 元，两项合计 173 040.21 元；②被告中国人民财产保险股份有限公司 XW 支公司在其承保的货车商业第三者责任险限额范围内赔付被告周某垫付款 29 000 元；③驳回原告罗某的其他诉讼请求。

被告人保 XW 支公司认为，一审判决认定事故发生和损害后果与逃逸没有直接因果的认定错误，罗某的残疾赔偿金应按照农村户籍标准计算，因此应在交强险限额范围内按照农村户籍标准计算损失的 70% 承担赔偿责任，提起上诉。YB 市中院于 2017 年 11 月 7 日作出二审判决：驳回上诉，维持原判。

**裁判理由**

法院生效裁判认为，本案争议焦点有两个：一是被告周某的逃逸行为是否能成为人保公司的免责事由？二是损伤参与度对责任认定的影响。

关于第一个争议焦点，尽管按照周某与保险公司签订的第三者责任险条款规定，周某交通肇事后逃逸，保险公司应予免赔，但是法院认为，被告人保财险 XW 支公司提供的保险合同中免除保险公司责任的条款，属于格式条款。根据《中华人民共和国保险法》第十七条规定，对保险合同中免除保险人责任的条款，保险人在订立合同时应当在投保单、保险单或者其他凭证上作出足以引起投保人注意的提示，并对该条款的内容以书面或者口头形式向投保人作出明确说明；未作提示或者明确说明的，该条款不发生效力。被告人保财险公司所提供的证据，不能证明在承保时，已就该特别约定条款的内容以书面或者口头形式向投保人周某作明确说明。因此，该条款不发生法律效力。其次，本案交通事故发生之时，就意味着保险合同约定的赔偿条件成就，保险人的赔偿义务即予产生，被告周某驾车逃离现场的行为，并不改变在此之前已经发生交通事故的事实，也未扩大该事故的损害后果，即肇事逃逸行为的影响仅于逃逸之后，不溯及以前。投保人购买三者险的目的，是为车辆发生交通事故后将赔偿责任转移给保险公司，从而减少自己的损失，确保第三者得到切实有益赔偿。保险公司开设三者责任险业务也意味着保险人承诺收到保费后愿为投保车辆可能给第三者造成的损害承担赔偿责任。交通事故的发生意味着保险合同约定的赔偿条件达成，保险人的赔偿义务从或然变成应然，保险人应即履行赔偿义务。[①] 所以被告周某的逃逸行为不能成为被告人保财险 XW 支公司的免责事由。

关于第二个争议点，罗某虽然是农村居民户籍，其经常居住地和主要收入来源地均为城镇，应当按照城镇居民标准计算残疾赔偿金。本案中，被告周某不服原告自行委托的鉴定意见，一审法院依法委托鉴定所重新鉴定。鉴定意见指出，依据现有材料无法鉴定伤病关系，若经调查核实交通事故发生之前罗某无头痛，记忆力下降，睡眠不好等症状，则其目前后果与交通事故存在直接因果关系，建议参与度为 100%。一审、二审中均无证据证明罗某在交通事故发生之前存在上述症状，可以认定事故导致罗某颅脑损伤与产生精神障碍之间的因果关系。人保财险公司主张按罗某损失的 70% 承担赔偿责任的请求不成立。

---

[①] 张良. 论不公平格式条款的形式规制 [J]. 河南大学报（社会科学版），2013（3）：56-63.

**案例注解**

本案是一起较为典型的交通事故中的残疾赔偿金计算的争议案件，由于保险公司主张因周某的逃逸行为而免除赔偿责任，所以在计算赔偿金额之前需要判断保险公司与周某之间的免责条款是否生效。

## 一、关于三者责任险保险合同中免责条款的认定

根据美国《合同法重述》（第二次）第二百一十一条第三款，《德国民法典》第三百零五条第二款，《意大利民法典》第一千三百四十一条和英国判例法可以看出，"纳入"规则是各国公认的规制不平等格式条款的重要形式性方法。所谓的"纳入"规则是格式条款只有在订立合同前或订立合同时被允许才可以成为合同条款，如果依据一定的标准，法院认为格式条款未订入合同，被排除在合同之外，该条款自然不发生效力。[①] 依据《合同法》第三十九条规定"采取合理的方式提请对方注意免除或限制其责任条款，按照对方的要求，对该条款予以说明"可以判断，格式条款是否订入合同，要以格式条款的提供者是否合理提请注意、格式条款的相对方是否了解并接受该条款以及该格式条款是否非异常条款且不与合同条款相抵触作为依据。

**（一）格式条款的提供者是否合理提请注意**

最高人民法院《关于适用<中华人民共和国合同法>若干问题的解释（二）》第六条第一款规定的"提供格式条款的一方对格式条款中免除或者限制其责任的内容，在合同订立时采用足以引起对方注意的文字、符号、字体等特别标示，并按照对方的要求对该格式条款予以说明的，人民法院应当认定符合合同法第三十九条所称'采取合理的方式'"，将格式条款提供者的提请注意标准具体化为一是需要特别注明；二是提请义务应在合同缔结前完成，最迟不得超过合同缔结时；三是需要提供者承担已尽到提示义务的举证责任。

**（二）格式条款的相对方是否理解并接受该条款**

格式条款是否订入合同的关键在于相对方是否理解并接受了该条款，即条款双方当事人是否真正的达成了合意。这就需要格式条款的提供者不仅要合理提请对方注意，还应当使对方在理解条款真实内容的基础上形成承诺。

---

① 王建敏,保险免责条款的法律规制研究[J].北京联合大学报（人文科学版）,2017,15(3):92-98, 117.

## （三）格式条款是否非异常条款

格式条款要想订入合同，还应该要求其并非异常条款。异常条款所产生的效果就是被排除在合同条款之外。其理由在于，法律上存在着当事人通常可以期待的权利义务分配的范本，该范本多通过示范性条款来体现，如果格式条款与此范本相差太多，表明其超出了相对人的预想，不可能形成真正的合意，所以应被视为未订入合同。

本案中，法院将保险公司与周某之间签订的免责条款认定为格式条款，根据"纳入"规则的三个标准来判断，该格式条款的提供方——保险公司未尽到合理提请义务，该格式条款的相对方——周某也并不能理解以及接受该条款。虽然双方订立了保险合同，但双方并未真正就该条款达成合意，该条款应该被排除在合同条款之外，不发生法律效力。保险公司也不能依据此条款免除赔偿责任。

## 二、残疾赔偿金的计算标准

### （一）什么是残疾赔偿金

残疾赔偿金是受害人在交通事故中因伤致残导致的收入减少，或者生活来源丧失，应给予的财产损害性质的赔偿。

### （二）残疾赔偿金的范围

对于残疾赔偿金的范围，应注意如下几点。

（1）残疾赔偿金的赔偿依据是受害人丧失劳动能力的程度或者伤残等级。这种赔偿依据需要专门的鉴定机构进行鉴定才能得知。如果伤残等级较轻但对受害人的职业造成妨害，严重影响受害人就业收入的，可以适当提高残疾赔偿金的数额，如书记员手指伤残等情况。另一方面，如果交通事故受伤人员的实际收入并没有因为伤残而减少，那么可以对残疾赔偿金作相应的调整，在一定幅度内减少残疾赔偿金的总额。

（2）关于残疾赔偿金的赔偿标准，一般按照上一年度城镇居民人均可支配收入或农村人均可支配收入标准计算。根据最高人民法院民一庭《关于经常居住地在城镇的农村居民因交通事故伤亡如何计算赔偿费用的复函》，人身损害赔偿案件中，残疾赔偿金、死亡赔偿金和被扶养人生活费的计算，应当根据案件的实际情况，结合受害人住所地、经常居住地等因素，确定适用城镇居民人均可支配收入或者农村居民人均可支配收入的标准。因此，如果是在城镇生活多年的农村居民，且主要收入来源于城镇的，残疾赔偿金、死亡赔偿金和被扶养人生活费应当适用其经常居住地城镇居民人均可支配收入标准。另外,如果交通事故受伤人员举证证明其住所地或经常居住地的城镇居民人均可支配收入或者农村居民人均可支配收入高于受诉法院所在地标准的,残疾赔偿金可以按照其住所地或经常居住地的相关标准计算。

(3)残疾赔偿金按照法定年限给付后,如果受害人依旧存活,受害人可以向人民法院起诉要求继续给付残疾赔偿金。受害人确实没有劳动能力和生活来源的,人民法院应当作出赔偿义务人继续给付该费用5~10年的判决。

### (三)残疾赔偿金的计算公式

残疾赔偿金=受诉法院所在地上一年度城镇居民人均可支配收入(农村居民人均纯收入)标准 × 伤残赔偿指数 × 赔偿年限

(1)60周岁以下人员的残疾赔偿金=受诉法院所在地上一年度城镇居民人均可支配收入(农村居民人均纯收入)标准 × 伤残赔偿指数 ×20年

(2)60~75周岁之间人员的残疾赔偿金=受诉法院所在地上一年度城镇居民人均可支配收入(农村居民人均纯收入)标准 × 伤残赔偿指数 ×[20-(实际年龄-60)]

(3)75周岁以上人员的残疾赔偿金=受诉法院所在地上一年度城镇居民人均可支配收入(农村居民人均纯收入)标准 × 伤残赔偿指数 ×5年

以上计算公式中的伤残赔偿指数,根据伤残评定级别来算,伤情评定为一级伤残的,按全额赔偿,即100%;二级至十级的,则以10%的比例递减。也就是说,伤残等级对应的伤残赔偿指数为:一级:100%;二级:90%;三级:80%;四级:70%;五级:60%;六级:50%;七级:40%;八级:30%;九级:20%;十级:10%。

多等级伤残者的伤残赔偿指数计算,参照《道路交通事故受伤人员伤残评定》(GB18667-2002)附录B的方法计算。根据该国家标准,对多等级伤残的伤残赔偿指数计算规定如下。

伤残赔偿指数=几个伤残等级最高的伤残赔偿指数+伤残赔偿附加指数1+伤残赔偿附加指数2+……+伤残赔偿附加指数n

其中,"几个伤残等级最高的伤残赔偿指数"是指在几个伤残等级中最高等级的伤残赔偿指数。例如,三个九级、一个六级,则其中最高等级为六级,六级的伤残赔偿指数为50%;又如一个四级、一个八级和一个十级,则其中最高等级为四级,四级的伤残赔偿指数为70%。这里需要注意,根据上述的计算公式,存在几个伤残等级的情况下只计算最高等级的伤残赔偿指数,其他的伤残等级不再计算相应的伤残赔偿指数,而是按附加指数计算。"伤残赔偿附加指数"是指有多个伤残等级时,由于只计算最高等级的伤残赔偿指数,其他的伤残等级不再计算相应的伤残赔偿指数,而是每增加一处伤残按另外的赔偿比例计算,该赔偿比例是附加计算的,因此被称为伤残赔偿附加指数。用百分比表示,伤残赔偿附加指数的取值范围为0%～10%,也就是说伤残赔偿附加指数必须小于10%。存在一级伤残时,其他等级均被吸收,不再计算伤残赔偿附加指数。伤残赔偿附加指数和伤残赔偿指数不同。对伤残赔偿指数上述标准有明确规定,不同伤残等级都有对应比例(指数),而对伤残赔偿附加指数则没有具体规定,不同伤残等级没有对应比例(指数)。所以,对伤残赔偿附加指数如何取值,各地做法不一。有的是在0%～10%的取值范围内由法官自由裁量;有的是五级以下一个固定值,五级以上一个固定值。通常来说,合理的取值应为二级为10%,三级为9%,四级为8%,五级为7%,六级为6%,七级为5%,八级为4%,九级为3%,十级为2%。

在计算残疾赔偿金时,还需要注意的一点是,如果交通事故责任不是全责,实际赔偿额还需要在以上计算公式上再乘以一个赔偿责任系数。所以,"赔偿责任系数"就是交通事故中事故责任方应承担责任的比例,如对方负全责则为100%,双方负同等责任则为50%。

## 三、损伤参与度对责任认定的影响

### (一)损伤参与度

1. 什么是损伤参与度

所谓损伤参与度,是指在损伤与疾病共同存在的案件中,诸多因素共同作用导致的某种后果,损伤在其中所起作用的因果比例关系。因此,交通事故损伤参与度是指同时存在交通事故、交通事故受害人原有疾病、特殊体质、残疾等众多致害因素的交通事故损害赔偿责任纠纷中,判断交通事故过错行为在交通事故受害人损害后果上的参与度,也即原因力比例。只有同时存在几个可能引发交通事故受害人损害后果的原因时才需要判断参与度,即判断交通事故过错行为与受害人的损害后果之间是否具有因果关系以及两者的关联程度。需要注意的是,参与度鉴定是法医学上的概念,其对交通事故受害人与交通事故过错行为之间的因果关系程度所作出的判定,依据是法医学标准,是对交通事故受害人损害后果做的病理原因的量化分析,是病理上的因果关系,属于事实判断范畴,与我国侵权责任法上规定的因果关系不具有一一对应的关系,也就是说，确定损害赔偿责任的大小不能仅仅依据损伤参与度。

2.损伤参与度的司法运用

有学者提出因果关系赔偿比率的构想，在有直接关系时，视损伤对后果发生的作用大小比率分别为 100%、75%、50%、25%；无因果关系时，比率则为 0%，共五等，此后法医学界对损伤参与度标准的制定开始趋向于五等级划分，并提出了损伤与疾病所致后果之间的五等级比例关系表。而在司法适用方面，则首推 1994 年北京市高级人民法院法医室伤与病关系研究组制定出五等级十段的《损伤在疾病共同存在的案件中参与度的评判标准（草案）》，从损伤参与度、损伤程度评定、赔偿三个方面探讨了具有我国特色的伤病因果关系评定标准内容，是符合侵权法基本赔偿原则的参与度评定方法，因而具有深远的影响意义。由于引入参与度概念，通过因果关系的量化，对损伤、疾病等多种原因在受害人损害结果发生的原因比例进行了科学界定，能够较为合理地区分各因素的作用力。

### （二）交强险和商业三者险制度下的损伤参与度

1.交强险制度能否考虑损伤参与度

关于交强险制度下，保险公司能否以当事人原有疾病、特殊体质等原因抗辩要求进行参与度鉴定，从而减轻其赔偿责任。笔者认为，在交强险制度下不应考虑损伤参与度问题，理由如下。

（1）交强险制度设立的初衷在于通过设立法定赔偿责任，尽可能弥补受害人的损失，分担风险，具有显著的公益属性。

（2）交强险的赔偿范围、标准及免责事由等均由法律赋予强制性规定，无论是交强险条例，还是交强险条款中均未规定在确定交强险赔偿责任时应考虑参与度因素。

（3）交强险责任是一种法定责任，其法律性质及功能均具有特殊性，与通常的侵权赔偿责任有差异，适用交强险赔偿责任的只要确认交通事故中行为人侵权行为与损害后果具有因果关系，即具有事实上因果关系，保险公司即应承担赔偿责任，而无须考虑责任范围的问题，也就没有适用损伤参与度鉴定的余地。而一般侵权赔偿责任，则首先应考虑责任成立，然后还要考虑责任范围的问题，也需同时满足事实上因果关系与法律上因果关系，即同时考虑责任成立因果关系后，还应根据司法政策，责任限制确定损害赔偿范围及各赔偿义务人的赔偿责任的大小。[①]

---

[①] 苏家成，韩涛.交强险责任的确定不应该考虑损伤参与度[J].人民司法,2013(10):71-74.

2.商业第三者责任保险能否考虑损伤参与度

商业第三者责任保险（以下简称商业三者险）能否考虑损伤参与度，一方面取决于因果关系的确定，另一方面还应看保险合同对此是否有明确约定。保险合同作为平等主体签订的合同，侧重体现合同当事人的意思，自治具有明显的商事合同性质。一方面在责任成立方面应确定交通事故与受害人损害之间具有事实上因果关系，同时在赔偿责任范围上，如受害人存在原有疾病、特殊体质等情形导致受害人损失加重或扩大，则可考虑引入损伤参与度，从而合理确定各方当事人的赔偿责任。当然由于受害人原有疾病、特殊体质的复杂性及多样性，司法实践中是否一律考虑损伤参与度，由于个案的差异，不能一概而论，而应当结合个案具体分析。一般情况下，对于受害人特殊体质引起的损害，在能够确定侵权行为与损害后果的情况下，学界一般认可侵权人承担全部赔偿责任，这在最高人民法院颁布的第24号指导性案例荣宝英诉王阳、永诚财产保险股份有限公司江阴支公司机动车交通事故责任纠纷案中也有体现。从保险合同角度，如果商业三者险合同条款中对损伤参与度问题未做约定，保险公司抗辩进行参与度鉴定并要求按照参与度鉴定意见确定其赔偿责任，如被保险人或投保人未提出损伤参与度鉴定抗辩，因商业三者险承保保险公司非道路交通事故参与人，不应支持其提出的损伤参与度抗辩，而应按照保险合同的约定确定保险公司的赔偿责任。在投保人或被保险人提出受害人原有疾病、特殊体质等因素的参与度抗辩时，则应根据受害人伤情实际情况确定是否有必要启动参与度鉴定，进而确定保险公司及行为人的赔偿责任。

（三）审理建议

鉴于损伤参与度鉴定在交强险和商业三者险制度下的不同裁判规则，加之《最高人民法院〈关于人民法院审理道路交通事故损害赔偿案件适用法律若干问题的解释〉》中明确要求合并审理交强险和商业三者险，在此情形下如何有效衔接两种制度，也是人民法院在审理道路交通事故人身损害赔偿案件中应给予关注的。笔者认为，可以从以下几方面着手。

一是要转变思路，注意区分交强险和商业三者险两种险种的法律关系性质的不同。在同一个案件中要合并审理两个法律关系，既要兼顾交强险制度强制保险的法定责任性质，在充分发挥交强险政策功能和公益属性的同时，又要充分考虑商业三者险的商事合同性质，对保险公司抗辩的免赔、拒赔等事由如损伤参与度、非医保用药扣减、超载、酒驾、罪驾等情形按照《保险法》及相关司法解释的规定，侧重审查保险合同中保险公司的抗辩事由是否有约定，如有约定是否履行了相应的告知及明确说明义务,并加大保险公司举证责任,从而确定保险公司的赔偿责任,通过裁判最大限度地发挥商业保险分散风险功能。

二是在涉及损伤参与度适用的道路交通事故人身损害赔偿案件中,适用损伤参与度鉴定比例,应首先在交强险责任范围内确定保险公司和侵权人的赔偿责任大小,对受害人超出交强险责任限额范围以外的损失则再考虑是否适用因果关系参与鉴定,并确定保险公司在商业三者险范围内的赔偿责任,以实现交强险制度和商业三者险制度的有效衔接,合理确定各方当事人的责任。

## 李某诉胡某、YB戎州巴士运业有限公司、中国人民财产保险股份有限公司YB市分公司营业部机动车交通事故责任纠纷案

——司法鉴定意见书在交通事故中的认定问题研究

### 关键词

鉴定意见　法院委托　重新鉴定

### 裁判要点

一审原告李某未提供证据证明四川鼎城司法鉴定中心的鉴定意见不客观、不真实。

交通部门经勘查认定事故主要责任人为龚某,胡某负事故次要责任,李某不承担责任。

二审法院重新鉴定,一审的鉴定意见报告符合相关的法律法规,维持原判,驳回上诉。

### 相关法条

《中华人民共和国侵权责任法》第四十八条

《中华人民共和国道路交通安全法》第七十六条

《最高人民法院关于审理人身损害赔偿案件适用法律若干问题的解释》第十七条第一款、第二款、第十八条、第十九条、第二十条、第二十一条、第二十三条、第二十五条、第二十六条、第三十条、第三十五条

### 基本案情

2016年5月10日,龚某驾驶搭载一审原告李某的川Q×××××号电

动自行车与一审被告胡某驾驶的川QD××××号小型轿车相撞,造成一审原告李某受伤的交通事故。后经交警认定,龚某承担此次事故的主要责任,一审被告胡某承担次要责任。一审被告YB戎州巴士运业有限公司系肇事车辆川QD××××号小型轿车的所有人,一审被告胡某系其聘请的驾驶员。肇事车辆川QD××××号小型轿车在人保YB市分公司投保了交强险和100万第三者险,并投保了不计免赔和附加法律服务费用特约条款,本次事故发生在保险期限内。

根据当事人陈述和经审查确认的证据,本院认定事实如下:2016年5月10日10时30分许,龚某驾驶川Q×××××号电动自行车搭载原告李某由YB市某区真武路方向往某路方向行驶,行驶至人民路某路路口逆向左转时与被告胡某驾驶的由人民路经某天桥T型路往某路方向行驶的川QD××××号小型轿车发生碰撞,造成原告受伤,两车受损的交通事故。事故发生后,原告李某被送往YB正川医院抢救治疗,经抢救后同日被送往YB市第一人民医院住院治疗,入院治疗22天后出院,产生抢救费2 031.15元,住院医疗费13 719.03元,其中被告戎州巴士公司垫付13 031.15元。李某因本交通事故后购买腿外支架支出3 400元。2016年5月27日,YB市公安局交通警察支队交管一大队经过调查作出公交认字[2016]第00258号道路交通事故认定书,认定龚某承担此次事故主要责任,胡某承担此次事故次要责任,李某不承担事故责任。诉前,李某申请一审法院委托鉴定机构对其伤残等级、医疗费、护理依赖程度及时限进行鉴定,经依法委托四川鼎城司法鉴定中心对李某的申请事项进行鉴定,该鉴定所于2016年11月24日作出鼎城司鉴[2016]临鉴字第2567号司法鉴定意见书,该鉴定意见书载明:①被鉴定人李某左胫腓骨骨折后遗左下肢功能障碍评定为九级伤残;②被鉴定人李某无护理依赖;③被鉴定人李某的护理期限建议为90日;④被鉴定人李某不存在必然发生的后续治疗费用。李某支出鉴定检查费892元,鉴定费3 900元。上诉人李某因不服YB市某区人民法院作出的一审判决而提起的二审程序,经审理查明后驳回上诉,维持原判。

**裁判结果**

(1)中国人民财产保险股份有限公司YB市分公司营业部于本判决生效之日起十日内赔偿李某医疗费、住院伙食补助费、残疾赔偿金、精神抚慰金、误工费、残疾辅助器具费、护理费、鉴定费、交通费合计104 548元。

(2)中国人民财产保险股份有限公司YB市分公司营业部于本判决生效之

日起十日内直付 YB 戎州巴士运业有限公司垫付的费用 20 000 元。

（3）驳回李某的其他诉讼请求。

（4）二审经审理查明后驳回上诉，维持原判。

**裁判理由**

法院的生效判决认为，本案的争议焦点有一个，即四川鼎城司法鉴定中心作出的鉴定意见是否真实、客观，李某申请重新鉴定是否应当支持。

针对本案的焦点：李某在起诉前即向一审法院申请对其伤残程度等进行鉴定，一审法院依照法定程序组织双方当事人选择鉴定机构，双方当事人依照法定程序摇号抽签，抽中四川鼎城司法鉴定中心。一审法院即委托四川鼎城司法鉴定中心对李某的伤残等级、后期医疗费、护理依赖程度进行鉴定。四川鼎城司法鉴定中心按照《法医临床检验规范》对李某的身体进行临床检查，并结合 YB 市第一人民医院为李某治疗的影像资料、2016 年 8 月 2 日的肌电图以及李某的相关病历分析评定，李某的伤残程度为九级伤残，无护理依赖和后续医疗费，护理日期为 90 日。李某在一审中对此鉴定结论仅仅是无后续医疗费问题存在异议，但未提供相应的证据推翻该鉴定意见，现李某对四川鼎城司法鉴定中心的鉴定意见存在异议，认为其伤残等级应当评定为七级伤残，为此向法院以两份肌电图为据提起上诉。

该院认为，四川鼎城司法鉴定中心的鉴定意见是由李某申请人民法院依照法定程序委托鉴定的，李某在二审中提交的肌电图正是一审法院委托的鉴定机构评定李某伤残采用的肌电图。李某认为，四川鼎城司法鉴定中心的鉴定意见不客观、不真实，但未提供充分的证据证明。李某申请二审法院重新鉴定，不符合《最高人民法院关于民事诉讼证据的若干规定》第二十七条"当事人对人民法院委托的鉴定部门作出的鉴定结论有异议申请重新鉴定，提出证据证明存在下列情形之一的，人民法院应予准许：①鉴定机构或者鉴定人员不具备相关的鉴定资格的；②鉴定程序严重违法的；③鉴定结论明显依据不足的；④经过质证认定不能作为证据使用的其他情形。""对有缺陷的鉴定结论，可以通过补充鉴定、重新质证或者补充质证等方法解决的，不予重新鉴定"的规定，对其请求不予支持。

# 第六章 保险赔偿竞合问题研究

## 杨某某诉中国人民财产保险股份有限公司 XW 支公司机动车交通事故责任纠纷案

——人身意外伤害险与交通事故保险竞合问题处理

**关键字**

保险竞合提示告知义务

**裁判要点**

（1）双方之间对保险合同约定的内容理解不一致，相关条款能否在当事人身上生效，在保险竞合的情况下，如何适用各个保险合同中的条款。

（2）保险人是否对保险合同上的免责条款履行了提示和告知义务。

**相关法条**

《合同法》第六条、第三十九条

《最高人民法院关于审理人身损害赔偿案件适用法律若干问题的解释》第十九条、第二十条、第二十一条、第二十二条

《保险法》第十七条与《保险法司法解释（二）》第十一条

**基本案情**

原告杨某某诉称，2015 年 10 月 27 日，原告在被告处投有一份保险金额为 40 000 元的机动车驾驶人员意外伤害险，约定意外身故残疾及意外医疗保险金额为 40 000 元，保险期限为 2015 年 10 月 28 至 2016 年 10 月 27 日。2015 年 10 月 27 日，他又投保一份约定司机、乘客保险金额均为 10 000 元的车上人员责任险，保险期限为 2015 年 10 月 28 日至 2016 年 10 月 27 日。2016 年 6 月 14 日，原告驾驶摩托车发生交通事故，经鉴定为八级伤残。为此要求被告赔偿原告保险金 50 000 元。

被告人民财险XW支公司辩称，对本案交通事故的真实性无异议，根据原、被告签订的《意外伤害保险合同》约定，发生意外伤害事故应按《人身保险伤残评定标准》评残，而原告提供的司法鉴定意见书是按《道路交通事故受伤人员伤残评定》标准，故对该鉴定意见不予认可；对于原告购买的保险金额为10 000元的车上人员责任险，认为原告未购买不计免赔，按《机动车车上人员责任保险条款》规定，负全部事故责任或单方肇事事故的免赔率为15%，故被告只应承担8 500元；并认为原告购买的保险金额均为20 000元两份意外伤害险，根据《机动车驾驶人员意外伤害保险条款》和《人身保险伤残评定标准》规定，被告支付的保险比例为30%即12 000元。

法院一审审理查明，2016年6月14日7时20分，杨某某驾驶川Q×××××号普通摩托车行驶至XW县莲花镇龙凤村十一组路段时，未确保安全摔倒在公路外侧，造成杨某某受伤及车辆受损的交通事故，经XW县公安局交警大队认定，杨某某负此次事故的全部责任，杨某某本次伤后遗留腰部活动部分受限，评定为八级伤残。一审法院另查明，杨某某于2015年10月27日在人保财险XW支公司购买了机动车驾驶人员意外伤害险两份，保险期间为2015年10月28日0时至2016年10月27日24时止，保险费200元，保险单保障项目一栏载明：意外身故残疾及意外医疗保险金额人民币20 000元，适用条款一栏载明为《中国人民财产保险股份有限公司机动车驾驶人员意外伤害保险条款》，投保人声明一栏载明：保险人所提供的投保单已附投保险种所适用的条款，保险人已向本人详细介绍了条款，尤其是对其中免除保险人责任的条款，以及本保险合同中付费约定和特别约定的内容向本人作了明确说明，本人已充分理解并接受上述内容。一审法院再查明，杨某某于2015年10月27日在人保财险XW支公司处购买了车上人员责任险一份，保险期间为2015年10月28日0时起到2016年10月27日24时止，保险金额一栏处载明：车上人员责任险（司机）10 000元、车上人员责任险（乘客）10 000元。重要提示一栏载明：本保险合同由保险条款、投保单、保险单、批单和特别约定组成。收到本保险单、承保险种对应的保险条款后，请立即核对，如有不符或疏漏，请在48小时内通知保险人并办理变更或补充手续；超过48小时未通知的，视为投保人无异议。请详细阅读承保险种对应的保险条款，特别是责任免除、投保人被保险义务、赔偿处理和附则。但是提交的《中国人民财产保险股份有限公司机动车驾驶人员意外伤害保险条款》中，并未记载主次责任不计免赔事项。该合同"2.1.2 残疾保险责任在保险期间内被保险人遭受意外伤害，并自该意外伤害发生之日起……如第180日治疗仍未结束的，按当日的身体情况进行伤残评定,并据此给付残疾保险金。"部分,未做加黑加粗等明显标记。

**裁判结果**

四川省 XW 县人民法院于 2017 年 5 月 19 日作出一审判决:被告中国人民财产保险股份有限公司 XW 支公司于本判决生效后十日内支付原告杨某某机动车驾驶人员意外伤害保险金 40 000 元、机动车车上人员责任保险金 10 000 元,合计 50 000 元。

被告中国人民财产保险股份有限公司 XW 支公司认为,杨某某虽在人保财险 XW 支公司投保了车上人员险,但未投保不计免赔;《人身保险伤残评定标准》系保险监督管理机构制定的强制性保险条款,不属于保险合同的格式条款,对人保财险 XW 支公司不应当适用"不利解释原则",应当适用该标准对杨某某的伤残等级进行鉴定,因此保险公司认为承担诉讼费过高,提出上诉。YB 市中级人民法院于 2017 年 9 月 7 日作出二审判决:驳回上诉,维持原判。

**裁判理由**

法院生效裁判认为,本案的争议焦点有二:一是双方对保险合同约定的内容理解不一致,二是人保财险 XW 支公司是否就免责条款履行了提示或告知义务,保单上的不计免赔、残疾保险责任条款对杨某某是否生效。

审理法院认为,杨某某作为投保人和被保险人,在人保财险 XW 支公司处投有机动车驾驶人员意外伤害保险两份和车上人员责任险一份,双方建立保险合同关系。杨某某在保险期间,因驾驶机动车发生交通事故造成损害并构成伤残,因案涉保险单是人保财险 XW 支公司提供的格式合同,根据《中华人民共和国合同法》第四十一条"对格式条款的理解发生争议的,应当按照通常理解予以解释。对格式条款有两种以上解释的,应当作出不利于提供格式条款一方的解释。格式条款和非格式条款不一致的,应当采用非格式条款。"《中华人民共和国保险法》第十七条"订立保险合同,采用保险人提供的格式条款的,保险人向投保人提供的投保单应当附格式条款,保险人应当向投保人说明合同的内容。对保险合同中免除保险人责任的条款,保险人在订立保险合同时应当在投保单、保险单或者其他保险凭证上作出足以引起投保人注意的提示,并对该条款的内容以书面或者口头形式向投保人作出明确说明;未作提示或者明确说明的,该条款不产生效力。"《中华人民共和国保险法》第三十条"采用保险人提供的格式条款订立的保险合同,保险人与投保人、被保险人或者受益人对合同条款有争议的,应当按照通常理解予以解释。"人保财险 XW 支公司提供给杨某某的保险单上并未载明意外事故残疾的评定标准和赔付比例，人保财险 XW 支公司也未能提供证据证明其在办理保险业务时向杨某某履行了提示或明确说明义务，按通常理解，被保险人构成残疾即可获得保险金 50 000 元。关于保单上的不计免赔、残疾保险责任条款对杨某某是否生效的问题。《中国人民财产保险股份有限公司机动车驾驶人员意外伤害保险条款》上并未载明主次责任不计免赔条款，双方对此没有约定，对双方没有约束力。另依照相关规定，提示义务系一项独立的义务，是明确说明义务的前置性义务，保险人应当履行提示义务，使投保人知悉免责条款存在后，再履行明确说明义务。保险公司未就该残疾保险责任做加黑加粗等明显的、足以引起投保人注意的标志作出提示，故人保财险 XW 支公司没有对杨某某尽到对伤残赔偿金的提示义务，其认为应当按照合同约定因不计免赔条款扣减 15% 的保险金，并且按照伤残评定标准进行鉴定并计算残疾保险金的上诉理由不能成立，法院不予支持。

**案例注解**

本案是一个较为典型的保险合同竞合的争议案件，由于被保险人杨某某投保了两份保险来防范风险和保障自身的利益，而带来合同理解上的误差，故需要去解决这两份保险所带来的保险竞合问题和认定提示告知的标准。

## 一、对保险竞合情况的分析与处理

### （一）保险竞合的概念

研究保险竞合需要先研究保险竞合的概念，概念是我们解决法律问题和分析问题不可避免的和不能欠缺的方式与工具，没有对概念的分析与认定，我们就不可能理性而又全面地分析问题。但目前对保险竞合的概念在学术界存在许多的争议。有学者将各类不同学说归纳为两类："同一损失说""同一被保险人说"。持"同一损失说"观点的代表人物是施文森先生，他认为："对于同一标的物及其因危险事故所致的损害，因不同险种的承保范围重叠造成有两个以上的保险承担其责任者，称保险竞合。"[①] 持"同一被保险人说"的学者认为，发生保险竞合的数份保险合同须以同一被保险人为赔付对象，否则不能成为保险竞合。刘宗荣先生主张："两个以上要保人、保险利益、保险标的物、保险事故不全相同的保险契约，指定同一人为被保险人，由于该数个保险契约有理赔上

---

[①] 施文森. 代位权之研究, 保险法论文第一集[M]. 台北：三民书局，1992：223.

## 第六章　保险赔偿竞合问题研究

的叠性，于保险事故发生时，数保险人就同一保险事故所致同一保险标的物的损失，都应对被保险人负赔偿责任者，称为保险竞合。[①] 笔者认为，保险竞合是由于投保人为了防范风险和补偿未来风险所带来的损失所投保多种风险的情况，它的特点在于尽管投保人可以不是同一人，但它是为了能够在同一损失事故中尽可能的和足额的弥补自己的损失而向保险人投保了多份保险的情况，保险竞合的被保险人可以不一致，但是保险竞合事故须为同一事故，且因不同保险合同承保的风险不同而导致各保险合同支付的保险赔款须指向同一人，也就是说，虽然被保险人不一定相同，但赔款的受益者是相同的。

### （二）保险竞合的表现形式

1. 财产保险的竞合

财产保险是以补偿被保险人所遭受的财产或经济损失为唯一目的的[②]，虽然财产保险可以发生保险竞合，但是现实的实务中财产保险的竞合并不多见，相对常见的是责任保险的竞合，责任保险是指保险人在被保险人依法应对第三者负赔偿民事责任，并被提出赔偿要求时，承担赔偿责任的财产保险形式。由于责任保险以被保险人对他人依法应负的民事赔偿责任为保险标的，并不存在保险标的价值问题，无法适用重复保险的法律规定，因此两个以上的责任保险只能适用保险竞合制度。财产损失保险中的保险竞合条款，是为了避免受益人因超额保险获得超额补偿，而违背公平原则，滋生道德危险。由于责任保险有着自己独立的、庞大的业务来源，尤其在法律制度和保障制度比较发达的国家，责任保险的发展尤为迅速，责任保险因其性质属于损失填补类保险，因此保险竞合在责任保险中尤为突出。

2. 人身保险的保险竞合

人身保险是以被保险人生命、健康为保险标的的保险。本案中的人身伤害险就属于人身保险，人身保险因大多是定额给付费用的保险，使重复保险与保险竞合无适用的空间。原则上看意外伤害保险的保险标的是被保险人的身体的利益，应不会发生保险竞合。但是在意外伤害保险中也存在着投保人与保险人在保险合同中不定额的给付，此时意外伤害保险的目的就在于补偿被保险人的经济损失，具有了财产保险的性质，与其他补偿性保险也有可能发生保险竞合。本案例就是一个责任保险与人身保险发生保险竞合的情况。

---

① 刘宗荣.新保险法：保险契约法的理论与实务[M].北京：中国人民大学出版社，2009：215-223.

② 温世扬.保险法[M].北京：法律出版社，2003：184.

### (三)保险竞合的解决方案

随着国家保险事业的发展,保险竞合问题的出现不可避免,如何解决保险竞合所带来的问题是当下需要认真考虑的。

(1)使保险竞合的概念在法律上得到界定。保险竞合的概念在法律上能够被界定,就能使人们通过法律的规定去认识和解决它,因为概念是我们认识和解决法律问题必不可少的方法,由于重复保险在法律上已得到规定,故在法律上界定保险竞合时,使重复保险与保险竞合既有联系又有区别。

(2)在保险实务中会发生保险竞合是因为各个保险单位之间和投保人与保险人之间的信息不能及时相互地沟通与匹配。投保人为了获得超额补偿,而投保多份保险,因此投保人不会主动把投保信息告诉保险人,并且由于各个保险业之间存在业务竞争,故它们之间的信息存在沟通上的障碍。所以我们要建立一个全国统一的保险信息服务平台,加强双方的信息交流。不过平台的建立需要以保护客户的隐私信息为前提,构建这样的平台,有利于人们了解其购买的保险的情况,以至于能够迅速出险和弥补投保人所受的利益损失以及减少保险纠纷的产生,通过信息的互通,加强保险人之间的交流。

(3)由保险行业协会制定行业理赔规则和标准化保单条款,使保险理赔的规则明确,尽可能地规定各种保险竞合情形的理赔方式与理赔顺序,把不同保险中的保险条款认定顺序通过统一的标准规划出来,这样就可避免保险合同的当事人对合同的内容理解出现误差和避免保险公司之间推诿责任,降低理赔成本及提高理赔效率,从而更好地维护被保险人的合法权益。根据我国的国情,发生保险竞合时,我们应把不同的保险分门别类。在法律的基础上,我们应坚持社会保险、强制保险、责任保险优先赔偿的原则,强制保险优先给付是由强制保险的性质决定的。强制保险是国家或政府强制人们订立的保险,由于其是为了维护公共利益的需要而被国家强制订立,故在赔偿的顺序上应与性质要求相一致,在赔偿中要优先赔偿。在认定事故所造成的伤害上,应如赔偿一样,明确认定伤害的标准与清晰阐明不同保险条款中认定伤害的顺序。

### 二、免责条款提示告知义务的认定

保险合同中保险条款的告知义务主要是基于最大诚信原则,诚实守信原则是任何民事活动中都要遵守的原则,保险活动作为民事活动的一种,自然离不开最大诚信原则的束缚。而且现如今的保险条款大多是格式条款,保险合同存在大量的专业术语,投保人很少能够对合同有充分的了解,不确定保险人的提示告知义务，很容易造成保险人利用自身的优势损害投保人的利益，使投保人不能公平地与保险人订立保险合同。如果不要求保险人解释说明，很容易使保险人利用投保人在保险知识上的缺乏，让不符合双方平等自愿原则的不合理条款加入合同中。从这个意义上说，规定保险的说明义务，也是对格式化合同的一种限制。

### （一）提示义务的认定标准

根据《保险法》第十七条规定，保险人提示义务是明确说明义务的前提。对于提示义务的履行标准，学界持有不同的观点。第一种观点为客观说，即提示方式是否能够引起一般人的注意，如果可以达到引起一般人注意的程度，就认为保险人履行了提示义务。[①] 第二种为主观说，即提示义务的履行必须达到引起具体投保人的注意方可认为保险人履行了提示义务。由于在现实生活中保险纠纷情况既多又复杂，单独采用以上两种学说不能有效解决问题，我们应结合两种学说，以客观说为主，以主观说为辅。在一般的情况下，我们根据条款的提示是否能引起一般人的注意，然后再在特殊情况中，根据其具体的情况，结合主观说的标准来认定保险人的提示义务。在现实实务中，保险人的提示经常以加黑或者添加不同的颜色来体现自己的提示义务。

### （二）告知说明的认定标准

#### 1.告知说明的形式认定标准

在我国保险人往往是通过书面签章的方式来体现说明义务的。保险人在事先印制好的投保单上专门设计"投保人声明栏"，并要求投保人签章或者手写诸如"已阅读合同条款并认可保险人已履行完毕说明义务"的相关字样，来证实保险人已履行了说明义务。但因为大部分投保人很难全面理解保险合同的全文，故只使用这种标准对投保人很不公平大部分。

#### 2.告知说明的实质认定标准

保险人履行说明义务的实质标准要求保险人在履行说明义务时，要将免责条款的所有情况如实告知投保人，使投保人能够理解保险中的免责条款。而根据对"理解"的要求我们也需从三个标准去认定与分析，即主观标准、客观标准、理性外行人标准。主观标准是指保险人在履行说明义务时，以保险人的理解程度为标准，只要保险人认为投保人到了能理解的程度，则就认为其履行了告知义务。该种判断标准实质上与保险人说明义务的形式标准相近似，并未考

---

[①] 温世扬.保险人订约说明义务之我见[J].法学杂志，2010，22（3）：16-17.

虑投保人和保险人信息极端不对等的情况。客观标准是指保险人在履行说明义务时，以投保人的理解为标准，也即要求说明告知的标准要达到投保人对合同中内容有足够充分的了解。这种标准过分地偏向于投保人的利益，由于每个投保人的理解程度不同，很难形成一个相对统一的标准，会让保险人很难在审判中证明其曾向投保人履行过说明告知义务。理性外行人标准是指在众多普通人理解的基础之上，寻找其中的共性，结合不同投保人的具体情况对保险人的说明义务标准进行调整，寻找其中的个性。在该种情况下，让保险人能够在最省成本的情况下把情况告知投保人，该标准以一般人的理解水平为基础，可满足大部分投保人的理解需求，同时又能针对较为特殊的说明对象作出调整，能够灵活地满足不同投保人的需求。正如徐卫东教授所言，该标准技能保护处于弱势地位的投保人，又能维护保险人正常的营业基础，能够在平衡的基础上给予双方当事人适当的保护，应该是立法发展的趋势。[①] 在司法实践中，也能够较为灵活合理地处理个案和类案，既能满足保护不同当事人个体利益的需求，又能高效率地处理纠纷矛盾。

综上所述，在司法实务当中，如果出现保险竞合的情况和对于提示告知义务的认定：对于保险竞合的情况，我们首先要确定多份合同的类型，根据类型解决不同合同中条款的适用规则，就如本案的保险纠纷，如何确定杨某某造成的伤害是按何种标准认定尤为重要。对于保险合同中免责条款的认定，在于保险人是否已经履行了提示告知义务和保险人的提示告知义务是否达到了已经履行了的标准。在本案中，保险人由于对某些免责条款没尽到提示的义务，故导致了某些免责条款的失效。

---

[①] 徐卫东.商法基本问题研究[M].北京：法律出版社，2002：393.

## 周某诉 YB 某药业有限公司等机动车交通事故责任纠纷案

——法院认定各项赔付标准问题研究

**关键词**

交强险　商业险　侵权责任　免责条款

**裁判要点**

（1）本案中，原告同时起诉侵权人和保险公司，应先由承保交强险的保险公司在责任限额范围内予以赔偿，不足部分，由承保商业险的保险公司根据保险合同予以赔偿，最后由侵权人赔偿不足部分。

（2）保险人向法院提供的证据并不能证明保险人履行了明确说明义务，保险人还应提供投保人对保险人履行了明确说明义务的认可凭证，如在相关文书上签字、盖章或者以其他方式予以确认。

**相关法条**

《中华人民共和国侵权责任法》第二条、第六条、第十五条、第十九条、第二十五条、第四十八条

《中华人民共和国道路交通安全法》第七十六条

《中华人民共和国保险法》第六十五条

《最高人民法院关于审理道路交通事故损害赔偿案件适用法律若干问题的解释》第十六条

**基本案情**

2017 年 3 月 1 日 16 时许，被告周某一（周某一为本案第二被告）在驾驶川 QE× 号轻型普通货车行驶至 CN 县 CN 镇新宜长路转弯时，与原告驾驶停靠在道路边人行道内的川 A× 号小型客车相撞，又导致该车与川 QR× 号小型轿车相碰撞，造成上述三车损坏的道路交通事故。

2017 年 3 月 6 日，CN 县公安局交通管理大队作出事故认定：被告周某一在承担此次事故的全部责任，原告无责任。事故发生后，原告将其所有的川 A× 号小型客车送到 YB 市某汽车销售服务有限公司维修，支付维修费 10 717 元、施救费 800 元。其后，经原、被告多次协商均未达成赔偿意见。被告的侵

权行为给原告造成了较大的经济损失，原告为维护合法权益故向法院起诉。

被告YB某药业有限公司称，周某一是我公司聘请的驾驶员，其在履行职务的过程中发生交通事故；我公司为川QE×号车在中国人民财产保险股份有限公司CN支公司投保交强险和商业三者险100万元含不计免赔，事故发生在保险期间，我公司承担的赔偿责任应当由中国人民财产保险股份有限公司CN支公司代为赔偿；川QE×号车使用性质是企业非运营车辆，保险公司承保时登记的车辆类别错误，中国人民财产保险股份有限公司CN支公司对免责条款未尽到明确说明和告知的义务，免责条款不生效，中国人民财产保险股份有限公司CN支公司以我公司车辆驾驶员无从业资格证拒赔的理由不能成立。

被告周某一称，我的答辩意见与YB某药业有限公司的答辩意见一致。

被告中国人民财产保险股份有限公司CN支公司称，对事故的事实及责任认定无异议，我公司承担的是保险责任非侵权责任，我公司依照保险合同的约定和法律规定在交强险和商业险三者险责任范围内承担赔付责任；原告在本次交通事故中并未受到人身伤害，其主张的误工费、交通费不属于财产直接损失，不属于保险责任范围，我公司不予赔付；原告主张的车辆维修费、施救费，我公司在交强险责任限额内已赔付2 000元，由于被保险车辆驾驶员驾驶运营性机动车无交通运输管理部门核发的许可证，根据《机动车第三者责任保险条款》第二十四条第（二）款第6项，属于保险责任免除情形，故商业险我公司免赔；诉讼费不属于保险赔付范围，我公司不予赔付。

### 裁判结果

四川省CN县人民法院于2018年1月31日作出一审判决：①被告中国人民财产保险股份有限公司CN支公司在判决后十日内赔偿原告周某10 253元；②驳回原告周某的其他诉讼请求。

### 裁判理由

法院认为，因被告周某一在发生过错的交通事故中，致原告的车辆在事故中受损，被告YB某药业有限公司作为用人单位应承担赔偿责任。川QE×号车已在中国人民财产保险股份有限公司CN支公司投保交强险和第三者责任保险，第三者责任保险责任限额1 000 000元并投保不计免赔率，且事故发生在保险期间，原告的财产损失超出交强险责任限额部分，如在第三者责任保险责任限额内且无有效的免责条款规定的免责情形，应当由中国人民财产保险股份有限公司CN支公司全额赔偿。

中国人民财产保险股份有限公司 CN 支公司主张的责任免除情形，违反的是管理性强制规定，中国人民财产保险股份有限公司 CN 支公司对该免责条款有向投保人 YB 某药业有限公司提示和明确说明的义务，YB 某药业有限公司仅在保单投保人声明栏加盖了印章，没有该公司法定代表人或者经办人签字确认已经知晓免责条款的内容并对免责条款理解无误，中国人民财产保险股份有限公司 CN 支公司提供的证据不足以证明其对免责条款履行了提示说明义务，该免责条款不生效，中国人民财产保险股份有限公司 CN 支公司在川 QE× 号车第三者责任险责任限额内应当承担赔偿责任。

本案中，原告主张的川 A× 号车修理费 10 717 元、施救费 800 元，被告均无异议，本院予以确认，原告主张的误工费和交通费，于法无据，法院不予支持。原告的财产损失共计 11 517 元，中国人民财产保险股份有限公司 CN 支公司在川 QE× 号车交强险责任限额内已赔偿两受损车损失共计 2 000 元，其中川 A× 号车损失赔偿金额为 1 264 元，该车其余损失 10 253 元，应由中国人民财产保险股份有限公司 CN 支公司在川 QE× 号车第三者责任保险责任限额内赔偿。

**案例注解**

本案是一起较为典型的交通事故纠纷中赔付标准问题的案件，主要涉及三个方面的内容。一是交强险、商业险、侵权责任人的赔付份额问题；二是误工费与交通费赔付的适用问题；三是违反管理性强制规定导致免责条款无效。

### 一、对本案交强险、商业险、侵权责任人赔付问题的分析

道路交通事故损害赔偿纠纷属于侵权纠纷，依据《侵权责任法》第四十八条规定，机动车交通事故适用《道路交通安全法》的相关规定。《道路交通安全法》第七十六条仅规定保险公司与其他赔偿责任主体对事故造成的损害赔偿顺位，即先由保险公司在交强险范围内分项限额赔偿，再无其他规定。而《最高人民法院关于审理道路交通事故损害赔偿案件适用法律若干问题的解释》第十六条仅规定了不同险类的保险公司与其他类型赔偿责任主体的赔偿顺位以及赔偿范围。根据其第十六条第 1 款规定，原告同时起诉侵权人和保险公司的，应先由承保交强险的保险公司在责任限额范围内予以赔偿，不足部分，由承保商业险的保险公司根据保险合同予以赔偿，最后由侵权人赔偿不足部分。如果作为原告的被侵权人将侵权人即肇事方及承保交强险和商业险的保险公司列为共同被告予以起诉，根据上述司法解释第二十五条的规定，法院应予准许。本

案中,被告中国人民财产保险股份有限公司 CN 支公司首先在川 QE×号车交强险责任限额内赔偿两受损车损失,其次,被告中国人民财产保险股份有限公司 CN 支公司在川 QE×号车第三者责任保险责任限额内赔偿。

从交强险部分看,交强险的首要功能是保障机动车道路交通事故受害人依法得到赔偿。《道路交通安全法》第七十六条第 1 款规定,保险公司在交强险责任限额范围内对受害人予以赔偿。从商业险部分看,受害人(即保险合同第三人)对承保商业三者险保险公司在一定条件下有直接请求权。《保险法》第六十五条规定,保险人对责任保险的被保险人给第三者造成的损害,可以依照法律的规定或者合同的约定,直接向该第三者赔偿保险金。责任保险的被保险人给第三者造成损害,被保险人对第三者应负的赔偿责任确定的,根据被保险人的请求,保险人应当直接向该第三者赔偿保险金。被保险人怠于请求的,第三者有权就其应获赔偿部分直接向保险人请求赔偿保险金。

## 二、关于本案误工费与交通费赔付的适用问题

按照《机动车交通事故责任强制保险条例》第二十一条的规定:"被保险机动车发生道路交通事故造成本车人员、被保险人以外的受害人人身伤亡、财产损失的,由保险公司依法在机动车交通事故责任强制保险责任限额范围内予以赔偿。"在本案中,被告中国人民财产保险股份有限公司 CN 支公司首先承担有责任的财产损失赔偿限额 2 000 元人民币。其次,根据《侵权责任法》第十六条的规定:"侵害他人造成人身损害的,应当赔偿医疗费、护理费、交通费等为治疗和康复支出的合理费用,以及因误工减少的收入。造成残疾的,还应当赔偿残疾生活辅助具费和残疾赔偿金。造成死亡的,还应当赔偿丧葬费和死亡赔偿金。"误工费与交通费的赔付依据是造成人身损害,而在本案中,原告在交通事故中并未受到人身伤害,其主张的误工费、交通费不属于财产直接损失,不属于本案保险责任范围。

## 三、免责条款无效问题的研究

### (一)判断某条款是否为免责条款

保险免责条款是机动车商业保险中不可或缺的内容,它是指保险人在保险合同中约定的用以免除或者限制其未来合同责任的条款,通常由保险人提前制定并要求投保人无条件签署。因此,它是一种格式条款。免除保险人责任条款通过把保险人不承保的情形和事由予以排除,使保险费率保持在合理的水平,

减轻消费者的投保压力和保费负担；同时有利于实现保险公司的可持续发展。

我国保险制度的出发点，也在于使发生交通事故后，能由保险公司来代替赔偿，让受害人实际获得赔付，然而，保险公司以合同的形式设定繁多的免责条款、免赔率条款，对投保人极其不利。针对目前保险人制定的常见免责条款分两个方面进行阐述，一是一般可以免责的条款，二是一般不可免责的条款。

1. 一般可免责条款

依据相应的法律法规，一般可免责条款有如下几种：一是《道路交通安全法》第七十六条的规定，凡非机动车、行人故意造成的交通事故机动车一方无责，由非机动车、行人承担事故全部责任。二是《机动车交通事故责任强制保险条例》（下简称《案例》）第二十二条规定：（一）驾驶人未取得驾驶资格或者醉酒的；（二）被保险机动车被盗抢期间肇事的；（三）被保险人故意制造道路交通事故的。有前款所列情形之一，发生道路交通事故的，造成受害人的财产损失，保险公司不承担赔偿责任。《条例》的规定被保险公司拟订为交通强制责任保险及商业三者险条款。

2. 一般不可免责条款

保险公司在保险合同中拟定的除绝对免责和一般可免责条款之外的免责条款称为一般不可免责条款，所谓一般不可免责，是指这类条款一般被认为属无效条款，从而保险公司不能免除赔偿义务，下面把保险合同中常见的这类条款分为三种情况进行阐述。①未明确说明，免责条款无效。《保险法》第十八条"保险合同中规定有关于保险人责任免除条款的，保险人在订立保险合同时应当向投保人明确说明，未明确说明的，该条款不产生效力。"此条款是我国法律对保险人说明义务的原则性规定，但未对保险人履行该项义务的方式、范围、标准以及明确说明的界限作出规定。在最高人民法院关于对《保险法》第十七条规定的"明确说明"应如何理解的问题的答复中：保险人的明确说明义务是指法律规定保险人在订立保险合同时，除了在保险单上提示投保人注意外，还应将保险合同关于保险人责任免除条款的概念、内容及其法律后果等，以书面或口头形式向投保人作出说明和解释，以使投保人明了知道该条款的真实含义和法律后果。②显失公平，免责条款无效。《合同法》第三十九条"采用格式条款订立合同的，提供格式条款的一方应当遵循公平原则确定当事人之间的权利和义务，并采取合理的方式提请对方注意免除或者限制其责任的条款，按照对方的要求，对该条款予以说明。"③形式不合理，免责条款无效。保险公司往往把自身所负保险责任的除外责任制定在保险合同免责事由的附带条款中，而没有集中在一起表述，且文字字号很小，很容易误导投保人。这种格式条款安排极其不合理、不完善的情形，在现实生活中普遍存在，它违背了诚实信用原则，也属无效条款。

**（二）本案中机动车第三者责任保险的说明义务**

与其他保险合同相比，机动车第三者责任保险合同说明义务具有特殊性。第一，机动车第三者责任保险合同中的被保险人与保障对象不是同一人。一般保险合同中被保险人和受益人通常为同一人，而机动车第三者责任保险合同中被保险人为机动车的所有人或管理人，保险的保障对象为交通事故中的受害人。出于对人性中利己主义的考虑，人们往往关注与自身相关的内容，而忽略其他，这就决定了保险说明义务在履行的过程中容易发生分歧，需要我们进一步对其进行说明。第二，机动车第三者责任保险与法律的相关性。机动车第三者责任保险伴随着交通事故，涉及无证驾驶、肇事逃逸等法律强制性规定的情况甚多，针对这种情况，保险人的说明义务应当如何履行不能简单等同于一般的说明义务，需要分别说明。保险人不仅要将免责条款对投保人说明，还要求其对免责协议的内容以及会产生的法律责任进行明确说明，以确保投保人知道该内容的真实意思。

1. 对提示说明义务的认定

法律明确规定保险人采用能够引起投保人注意的文字、字体或其他标志，属于尽到法律规定的提示义务。因此，只要保险人在提供合同的过程中尽到形式上的注意义务即可，无须特意告知投保人，提请投保人注意。在机动车第三者责任保险中，法律规定，对于法律、行政法规上禁止性规定作为保险合同的免责条款，保险人尽到提示义务即可。

2. 对明确说明义务的认定

对免责条款的明确说明义务是法律明文规定的，保险人在完成提示义务之后，将免责条款的相关概念和法律后果以书面或者口头的形式告知投保人，由此可以看出，提示义务的完成是保险人履行明确说明义务的前提。虽然法律对说明义务的形式规定了书面和口头两种形式，但是实践中为了方便证据的留存，通常采用书面形式。对于明确说明义务来说，投保人签字后，免责条款对投保人生效；若投保单空白或者签字与投保人的签字不符，则不能认定保险人尽到了明确说明义务，免责条款则不发生效力。

**（三）保险人对明确说明义务的举证应达到何种程度**

根据《最高人民法院关于适用〈保险法〉若干问题的解释（二）》第十三条第二款的规定，保险人只向法院提供其已将保险条款交予投保人的证据并不能证明保险人履行了明确说明义务，保险人还应提供投保人对保险人履行了明确说明义务的认可凭证，如在相关文书上签字、盖章或者以其他方式予以确认。因此，本案中，法院认定保险人没有履行明确说明义务，YB某药业有限公司仅在保单投保人声明栏加盖了印章，没有该公司法定代表人或者经办人签字确认已经知晓免责条款的内容并对免责条款理解无误，中国人民财产保险股份有限公司CN支公司提供的证据不足以证明其对免责条款履行了提示说明义务。

# 赵廷某诉罗某、熊某、中国人民财产保险股份有限公司G县支公司机动车交通事故责任纠纷案

——是否应该承担无责赔付、赔付项目及金额

**关键词**

交强险　无责赔付　赔付项目　赔付金额

**裁判要点**

（1）事故当事人中无责任方是否应承担无责赔付。
（2）交通事故中肇事者给予受害者的赔偿所包含的项目及赔付金额。
（3）机动车所有人与使用人不是同一人时，发生交通事故后的责任划分。

**相关法条**

《中华人民共和国民法通则》第一百一十九条

《中华人民共和国保险法》第六十五条

《中华人民共和国道路交通安全法》第七十六条

《中华人民共和国侵权责任法》第四十八条

《最高人民法院关于审理人身损害赔偿案件适用法律若干问题的解释》第十七条、第十九条、第二十条、第二十一条、第二十二条、第二十三条

《中华人民共和国民事诉讼法》第一百四十四条

《中华人民共和国道路交通安全法》第七十六条

《中华人民共和国侵权责任法》第十五条、第十九条

《中华人民共和国合同法》第三十九条、第四十条

**基本案情**

2017年5月11日22时50分，被告罗某驾驶川QE×××号小型客车，沿某路从G县某镇方向往另一镇方向行驶，当车行驶至某路53 km+700 m时，与路上行人赵某和行人赵廷某及停放在路边的川S8×××号摩托车，造成原告和赵廷某受伤及车辆受损的此次道路交通事故。2017年5月16日，经G县公安局交通管理大队事故认定，被告罗某承担此次事故的全部责任，原告赵廷某不付事故责任，原告受伤后在YB市矿山急救医院住院治疗53天，医药费7 457.73元，其中被告罗某垫付了6 903.73元，原告支付了554元。出院医嘱载明"休息半月"。川QE×××号小型客车系熊某所有，并在人保公司投了保险。川QE×××号摩托车系赵某驾驶，川S8×××号摩托车系原告驾驶，赵某系原告的哥哥，应由赵某承担的无责赔偿责任，其自愿放弃。

被告罗某辩称，川QE×××号小型客车系熊某所有，交通事故发生在我向熊某借用期间，对交通事故的基本事实和责任认定无异议。该车在人保公司购买了保险，故原告的损失应由人保公司赔偿。交通事故发生后，我垫付了原告的医疗费6 903.73元，现要求一并解决。由于本案我要承担诉讼费66元，同意在我垫付的钱中折抵。我不同意医疗费扣除非基本医疗费用。

被告人保公司辩称，川QE×××号小型客车在我公司投保了交强险和商业三者险，对交通事故的基本事实和责任认定无异议，交通事故发生在保险期间内，我公司按法律规定和合同约定赔偿。本次交通事故中赵某驾驶的车辆应当承担无责赔付责任。对原告的诉讼请求有异议的为①医疗费请求扣除20%的非基本医疗费用；②原告的住院时间过长，经我公司委托的YB新兴司法鉴定中心鉴定，原告的合理住院时长为50天；③误工费、住院伙食补助费、护理费标准偏高，且时间应按50天计算；④交通费过高。

**裁判结果**

四川省G县人民法院于2018年1月29日作出判决。

（1）由中国人民财产保险股份有限公司G县支公司于本判决生效之日起十日内在机动车交通事故责任强制保险限额内赔偿赵廷某12 569.3元，支付罗某垫付款6 837.73元。

（2）驳回赵廷某的其他诉讼请求。如果未按本判决指定的期间履行给付义务，依照《中华人民共和国民事诉讼法》第二百五十三条之规定，应当加倍支付迟延履行期间的债务利息。案件受理费66元，由赵廷某承担。

**裁判理由**

法院裁判认为，对双方当事人没有争议的事实，予以确认。2017年5月11日22时50分，罗某驾驶川QE××××号小型客车，沿某路从G县某镇方向往另一镇方向行驶，当车行驶至某路53 km+700 m时，与赵廷某停放于路旁的川S8××××号摩托车、赵某停放于路旁的川QE××××号摩托车及站在路边的赵某、赵廷某发生碰撞，造成赵某和赵廷某受伤及车辆受损的此次道路交通事故。2017年5月16日，经G县公安局交通管理大队事故认定，罗某承担此次事故的全部责任，赵某、赵廷某不负事故责任。赵廷某受伤后在YB市矿山急救医院住院治疗53天，医疗费6 903.73元已由罗某垫付。出院医嘱载明"休息半月……门诊随访"。2017年12月5日，赵廷某在G县中医院门诊治疗，支付了医疗费554元。

川QE××××号小型客车系熊某所有，该车在人保公司投保了交强险，保险期间为2016年12月23日至2017年12月22日，赔偿限额为122 000元。

法院认为，公民享有生命健康权，侵害公民身体造成伤害的应承担民事赔偿责任。本案中，罗某驾驶的机动车与赵某、赵廷某停放在路旁的摩托车发生交通事故造成赵某、赵廷某受伤，经交警部门事故认定，罗某承担事故的全部责任，故罗某应对赵廷某的损失承担全部赔偿责任。熊某出借车辆的行为无过错，不承担赔偿责任。赵某虽不承担事故责任，但其停放在路旁的车辆属机动车，故应在交强险无责赔偿限额内承担赔付责任。人保公司认为，应按YB新兴司法鉴定中心评估的50天计算原告的住院天数，但赵廷某的住院天数为53天，评估意见只能作参考，实际产生的住院天数更具客观公平性，故应认定赵廷某的住院天数为53天。赵廷某主张的误工费、护理费、住院伙食补助费标准符合法律规定，法院予以支持。赵廷某的出院医嘱中载明"休息半月"，故误工时间应为68天（住院53天+院外休息15天）。人保公司辩称医疗费应扣除20%的非基本医疗费用，但未提供证据证明，故其辩解理由不成立。交通费确定为200元。为此，本案的损失有①误工费6 800元（100元/天×68天）；②护理费5 300元（100元/天×53天）；③住院伙食补助费1 590天（30元/天×53天）；④医疗费7 457.73元；⑤交通费200元；合计21 347.73元。由于赵廷某自愿放弃赵某应承担的交强险无责赔偿，故赵廷某应得到19 407.03元赔偿总损失21 347.73×120 000÷（120 000+12 000）的赔偿。由于罗某垫付费用6 837.73元（垫付医疗费6 903.73元－案件受理费66元）故赵廷某实际应得到12 569.3元的赔偿。

**案例注解**

本案是一起交通事故中无责任方是否应承担无责赔付及事故中肇事者给予受害者的赔偿所包含的项目及赔付金额有争议的案件，并且涉及机动车所有人与使用人不是同一人时，发生交通事故后的责任划分问题。

## 一、对本案中无责赔付的认定

### （一）无责赔付

无责赔付是指无责任方（当事人在事故中无责、无须承担任何责任或赔偿责任）在无责的情况下，从自己所投保的交强险无责赔偿限额内强制承担保险赔偿的行为，也就是说，在交强险的赔偿范围内，只要是事故当事人之一，无责任方所在的保险公司也必须得按无责赔偿限额给财产受损者或人身受伤者承担一定的赔偿责任，将风险转移到保险公司，体现交强险强制保险的优越性，实现对受害者的保险补偿。

你方如果不负事故责任，对方因事故伤亡造成的损失，由你方保险公司在交强险无责赔付限额内（医疗费用赔偿限额为 1 000 元，死亡伤残赔偿限额为 11 000 元，财产损失赔偿限额为 100 元）承担赔偿责任，你方无须承担赔偿责任。如果你方负有事故责任，不管责任大小，你方保险公司就要在交强险赔偿限额内（医疗费用赔偿限额为 10 000 元，死亡伤残赔偿限额为 110 000 元，财产损失赔偿限额为 2 000 元）承担赔偿责任。对于超过交强险赔偿限额的损失，你方按事故责任承担相应比例的赔偿责任。

### （二）交强险无责赔付的条件

《机动车交通事故责任强制保险条款》规定，被保险机动车在交通事故中无责任时，保险公司也要承担赔偿责任，交强险无责赔偿不是无条件赔偿，应以无责方机动车辆与损害结果之间存在一定因果关系为前提，即通常所说的"碰撞"赔偿原则。无责赔付是出于人道和体现"以人为本"制定的特殊的责任连带条款行为。

从本次交通事故发生的经过以及庭审查明的事实来看，被告罗某驾驶的小型客车在撞伤原告赵廷某和赵某之后，才与停放在路边的两摩托车相撞。实际上，两摩托车与本次交通事故并无因果关系，所以两车保险公司并不应当承担无责赔付责任。

## 二、对本案诉求中赔偿项目及赔偿金额的分析

### （一）赔偿项目

在交通事故发生后，造成人身伤亡或者财产损失的，损失了多少或者由谁来承担损失，这些都是受害人最关心的问题。

对于交通事故造成人身损害的，按照《最高人民法院关于审理人身损害赔偿案件适用法律若干问题的解释》规定赔偿项目主要有医疗费、误工费、残疾赔偿金、护理费、丧葬费、交通费、住宿费、住院伙食补助费等。就本案来看，赵廷某主张的误工费、护理费、住院伙食补助费标准符合法律规定，应予以支持。

### （二）赔偿金额

（1）医疗费：医疗费根据医疗机构出具的医药费、住院费等收款凭证，结合病历和诊断证明等相关证据确定。赔偿义务人对治疗的必要性有异议的，应当承担相应的举证责任。

医疗费的赔偿数额，按照一审法庭辩论终结前实际发生的数额确定。器官功能恢复训练所必要的康复费、适当的整容费以及其他后续治疗费，赔偿权利人可以待实际发生后另行起诉。但根据医疗证明或者鉴定结论确定必然要发生的费用，可以与已经发生的医疗费一并予以赔偿。

（2）误工费：误工费根据受害人的误工时间和收入状况确定。误工时间根据受害人接受治疗的医疗机构出具的证明确定。受害人因伤残持续误工的，误工时间可以计算至定残日前一天。受害人有固定收入的，误工费按照实际减少的收入计算。受害人无固定收入的，按照最近三年的平均收入计算；受害人不能举证证明其最近三年的平均收入状况的，可以参照受诉法院所在地相同或者相近行业上一年度职工的平均工资计算。

（3）护理费：护理费根据护理人员的收入状况和护理人数、护理期限确定。护理人员有收入的，参照误工费的规定计算，护理人员没有收入或者雇佣护工的，参照当地护工从事同等级别护理的劳动报酬标准计算。护理人员原则上为一人，但医疗机构或者鉴定机构有明确意见的，可以参照确定护理人员人数。护理期限应计算至受害人恢复生活自理能力时为止。受害人因残疾不能恢复生活自理能力的，可以根据其年龄、健康状况等因素确定合理的护理期限，但最长不超过20年。受害人定残后的护理，应当根据其护理依赖程度并结合配置残疾辅助器具的情况确定护理级别。

（4）交通费：交通费根据受害人及其必要的陪护人员因就医或者转院治疗实际发生的费用计算。交通费应当以正式票据为凭；有关凭据应当与就医地点、时间、人数、次数相符合。（就诊、转诊、购费、购辅助残具、参加丧葬）。

（5）住宿费：外地就医、配置残疾辅助器具、伤残、死亡亲属参加交通事故处理、办理丧葬事宜等费用。住宿费＝国家机关一般工作人员出差住宿标准×住宿天数（40元/天）。

（6）住院伙食补助：住院伙食补助费可以根据当地国家机关一般工作人员的出差伙食补助标准予以确定。受害人确有必要到外地治疗的，因客观原因不能住院，受害人本人及其陪护人员实际发生的住宿费和伙食费，其合理部分应予赔偿。住院伙食补助费＝国家机关一般工作人员出差伙食补助费标准×住院天数（40元/天）。

（7）营养费：营养费根据受害人伤残情况参照医疗机构的意见确定。

（8）鉴定费：交通事故伤残指因道路交通事故损伤所致的人体残疾。包括精神的、生理功能的和解剖结构的异常及其导致的生活、工作和社会活动能力不同程度丧失。

伤残鉴定是在治疗终止后根据当事人康复后身体状况进行评定进行的。伤残鉴定的等级主要依据是交警指定鉴定医院的检验报告。

（9）残疾赔偿费：残疾赔偿金根据受害人丧失劳动能力程度或者伤残等级，按照受诉法院所在地上一年度城镇居民人均可支配收入或者农村居民人均纯收入标准，自定残之日起按20年计算。但60周岁以上的，年龄每增加一岁减少一年；75周岁以上的，按五年计算。受害人因伤残但实际收入没有减少，或者伤残等级较轻但造成职业妨害严重影响其劳动就业的，可以对残疾赔偿金作相应的调整。残疾赔偿金的计算标准有两种，即按照城镇居民人均可支配收入和农村居民人均收入标准。城镇户口的都按照城镇标准，而农村户口的则要考虑有没有连续一年以上在城镇工作、生活、居住，如果可以证明的，可以按照城镇标准计算。如果主张在城镇标准计算残疾赔偿金，首要的就是搜集证据，证明受害人在城镇工作、居住事实的证据。对于死亡赔偿金的计算也是如此。

（10）辅助器具：残疾辅助器具费按照普通适用器具的合理费用标准计算。伤情有特殊需求的，可以参照辅助器具配置机构的意见确定相应的合理费用标准。辅助器具的更换周期和赔偿期限参照配置机构的意见确定。

（11）丧葬费：丧葬费按照受诉法院所在地上一年度职工平均工资标准，

以六个月总额计算。

（12）生活费：被扶养人生活费根据扶养人丧失劳动能力的程度。被扶养人是指受害人依法应当承担扶养义务的未成年人或者丧失劳动能力又无其他生活来源的成年近亲属。被扶养人还有其他扶养人的，赔偿义务人只赔偿受害人依法应当承担的部分。被扶养人有数人的，年赔偿总额不超过上一年度城镇居民人均消费性支出额或者农村居民人均年生活消费支出额。人民法院适用《侵权责任法》审理民事纠纷案件，如受害人有被抚养人的，应当依据《最高人民法院关于审理人身损害赔偿案件适用法律若干问题的解释》第二十八条的规定，将被抚养人生活费计入残疾赔偿金或死亡赔偿金。因此，被抚养人生活费这部分不另外计算。

（13）死亡赔偿：死亡赔偿金按照受诉法院所在地上一年度城镇居民可支配收入或者农村居民人均纯收入标准，按20年计算。但60周岁以上的，年龄每增加一岁减少一年；75周岁以上的，按五年计算。

（14）精神损害：受害人或者死者近亲属遭受精神损害，赔偿权利人向人民法院请求赔偿精神损害抚慰金的，适用《最高人民法院关于确定民事侵权精神损害赔偿责任若干问题的解释》予以确定。精神损害抚慰金的请求权，不得让予或者继承。但赔偿义务人已经以书面方式承诺给予金钱赔偿，或者赔偿权利人已经向人民法院起诉的除外。根据《侵权责任法》第二十二条规定，侵害他人人身权益，造成严重精神损害的，被侵权人可以请求精神损害赔偿。

### 三、对本案中熊某出借车辆给罗某行为的分析

本案中熊某出借车辆给罗某，罗某发生交通事故，这类问题在现实生活中也是常见的，笔者就针对车主是否承担责任作出以下分析。

车主存在过错需要承担责任的情形：未投保交强险，法律规定所有车辆都必须投保交强险，如果车主没有投保交强险，那么出借车辆发生事故，车主需要和驾驶人在交强险范围内承担连带赔偿责任；车辆未年检或不符合安全驾驶条件（有故障），对于这类车辆，车主首先心里很清楚，如果将这类问题车辆借给亲戚朋友驾驶，那么需要承担的责任恐怕就不仅仅是交强险范围内的连带责任问题了。具体来讲，不同案情可能情况不一，如果交通事故本身发生就是因为车辆故障，车主很可能要和驾驶人承担整个事故的连带责任或按份责任（由法院划分责任）；明知驾驶人没有相应驾驶资格证而出借，车主在出借车辆前首先要查验借车人是否有驾驶证（或者有足够理由相信对方有驾驶证），如果没有尽到这个合理注意义务，承担的责任也是连带或者按份；将车辆出借给

喝酒或吸毒人员，车主必须保证出借时，借车人没有饮酒，如果明知对方饮酒或吸毒，仍然将车辆出借，那么因交通事故产生赔偿，一般情况法院会判决车主负连带责任。

　　本案中，熊某出借车辆给罗某，通过庭审出示的各种证据来看，熊某并不存在上述情况之一。因此，在本案中，虽然肇事车辆系熊某所有，但熊某并无违法行为，所以整个案件由罗某负全责，而熊某并无责任。

# 第七章 交强险无责赔付问题研究

## 以蔡某与邹某、中国人保 YB 公司机动车交通事故一案为例
### ——论交强险"无责赔付"的优与劣

**关键词：**

交强险　无责赔付　完善

**裁判要点**

（1）肇事车辆川 Q×××××号小型普通客车和贵贵 CA××××轻型普通货车已分别向人保甲公司、人保乙公司投保了交强险，故被告人保甲公司、人保乙公司应当在交强险限额内按相应的责任赔偿原告的损失。

（2）根据交警部门的认定，原告蔡某在涉案交通事故中承担全部责任，而被告邹某、李家某无责任，故本院认定原告蔡某在涉案交通事故中承担全部责任。因肇事车辆川 Q×××××号小型普通客车和贵贵 CA××××轻型普通货车已分别向人保甲公司、人保乙公司投保了交强险，故原告的损失应当由被告人保甲公司和人保乙公司在交强险限额内按照"不分责不分项"的原则分别赔偿原告 122 000 元，共计 244 000 元。因原告在涉案交通事故中承担全部责任，故原告的剩余损失由其自行承担。

**相关法条**

《中华人民共和国侵权责任法》第四十八条

《中华人民共和国道路交通安全法》第七十六条

《最高人民法院关于审理道路交通事故损害赔偿案件适用法律若干问题的解释》第十六条之规定，

**案件基本情况**

原告蔡某向本院提出诉讼请求：请求判决被告邹某、李家某赔偿原告医疗

费、后续治疗费、残疾赔偿金、住院伙食补助费、精神抚慰金、被扶养人生活费、误工费、护理费、营养费等费用共计244 000元，并判令被告人保甲公司、人保乙公司在交强险限额内优先支付；判令被告承担本案诉讼费。2016年8月10日15时0分，原告驾驶贵C×××××号普通二摩托车，沿H县境内羊坡线自高台村往坡渡镇方向行驶，行驶至羊坡××××处，在超越同向行驶由邹某驾驶的川Q×××××号小型普通客车时，与对向行驶由李家某驾驶的案外人李家某所有的贵C×××××号轻型普通货车发生碰撞后，蔡某又与川Q×××××号小型普通客车发生接触，造成蔡某受伤，摩托车和轻型普通货车两车部分受损的交通事故。经交警队认定，蔡某负事故全部责任，邹某、李家某无责任。邹某驾驶的车辆在人保甲公司投保了交强险和商业第三者责任险、不计免赔险等险种。李家某驾驶的车辆在人保乙公司投保了交强险。原告受伤后住院治疗32天，支付医疗费144306.20元。经鉴定伤残达十级标准，误工期180~300天、营养期90~180天、护理期90~180天，后续治疗费为11000元。原告之子蔡季某在原告受伤时只有5周岁。

被告人保甲公司辩称：对涉案交通事故发生和责任划分无异议。邹某所驾车辆在我司投保交强险和商业三者险，原告只主张在交强险范围内承担赔偿责任，依照原告的诉请和法律规定，我司对商业三者险不承担赔偿责任。本案由于原告负全责，依照交强险条款，只承担交强险12 200元责任，被告李家某在人保乙公司也投保了交强险，因此应由乙分公司共同承担交强险赔偿责任。但原告具体赔偿项目标准过高。

被告人保乙公司辩称：对涉案交通事故发生和责任划分无异议。李家某驾驶的肇事车辆在我司投保交强险及商业三者险，本案原告主张的诉讼请求仅要求在交强险范围内承担赔付责任。本次交通事故，我司投保车辆无责，应在交强险范围内承担无责赔付即12 200元的赔付责任，且交强险赔付应当由人保甲公司与我司共同承担。我司不是本案的实际侵权人，不应当承担本案的诉讼费。原告主张的各项费用标准过高，应当以实际发生为准，请法院核实后按法律规定标准计算。

被告邹某、李家某未到庭，未答辩，亦未举证。

**裁判结果**

被告中国人民财产保险股份有限公司甲市分公司于本判决生效后十日内在交通事故责任强制保险限额内赔付原告蔡某人民币122 000元；驳回原告蔡某的其他诉讼请求。

**裁判理由**

原告蔡某驾驶车辆与被告邹某驾驶的车辆发生碰撞后，又与被告李家某驾驶的车辆发生接触，发生交通事故致使原告受伤，原告的身体权、健康权受到了侵害，依照《侵权责任法》第十六条之规定，原告主张医疗费、残疾赔偿金、误工费、护理费、营养费、住院伙食补助费、后续治疗费、被扶养人生活费、精神抚慰金的诉讼请求，本院予以支持。依照《侵权责任法》第四十八条、《道路交通安全法》第七十六条和《最高人民法院关于审理道路交通事故损害赔偿案件适用法律若干问题的解释》第十六条之规定，因肇事车辆川Q×××××号小型普通客车和贵贵CA××××轻型普通货车已分别向人保甲公司、人保乙公司投保了交强险，故被告人保甲公司、人保乙公司应当在交强险限额内按相应的责任赔偿原告的损失。

关于责任比例划分，根据交警部门的认定，原告蔡某在涉案交通事故中承担全部责任，而被告邹某、李家某无责任，故本院认定原告蔡某在涉案交通事故中承担全部责任。因肇事车辆川Q×××××号小型普通客车和贵贵CA××××轻型普通货车已分别向人保甲公司、人保乙公司投保了交强险，故原告的损失应当由被告人保甲公司和人保乙公司在交强险限额内按照"不分责不分项"的原则分别赔偿原告122 000元，共计244 000元。因原告在涉案交通事故中承担全部责任，故原告的剩余损失由其自行承担。

**案例注解**

本案是一起较为典型的交强险无责赔付的案件。根据交警部门的认定，原告蔡某在涉案交通事故中承担全部责任，但法院却判决无过错的保险公司在交强险限额内承担赔偿责任。这一判决结果与我们的常识不同，可以视为一种"无过错"责任。由此可以引申出我们对"交强险无责赔付"这一制度的思考。

## 一、交强险设置目的

我国是首个实行机动车交通事故责任强制保险制度的国家，交强险设置的主要目的在于使事故受害人能够得到及时的救助，贯彻的是即时防范风险原则。与商业险的设置目的不同，作为法定的强制性责任险种，相关规范性文本对交强险中保险公司的赔偿责任要求也明显苛于普通的商业险种，如交通事故发生后，不论被保险人是否有过错保险公司必须承担赔偿责任，可见交强险对于保护事故受害人利益具有一定的倾斜度。《机动车交通事故责任强制保险条例》的出台，也充分体现出立法以人为本，关爱生命的人道主义精神，保险公司对于被害人的救助负有公益性救助义务，保险公司必须严格遵照法律规定，不得拒绝或者拖延承保。

## 二、交强险无责赔付概述

### （一）概念

交强险无责赔偿是指投保交强险的机动车辆如果发生交通事故，造成本车人员、被保险人以外的受害人人身伤亡及财产损失的，在不承担事故责任的情况下，需要由保险公司依法承担相应的赔偿责任。

### （二）交强险无责赔偿规定依据的法律

1987年实施的《民法通则》第一百二十三条"从事高空、高压、易燃、易爆、剧毒、放射性、高速运输工具等对周围环境有高度危险的作业造成他人损害的，应当承担民事责任；如果能够证明损害是由受害人故意造成的，不承担民事责任。"以及第一百三十一条"受害人对于损害的发生也有过错的，可以减轻侵害人的民事责任。"以上条款将高度危险作业致人损害的民事责任确立为无过错责任。机动车也是"高速运输工具"，应当适用无过错责任原则，对其在道路上作业时给他人造成的损害承担无过错民事赔偿责任。

2004年实施的《道路交通安全法》第七十六条对"机动车发生交通事故中承担的无过错责任"作出了更为详细的规定。第一款就规定机动车发生交通事故造成人身、财产损失的，依法由保险公司在交强险责任限额内给予赔偿。

2006年实施的《交强险条例》第二十三条又进一步将交强险责任限额分为死亡伤残赔偿限额、医疗费用赔偿限额、财产损失赔偿限额以及被保险人在道路交通事故中无责任的赔偿限额。2019修订的《机动车交通事故责任强制保险条例》规定，机动车交通事故责任强制保险在全国范围内实行统一的责任限额。机动车交通事故责任强制保险责任限额由国务院保险监督管理机构会同国务院公安部门、国务院卫生主管部门、国务院农业主管部门规定。

交强险实施无责赔偿的目的，一方面是为了体现以人为本的精神，不管在交通事故中，受害人是否应承担责任，都能在经济方面得到一定的补偿；另一方面还能体现公平性，兼顾投保人及社会公共利益的需求。

## 三、交强险无责赔付的源起及其质疑

汽车责任保险制度起源于英国、德国、瑞典、挪威等欧洲国家的制度实践。自此之后，世界许多国家以及我国港澳台地区通过在民法典中规定机动车第三者责任强制保险制度或以专门立法形式确立了类似的保险制度。纵观各国相关规定，美国法律规定由各州确定责任限额，英国实行过失责任制，德国实行交通事故受害者协会管理三者责任险基金，日本则实行"成本价主义"。可见，机动车强制保险制度存在十分明显的立法趋势，我国《道路交通安全法》实行机动车第三者责任强制保险也正是顺应了这一潮流。具体而言，交强险系指由保险公司对被保险机动车发生道路交通事故造成受害人（不包括本车人员和被保险人）的人身伤亡、财产损失，在责任限额内予以赔偿的强制性责任保险。因此，它本质上属于责任保险范畴，其特性在于促使被保险人转嫁责任风险，且为受害人提供保障。

交强险制度的法律基础来自 2003 年 10 月 28 日通过的《中华人民共和国道路交通安全法》（以下简称《道交法》）第十七条中关于"国家实行机动车第三者责任强制保险制度"的规定。自我国在法律上明确交强险制度之后，结合《道交法》的精神，2006 年 3 月 21 日国务院常务会议颁布了《机动车交通事故责任强制保险条例》（以下简称《强制保险条例》），通过行政法规的形成对立法上的抽象叙述进行了具体化。根据《强制保险条例》第二十一条之规定，被保险机动车发生道路交通事故造成本车人员、被保险人以外的受害人人身伤亡、财产损失的，由保险公司依法在机动车交通事故责任强制保险责任限额范围内予以赔偿。该规定可视为交强险无责赔付的具体依据。分析该条款所传递的信息，我国立法者意欲将无过错责任原则嵌入交强险制度，明确在交强险责任限额内，只要有受害人的人身或财产损害发生，保险公司都必须予以赔付，而不去考虑被保险人在交通事故中是否存在过错。

然而，尽管交强险制度的初衷在于最大限度地保障受害人，但基于此类赔偿规则，无责赔付在实践中往往发生异化，引发了许多不合理的现象。

## 四、交强险无责赔付的制度优劣

### （一）减轻了机动车驾驶员的负担

在交强险制度推行之前，仅有商业三者责任险对损害进行赔偿。根据商业险的一般条款，保险公司决定是否赔偿遵循的是过错责任原则，因而拒绝对机动车无过错情况下发生的事故损害承担赔偿责任。然而，鉴于交通事故赔偿责任同样遵循无过错责任原则，当交通事故发生在机动车与行人之间时，无论机动车驾驶员是否存在过错，都要求其必须向处于先天弱势的行人承担部分赔偿责任。在此种情况下，由于需要承担受害人的医疗费用，却又无法通过保险获得赔偿，机动车驾驶员就可能陷入困境，在实践中进而导致机动车车主、受害人、保险公司之间因赔偿责任问题进行冗长的诉讼。这些问题自交强险无责赔付制度出台之后发生了变化，此举虽然增设了交强险险种，但侧面强化了保险公司的赔偿责任，增强了机动车驾驶员的赔偿能力。

### （二）结束了商业险与交强险不分的混乱局面

出于盈利的目的，保险公司在计算商业险保费时通常以无过错责任原则为基础，从而避免承担过多的社会义务。若以无过错责任为基础的计算方式，则几乎每一起交通事故都需要赔偿，那么将会导致保险公司收支不平衡。自交强险制度推行之后，其保费的计算公式充分考虑了"无责赔付"的原则，使赔偿风险由所有交纳保险的驾驶员分摊。这种方式既确保了受害者能够获得充分的赔偿，又能使保险公司不必承担过于沉重的社会义务，最终使商业险与交强险在机动车保险险种中得以区分。

### （三）促进了社会公平

交强险无责赔付的规定促使机动车保险在目的上发生了质变，即从保障被保险人的利益转向补偿交通事故受害人的利益，使该制度成为防范交通事故责任人无力赔偿损害的有效机制，也使之成为交通事故补偿机制的重要组成部分。自该制度推行以来，交通事故受害人在通常情况下一般都能获得最基本的赔偿。

### （四）交强险无责赔付的制度缺陷

1. 责任转嫁机制的功能有限

交强险无责赔付的规定使无过错一方承担无过错责任，但由于最终责任都转嫁到保险公司身上，因而无过错方并不会真正受到损失。因此，无过错一方只是在形式上承担了责任，并没有承担实质上的责任。虽然无过错方在法律意义上无需承担责任，但为了配合有过错方获得交强险无责赔付所规定的赔偿，无过错方仍然需要耗费大量的时间和精力走完一整套保险理赔程序，不可避免地增加其相应的负担。

2. 可能诱发"碰瓷"现象

虽然交强险无责赔付制度的初衷是善意的，但无法排除潜在的违法者恶意地钻制度的空子。例如，当一方通过"碰瓷"的方式制造交通事故时，无责方基于法律规定仍然需要承担赔偿责任，除非能够证实有责方系故意为之。在实践中，由于取证的复杂性，实际上很难证明当事人究竟是否故意为之，也就不可避免地会在一定程度上助长"碰瓷"现象的发生。

### 3. 耗时耗力，增加了交易成本

交强险无责赔付的规定导致交通事故双方都被保险理赔程序所捆绑，变向消耗了大量的时间和金钱成本。虽然这笔钱最终由保险公司承担，但无责赔付程序过于繁杂，无责车主需要去保险公司申请理赔，提供理赔资料，耗时耗力。

### 4. 从结果上看并不公平

由于交强险无责赔付制度系与无过错责任相衔接，在一起双方均无过错的交通事故中，假如有一方未投保交强险，则会出现不公平的现象。具体而言，即投保的一方此时承担无过错责任，需要在交强险赔付额度内赔偿对方损害，而未投保的一方反而只需承担过错责任，无须在交强险赔付额度内赔偿对方损害。这样在一起交通事故中对待平等的当事人运用两种不同的归责原则首先存在疑问，而且在客观上造成投保交强险的一方在此情况下利益受损，而没有投保交强险的一方却钻了制度的空子，导致结果的不公平。此外，还有可能使一些司机对违规行为表现出无所谓的心态，在某种程度上甚至会放纵违规行为的出现。

## 五、现阶段继续实施交强险无责赔付的注意事项

交强险相关制度自实施以来在对受害方救济方面起到了良好的作用，但有关它的争议也一直不断。我国现行的交强险运营模式还是存在一定问题的，应该进行相应的制度改革：由政府主导建立交强险的商业运营模式，理顺相关主体的权利、义务和责任。

在新的运营体系尚未确立之前，不妨按照交强险无责赔付限额（上限为12 100元）进行补偿或救济。此项系保险公司承担的社会保障职能属公益性质，而非保险理赔责任。

无过错一方承担赔偿责任欠缺法律依据以及相应的法理基础，在实践中更面临诸多矛盾和困难。交强险虽然是一种公益性的保险，但是其在实施过程中也要注重公平正义以及带来的社会影响。所以，权衡利弊，在运营体制健全的情况下建议采用过错责任，以避免现行法律归责体系出现混乱，最终达到维护法律公平、正义的目的。

## 六、总结

被侵权人的合法权益固然值得加大法律力度进行保护，然而，法律不只是

保护弱者的工具，更是平衡社会关系、缓和社会矛盾、维护公平正义的武器，不能因为个案破坏其公平正义的原则。因此，交强险只能在一定程度上保障被保险人及被侵权人的合法权益，而不能通过交强险使保险公司成为道路交通事故侵权行为的买单人。这样有违公平正义原则，与法的精神背道而驰。因此，权衡利弊，我国要建立健全具体的赔付体系，严格按照有责赔付以及无责赔付的限额进行区别对待，并进一步改革交强险的运营模式。

## 王某诉钟某、林某某及中国人民财产保险股份有限公司 YB 市分公司机动车交通事故责任纠纷案

——交通事故责任纠纷案中保险公司是否承担无责赔付责任以及残疾赔偿金的适用

**关键词**

交强险　　无责赔付　　伤残赔偿金

**裁判要点**

（1）伤残赔偿金的计算标准，残疾赔偿金根据受害人丧失劳动能力程度或者伤残等级，按照受诉法院所在地上一年度城镇居民人均可支配收入或者农村居民人均纯收入标准，自定残之日起按 20 年计算。被害人年满 60 周岁以上的，年龄每增加一岁减少一年，75 周岁以上的，按 5 年计算。该解释同时规定，赔偿权利人证明其住所地或常住地的人均收入高于受诉法院所在地标准的，可以按照赔偿权利人住所地或常住地的人均收入标准计算残疾赔偿金。

（2）无责赔付，被保险机动车在交通事故中无责任时，保险公司也要承担赔偿责任，这就是所谓的交强险无责赔付。交强险无责赔付不是无条件赔偿，应以无责方机动车辆与损害结果之间存在一定因果关系为前提，即通常而言的"碰撞"赔偿原则。

**相关法条**

《中华人民共和国侵权责任法》第六条第一款、第十六条、第二十二条、第四十八条

# 第七章　交强险无责赔付问题研究

《中华人民共和国道路交通安全法》第七十六条第一款

《最高人民法院关于审理人身损害赔偿案件适用法律若干问题的解释》第二十五条

《机动车交通事故责任强制保险条款》

**基本案情**

原告王某诉称，2017 年 4 月 30 日，被告钟某驾驶川 QK×××× 号轻型自卸货车途经江红路 Q25 县道 13 km+150m 处时与王某富驾驶的贵 BP×××× 号小型普通客车发生尾部碰撞后失控，车头往其左侧冲出与雷某军驾驶（乘车人王某）的川 AO×××× 号轻型普通货车发生碰撞，造成一起三车部分受损，王某受伤，雷某军当场死亡的交通事故。此次事故经交警部门进行事故责任认定，确定由被告钟某承担此次事故全部责任，其余人员无责任。川 QK×××× 号轻型自卸货车在被告中国人民财产保险公司 YB 分公司处投保有交强险、商业三者险，事故发生在保险期间，现原告为维护其合法权益诉至人民法院，并提出如下诉讼请求：第一，判令各被告赔偿原告因近亲属死亡造成的经济损失共计 68 030 元，其中，①残疾赔偿金 56 670 元；②精神抚慰 3 000 元；③护理费 2 400 元；④住院伙食补助费 480 元；⑤营养费 480 元；⑥续医费 15 000 元；⑦交通费 500 元；⑧鉴定费 1 000 元，合计 79 530 元，扣除各被告已付 11 500 元，还应赔偿原告 68 030 元。第二，诉讼费由被告承担。

被告钟某辩称，①本人具有合法驾驶运营资质，是川 QK×××× 轻型自卸货车的车主，该车系从林某元处购买来的。②对事故发生及责任划分无异议。③事故车辆投保有交强险、商业三者险，保险责任限额内的损失应由被告中国人民财产保险公司 YB 分公司承担。④事故发生后，被告本人垫付了赔偿款 34 923.59 元，自愿给付原告补课费 2 000 元，品迭后剩余垫付款 32 923.59 元请求在本案中处理。

被告人民财险 YB 分公司辩称，①川 QK×××× 号轻型自卸货车在我司投保有交强险、商业三者险并投不计免赔险 1 000 000 元。即使我司承担赔偿责任，也应先由贵 BP×××× 号小型普通客车的交强险承保公司先行承担无责赔付责任。②医疗费应扣除 20% 的非基本医疗用药。原告主张的续医费过高，我司仅认可 8 000 元或待其实际发生后由原告另案主张。诉讼费、鉴定费我司不承担。③交强险伤残项责任限额 110 000 元已用于雷某军的死亡赔付，交强险责任限额内仅余 10 000 元医疗费可用于本案赔付。事故发生后，我司已垫付10 000元医疗费，请求在本案中一并处理。

法院经审理认定事实如下：当事人围绕诉讼请求依法提交了证据，本院组织当事人进行了证据质证。各方当事人对下列事实无异议，本院予以确认：其一，事故的发生及责任划分。其二，川QK×××号轻型自卸货车在被告中国人民财产保险股份有限公司YB市分公司投保交强险、商业三者险并投不计免赔险1 000 000元。交强险伤残项责任限额已用于雷某军的赔付，交强险责任限额内仅余10 000元医疗费可用于本案赔付。其三，原告受伤后共计住院24天，共产生医疗费28 423.59元。原告在西南医科大学附属中医医院的出院医嘱注明"①加强营养……；③根据骨折愈合情况决定何时取内固定，取内固定手术费约需15 000元"。出院后，原告自行委托鉴定，其伤情构成十级伤残。审理中，被告人民财险YB分公司申请对伤残等级进行重新鉴定，本院依法予以准许重新鉴定后，其鉴定意见仍为十级伤残。重新鉴定的鉴定费已由被告人民财险YB分公司支付。其四，事故发生后，被告钟某垫付赔偿款34 923.59元，审理中其表示自愿给付原告补课费2 000元。原告同意其扣迭后的余款32 923.59元在本案中一并处理。其五，被告已将川QK×××号轻型自卸货车转让给被告钟某，被告钟某系该车的实际车主。

**裁判结果**

四川省YB市JA县人民法院于2017年10月26日作出判决。

一、被告中国人民财产保险股份有限公司YB市分公司于本判决生效后十五日内，在川QK×××号轻型自卸货车的第三者责任强制保险责任限额内赔偿原告王某因交通事故造成的经济损失10 000元（已支付）；

二、被告中国人民财产保险股份有限公司YB市分公司于本判决生效后十五日内，在川QK×××号轻型自卸货车第三者责任商业保险责任限额内赔偿原告王某因交通事故造成的经济损失64 350元，支付被告钟某垫付款32 923.59元。

三、驳回原告王某本案其他诉讼请求。

**裁判理由**

法院生效裁判认为，本案的争议焦点有两个：一是贵BP×××号小型普通客车是否应承担无责赔付责任的问题。二是案中的赔偿金额计算标准及具体赔付责任的划分。

关于第一个争议焦点，无责赔付金虽名为"无责"，但并不是无条件赔偿。

## 第七章　交强险无责赔付问题研究

交强险无责赔偿是以损害结果与无责车辆存在一定因果关系为前提。无责车辆应视为一个整体，相对于有责车辆而言的，无责车辆间不存在相互赔偿的问题。故法院对被告人民财险 YB 分公司的抗辩理由不予采纳。

关于第二个争议焦点，依照《中华人民共和国侵权责任法》第十六条"侵害他人造成人身损害的，应当赔偿医疗费、护理费、交通费等为治疗和康复支出的合理费用，以及因误工减少的收入。造成残疾的，还应当赔偿残疾生活辅助具费和残疾赔偿金。造成死亡的，还应当赔偿丧葬费和死亡赔偿金。"《中华人民共和国侵权责任法》第二十二条"侵害他人人身权益，造成他人严重精神损害的，被侵权人可以请求精神损害赔偿。"之规定，法院对原告请求的各项经济损失作如下核定：①关于残疾赔偿金 56 670 元，符合规定，予以支持。②关于精神抚慰金 3 000 元，符合规定，予以支持。③关于护理费 2 400 元，法院调整为 1 920 元（24 天 ×80 元 / 天）。④关于住院伙食补助费 480 元，符合规定，予以支持。⑤关于营养费 480 元，符合规定，予以支持。⑥关于续医费 15 000 元，有病历记载为据，为减少当事人诉累，予以支持。⑦关于交通费 500 元，酌情调整为 300 元。⑧关于鉴定费 1 000 元，被告中国人民财产保险股份有限公司 YB 分公虽持异议，但鉴定乃确定原告合理损失必然产生的费用，对其抗辩理由不予采纳。本院据鉴定费发票核定为 1 000 元。综上所述，原告因交通事故造成的合理经济损失共计 107 273.59 元。依照《中华人民共和国侵权责任法》第四十八条"机动车发生交通事故造成损害的，依照道路交通安全法的有关规定承担赔偿责任。"《中华人民共和国道路交通安全法》第七十六条第一款"机动车发生交通事故造成人身伤亡、财产损失的，由保险公司在机动车第三者责任强制保险责任限额范围内予以赔偿；不足的部分，按照下列规定承担赔偿责任：①机动车之间发生交通事故的，由有过错的一方承担责任；双方都有过错的；按照各自过错的比例分担责任。②机动车与非机动车驾驶人、行人之间发生交通事故的，由机动车一方承担责任；但是，有证据证明非机动车驾驶人、行人违反道路交通安全法律、法规，机动车驾驶人已经采取必要处置措施的，减轻机动车一方的责任。交通事故的损失是由非机动车驾驶人、行人故意造成的，机动车一方不承担责任。"的规定，原告的合理经济损失应由被告人民财险 YB 分公司在交强险责任限额内赔偿医疗项损失 10 000 元；其余损失 97 273.59 元（107 273.59 元－10 000 元）在商业三者险内赔偿。审理中，被告钟某、人民财险 YB 分公司请求将其垫付的费用在本案中处理，为减少诉累，予以准许。品迭后，由被告人民财险 YB 分公司在交强险责任限额内赔偿原告 10 000 元（已支付）；在商业三者险责任限额内赔偿原告 64 350 元

（97 273.59元－32 923.59元），支付被告钟某垫付款32 923.59元（34 923.59元－2 000元）。

**案例注解**

本案案情看似简单，但却涉及多处法律实践中的争议问题，也是现实生活中比较容易接触与发生的真实现状。所以，笔者在此对这起案例进行深入解读也具有重大意义。在案中，被侵权人王某系一名9岁未成年人，其受伤是由于在乘车过程中因为遭遇钟某在驾驶中与王某富的车祸而引起的另一起车祸事件导致的，而钟某在这场车祸中负全部责任。案中中国人民财产保险公司YB分公司提出王某富所投保的保险公司应赔付部分无责赔付。但是无责赔付的具体产生条件是需要从多个角度进行考虑的。另外，本案中的赔偿数额也是值得研究与思考的。

### 一、本案中的各类赔偿金计算是否合理

（1）我国《最高人民法院关于审理人身损害赔偿案件适用法律若干问题的解释》第十七条规定：受害人遭受人身损害，因就医治疗支出的各项费用以及因误工减少的收入，包括医疗费、误工费、护理费、交通费、住宿费、住院伙食补助费、必要的营养费，赔偿义务人应当予以赔偿。受害人因伤致残的，其因增加生活上需要所支出的必要费用以及因丧失劳动能力导致的收入损失，包括残疾赔偿金、残疾辅助器具费、被扶养人生活费，以及因康复护理、继续治疗实际发生的必要的康复费、护理费、后续治疗费，赔偿义务人也应当予以赔偿。

所以，本案中，原告王某提出，住院伙食补助费480元，营养费480元，续医费15 000元，要求被告给付是符合法律规定的，应当得以支持。原告王某提出的护理费用2 400元计算有误，因为原告住院时间只有24天，按照法律规定标准，应调整为24×80=1 920元，法院酌情将交通费从500元调整为300元，并无不当，所以王某的以上诉请符合法律规定，以上损失应当得到赔偿。

（2）《中华人民共和国保险法》第四十九条规定："保险人、被保险人为查明和确定保险事故的性质、原因和保险标的的损失程度所支付的必要的、合理的费用，由保险人承担。"

本案中，原告王某的伤残等级鉴定举证责任在侵权人，所以王某有权要求被告赔偿为确定自身损失所支出的必要鉴定费用。

（3）我国《最高人民法院关于审理人身损害赔偿案件适用法律若干问题的

解释》第二十五条规定：残疾赔偿金根据受害人丧失劳动能力程度或者伤残等级，按照受诉法院所在地上一年度城镇居民人均可支配收入或者农村居民人均纯收入标准，自定残之日起按 20 年计算。被害人年满 60 周岁以上的，年龄每增加一岁减少 1 年，75 周岁以上的，按 5 年计算。该《解释》同时规定，赔偿权利人证明其住所地或常住地的人均收入高于受诉法院所在地标准的，可以按照赔偿权利人住所地或常住地的人均收入标准计算残疾赔偿金。

①本案中，受害人王某虽然是农村户籍，但是现居住于 JA 县城镇之中，而且王某年仅 9 岁，其未来的生活学习，按照常理逻辑推算也应仍然在城镇之中。因此，王某的伤残赔偿应当按照 JA 县城镇居民最低收入水平来进行计算。王某年仅 9 岁，所以其伤残赔偿金应以 20 年作为计算年限。

②本案中，王某在经过两次权威的司法鉴定之后，鉴定结果都是十级伤残，因其伤残系数为 10%。按照残疾赔偿金 = 受诉法院所在地上一年度城镇居民人均可支配收入（农村居民人均纯收入）标准 × 伤残系数 × 赔偿年限可以计算出，王某的残疾赔偿金 =28 335 元 / 年 × 10% × 20 年 =56 670 元。

（4）我国《关于审理人身损害赔偿案件适用法律若干问题的解释》第十八条规定：受害人或者死者近亲属遭受精神损害，赔偿权利人向人民法院请求赔偿精神损害抚慰金的，适用《最高人民法院关于确定民事侵权精神损害赔偿责任若干问题的解释》予以确定。

《最高人民法院关于确定民事侵权精神损害赔偿责任若干问题的解释》第九条规定"精神损害抚慰金包括以下方式：①致人残疾的，为残疾赔偿金；②致人死亡的，为死亡赔偿金；③其他损害情形的精神抚慰金。"

这两条法律规定看似矛盾，但实际上性质却不同。前者是指受害人因伤致残后所应获得的物质损害赔偿，受害人因残疾而导致其收入的降低，是直接的物质损失，侵害人或其他赔偿义务人应当赔偿此物质损失。后者则是指精神受到损害之后所应获得的精神损害赔偿，受害人致残同时又遭受精神损害的，还应当获得相应的精神赔偿，这种精神损害抚慰金是一种抚慰受害人心理创伤的方式。根据最高人民法院《人身损害赔偿解释》的有关规定，对这两者同时支持并不矛盾和重复，并不具有排斥性。

在本案中，受害人王某为一名年仅 9 岁的女学生，在其漫长的人生路途刚开始的时候，就遭遇不幸，不仅身体受到伤害和病痛，还留下了永久的残疾。不仅如此，在事故发生之时，她还目睹了自己所乘车辆司机雷某军当场死亡，对她的身心造成了巨大的影响。因此，王某除了有权要求被告赔偿她因身体上遭受创伤所造成的损失，也有权利要求被告赔偿她心灵及精神上所留下的阴影而造成的损失。

所以，本案中法院最终对被害人王某的所有赔偿金额判决是合理且符合法律规定的。

## 二、从不同的类似案例分析是否适用"无责赔付"

在交通事故发生之后，侵权方保险公司无权要求未直接碰撞被侵权人的一方所投保的保险公司无责赔付，在法律实践中，许多其他案件也是以这一理由进行裁判的。例如：

2015年9月1日17时40分，唐某驾驶车牌号为渝CE×××小型普通客车，行驶至体育路电力新村车库旁时，与行人文某（女，7岁）刮撞，致文某受伤的交通事故。2015年10月20日，重庆市TN区公安局交通巡逻警察大队作出第5002230201502103号道路交通事故认定书，认定唐某承担本次事故全部责任，文某无责任。随后，文某共计住院47天，共计产生医疗费44 970.83元。审理中，被告平安财险TN支公司向本院举示了一份重庆市TN区公安局交通巡逻警察大队作出的第5002235201502503号道路交通事故责任认定书，该认定书载明："2015年9月1日17时40分，唐某驾驶车牌号为渝CE×××的小型客车，行驶至体育路电力新村车库旁时，与行人文某（女，7岁）刮撞，致文某受伤的交通事故后，唐某下车察看情况，因未拉驻车制动，车辆发生后溜，分别与停驶的车牌号为渝CY×××小型客车、渝C1×××小型客车、川JR×××轻型货车发生擦刮，致四车受损的交通事故。……当事人唐某负全部责任；当事人谢某全无责任；当事人王某无责任；当事人范某无责任。"被告平安财险TN支公司认为，该起交通事故应为四车事故，应当追加另外三辆无责机动车的车主和投保的保险公司为被告，并由这三家保险公司在交强险无责任赔偿限额内承担赔偿责任，被告唐某、陈某、原告文某对此不予认可。

最终法院作出判决：被告中国平安财产保险股份有限公司TN支公司在本判决发生法律效力之日起十五日内赔偿原告文某因本次交通事故产生的各项损失共计76 401.35元（其中40 793.75元直接向被告唐某、陈某给付，另外35 607.6元直接向原告文某支付）。

法院认为，《机动车交通事故责任强制保险条款》规定，被保险机动车在交通事故中无责任时，保险公司也要承担赔偿责任，这就是所谓的交强险无责赔偿。交强险无责赔偿不是无条件赔偿，应以无责方机动车辆与损害结果之间存在一定因果关系为前提，即通常而言的"碰撞"赔偿原则。从本次交通事故发生的经过来看，虽然受害人与无责的事故车辆发生在同一起交通事故内，但行人文某与停驶在路边的三辆车并未发生任何接触，其受伤也与三辆车无任何关系，故承保交强险的乙、丙、丁公司不应承担交强险无责赔偿责任，故甲保险公司的辩解意见不应得到支持。

由此，笔者认为，无责赔付并不是适用于任何交通事故中的第三方所投保的保险公司，无责赔付的发生效力必须以第三方与被侵权人的侵权事实存在着直接的关系，也就是存在车辆的直接"碰撞"。

### 三、对无责赔付的研究

《机动车交通事故责任强制保险条例》第二十一条规定，被保险机动车发生道路交通事故造成本车人员、被保险人以外的受害人人身伤亡、财产损失的，由保险公司依法在机动车交通事故责任强制保险责任限额范围内予以赔偿。无责赔付就是指无责任方（当事人在事故中无责、无须承担任何责任或赔偿责任）在无责的情况下从自己所投保的交强险无责赔偿限额内强制承担保险赔偿的行为，也就是说，在交强险的赔偿范围内，只要是事故当事人之一，无责任方所在的保险公司也必须得按无责赔付限额给财产受损者或人身受伤者承担一定的赔偿责任，将风险转移到保险公司，体现交强险强制保险的优越性。

#### （一）无责赔付的适用条件分析

无责赔付的适用条件为无责机动车与损害结果存在因果关系。即无论是人身伤害，还是财产损失，无责方机动车均应与受害人所乘坐车辆或财产损失车辆发生碰撞或接触，对受害人的人身伤害或者财物损毁实际产生了作用力。因此，无责赔付是以损害结果与无责车辆存在一定因果关系为前提的赔偿。在本案中，虽然系钟某驾驶车辆与王某富的车辆碰撞导致钟某车辆车头冲出又与雷某军所驾驶车辆相撞而导致雷某军车内的被侵权人王某受伤，但是王某富的车辆并未与雷某军的车辆产生直接的接触或碰撞。所以，这个案件中王某富不适用无责赔付，被告中国人民财产保险公司 YB 分公司也无权要求王某富所投保的保险公司提供无责赔付。

#### （二）无责赔付的赔偿标准

根据《机动车交通事故责任强制保险条例》规定，从 2008 年 8 开始，所有的新车和保险到期的车辆续保必须购买车辆机动车交通事故责任强制保险，在规定中不仅对机动车交通事故责任赔偿做出了规定，还对无责任方做出了相应的赔偿规定,具体如下。

机动车在道路交通事故中有责任的赔偿限额:

死亡伤残赔偿限额:110 000元人民币;

医疗费用赔偿限额:10 000元人民币;

财产损失赔偿限额:2 000元人民币;

机动车在道路交通事故中无责任的赔偿限额:

死亡伤残赔偿限额:11 000元人民币;

医疗费用赔偿限额:1 000元人民币;

财产损失赔偿限额:100元人民币。

可以将以上条文具体解析为,如果在一场交通事故中,甲方如果不负事故责任,乙方因事故伤亡造成的损失,由甲方保险公司在交强险无责赔付限额内(医疗费用赔偿限额为1 000元,死亡伤残赔偿限额为11 000元,财产损失赔偿限额为100元)承担赔偿责任,甲方无须承担赔偿责任。如果甲方负有事故责任,不管责任大小,甲方保险公司就要在交强险赔偿限额内(医疗费用赔偿限额为10 000元,死亡伤残赔偿限额为110 000元,财产损失赔偿限额为2 000元)承担赔偿责任。对于超过交强险赔偿限额的损失,甲方按事故责任承担相应比例的赔偿责任。

### (三)无责赔付的利与弊

无责赔付作为交强险的强制规定之一,有着其独特的社会价值。

(1)保险公司在交强险无责赔付的范围内承担一定的赔偿责任,有利于实际受害方的权利得到救济、权益得到保障以及损失的弥补。经济负担得到缓解的同时也安抚了交通事故的双方当事人。

(2)体现了交强险的宗旨。结合我国的实际国情,我国大部分公民的赔付能力有限,在遇到事故之时,受害者往往只是拥有形式上的一种救济权利,而由于侵权人的投保公司赔偿范围以及侵权人赔付能力有限,使被害人的经济损失难以得到弥补。这时,无责赔付的规定也就显得十分必要,将被害人的经济损失部分转嫁到具有赔偿能力保险公司,让保险公司来承担这一社会责任,无责赔付也正是交强险立法宗旨的最好体现。

(3)体现了民法中的公平原则以及我国法律以人为本的基本思想。受害人在事故中无论有无责任都能得到实际救济,使伤有所养,病有所医,残有所赔,逝者得以安息,生者得以抚慰。

无责赔付作为一种强制性规定,实施过程中必然也会产生一些问题。

## 第七章　交强险无责赔付问题研究

（1）无责赔付在法律条文中的定义并不清楚，在法律实践中问题也更为突出，现在绝大多数交通事故案件中，被告方投保的保险公司都会提出无责赔付，虽然有赔偿额度的限制，但是一些法院的判决并未加以考虑。无责赔付本身就存在争议，而不按照额度进行判决使无责赔付的争议更为剧烈。

（2）按照法理学的理解，无责赔付就是让无责任的一方来为有责任的一方分担部分赔偿金额，这本身是具有社会价值的，有利于维护社会稳定和谐。但是在法律实践中却变了味儿，出现一些有责方将无责方诉讼至法庭，要求无责方无责赔付的"违反常规"的现象。而在那些遵守交通纪律的守法公民看来，这样无疑是对违法者的一种纵容，对于自己所投保的公司并不公正，这一规定并不符合法律逻辑和公平正义原则。

（3）由于保险公司不仅要对无责任一方进行赔付，可能还需要对有责任一方也进行赔付，这也导致保险公司的支出巨大。而交强险是国家法律强制规定的，属于不盈利也不亏损的一类保险，保险公司对于无责赔付的支出会导致其交强险这一整个业务的亏损，保险公司为了减少亏损，也只有提高交强险的基础费用，这也间接地使广大遵守法律法规的公民损失了自身利益。

（4）交强险中赔偿责任的部分转移，使交通肇事者不能得到应有的惩罚，也间接地降低了法律的威慑力，可能增加道路交通事故的发生频率。交强险的目的不仅是维护受害者的权益，更是为了促进社会和谐发展，无责赔付的不完善似乎与这一目的产生了冲突。

# 第八章　宠物犬损害赔偿责任划分赔偿数额计算

## 李某某诉黎某、中国人民财产保险股份有限公司YB市分公司机动车交通事故责任纠纷案

——宠物犬损害赔偿责任认定

**关键词**

交通事故　宠物车祸损害　商业第三者责任保险　交强险

**裁判要点**

（1）《中华人民共和国道路交通安全法》第一百一十九条第五项规定：交通事故，是指车辆在道路上因过错或者意外造成的人身伤亡或者财产损失的事件。故本案的案由定为机动车交通事故责任纠纷符合法律规定。

（2）本案为特殊的交通事故案件，被保险车辆撞到宠物狗，从各地事故认定实践来看，此类案件无法做出事故认定书，只能做出事故认定证明书，因此对于责任的划分，只能根据事故发生时双方（犬只主人与驾车人）的过错程度来判定赔偿责任。原告李某某在庭审中陈述其所饲养的宠物狗出小区时未拴绳或链，未牵引该宠物狗即未尽到管理义务，存在过错；被告黎某虽在事故发生时不存在违章、违法驾驶的情况，但在民警到现场后去查看受伤狗伤势时开车离开，未告知民警事发经过，导致民警部门无法查明事故成因，亦有过错，故原告李某某与被告黎某在本次交通事故中均有过错，各承担50%的责任。

**相关法条**

《中华人民共和国道路交通安全法》第二条、第七十六条

《中华人民共和国侵权责任法》第六条、第七条、第十九条、第四十八条

《最高人民法院关于审理道路交通事故损害赔偿案件适用法律若干问题的

解释》第十六条

**基本案情**

原告李某某诉称，2017年1月1日，被告黎某驾驶川QG××××号小型汽车在YB县某镇城北新区金江丽城小区门口人行道上，撞伤李某某于2016年11月30日在何某处以人民币2 200元的价格购得的一只泰迪犬，该犬后经治疗无效，于2017年2月5日死亡，期间原告共支付医疗费1 850元，交通费300元。为此，被告黎某驾车将宠物撞伤后逃逸造成原告李某某饲养的宠物狗死亡，应依法承担民事赔偿责任，赔偿购犬款、医疗费、交通费共计4 350元。

被告黎某未做答辩。

被告中国人民财产保险股份有限公司YB市分公司辩称：①《道路交通安全法》第二条"中华人民共和国境内的车辆驾驶人、行人、乘车人以及与道路交通活动有关的单位和个人，都应当遵守本法"，由此可见，道路交通的参与主体是车辆驾驶人、乘车人及行人；再结合《道路交通安全法》第七十六条规定可知，关于责任的划分，也只限于机动车之间或机动车与非机动车、行人之间。因此，车辆撞到动物，没有任何法律依据来进行责任划分，因为动物并不是道路交通的参与主体，不属于《道路交通安全法》的规范范畴。因此，本案不属于交通事故，而属于财产损害赔偿纠纷，保险公司不应作为本案的赔偿义务人。②根据《四川省犬类限养区犬只管理规定（试行）》第六条"限养区实行养犬许可证制度，未经当地公安机关批准，任何单位与个人不得养犬"，《四川省预防控制狂犬病条例》第七条"饲养犬只，犬主必须带犬到当地畜禽防疫机构进行犬只登记、免疫，领取和拴挂犬只免疫标志，并按规定带其到当地畜禽防疫机构进行定期检测"，所以饲养犬只必须取得公安机关的许可，并要在畜禽防疫机构进行犬只登记、免疫，因此原告需要提供公安机关的许可证明和畜禽防疫登记、免疫证明来证实原告就是被撞犬只的主人，如果不能提供，则本案原告并无资格请求赔偿，不能支持其诉讼请求。③本次事故发生时间为2017年1月1日，原告自述犬只死亡时间是2017年2月5日，但从原告提供的收款收据及处方签显示，在事故当天原告并没有对该犬只进行治疗，最早一张收据显示的时间为2017年1月2日，本案的基本事实是2017年1月1日，黎某驾车撞到一只犬，但此犬当时是否受伤以及受伤程度没有证据显示，当天也没有宠物医院的治疗记录。因此，对2017年1月2日及其以后对该犬只进行治疗直至该犬只死亡，是否是因本次交通事故所致没有证据证明，依据"谁主张，谁举证"的规则，如原告不能举出证明该犬只死亡就是本次事故所致的因果关系证据,则应承担举证不能的法律后果,原告主张的损失不能得到支持。④交警部门不能对本案所涉及的交通事故作出事故责任认定的原因是动物不属于交通事故参与主体,没有任何依据可以做出责任划分,不是因为事故成因无法查明,因此,对本案赔偿责任的划分只能根据动物主人(原告)与驾车人(黎某)是否存在过错以及双方过错程度来判定。从现有证据来看,没有任何证据显示事发时黎某存在违法、违章驾驶的情况,因此,黎某属于正常的驾驶状态下撞到的动物,黎某并不存在任何过错;相反,饲养犬只有诸多限制性的规定,如《四川省犬类限养区犬只管理规定(试行)》第二条、第六条、第八条、第二十六条、《四川省预防控制狂犬病条例》第九条、第十八条,根据上述规定,养犬,必须进行许可、登记,否则为非法饲养。暂且不论原告养犬的行为合不合法,但原告身为犬只主人,在携犬外出时,必须用绳、链对犬采取牵引或用笼具装载,尽到必要的保护义务,但正因为原告没有采取任何措施对犬只进行管理,才致使该犬在驾驶人不防备的状态下突然横穿马路,不仅致犬受伤,还影响了正常的交通秩序,而且根据上述规定,未经批准饲养犬只、未按规定拴养或圈养犬只、非法带犬进入公共场所,公安机关还可以组织捕杀并对责任人进行罚款。因此,本案中公安机关没有追究原告的违法行为都算网开一面了,退一步说,根据法律规定,如果司机为躲避一条突然横穿挡路的狗而将路边的车辆撞坏,狗的主人还要承担赔偿责任。所以,从有无过错及过错程度来讲,本案原告对事故发生存在更大过错,该承担全部责任,黎某没有责任,原告的损失应由其自行承担。⑤宠物交易价格本身具有很大的随意性,它不像商场摆放的商品是明码标价出售。根据生活常识,同样一只宠物狗,不同的人购买价格可能差距很大,因此原告购买的价格并不能反映该犬只的客观价值,不能作为其主张损失的客观依据。《侵权责任法》第十九条规定"侵害他人财产的,财产损失按照损失发生时的市场价格或者其他方式计算"。同时,该死亡犬是何品种的犬并没有证据证实,客观上也无法进行鉴定,因此对原告请求的损失应按照当时同类宠物狗的市场价格进行认定。综上,本案涉及诸多法律争议问题,且本案的原告主体资格和因果关系本身存在重大问题,同时对赔偿责任的划分原告未提供证据证明被告黎某存在过错,对原告请求的损失应由原告自行承担。

法院经审理查明:黎某系川QG×××号车(车辆识别代号LVSHFFML7GS×××80,发动机号FJ533026)所有人,于2012年4月10日取得准驾车型B2驾驶证。2016年1月24日,黎某为川QG×××号车(车辆识别代号LVSHFFML7GS×××80,发动机号FJ533026)在中国人民财产

## 第八章　宠物犬损害赔偿责任划分赔偿数额计算

保险股份有限公司YB市分公司投保了机动车交强险、第三者责任险（责任限额50万元）及不计免赔，保险期间均为自2016年1月24日24时至2017年1月24日24时止，李某某于2016年11月30日以2 200元的价格向何某购买了一条泰迪贵宾犬。2017年1月1日中午，李某某在其居住的YB县某镇城北新区金江丽城小区楼下遛狗时到对面超市购物，其所饲养的宠物狗跟着李某某出了小区，宠物狗出小区时未拴链、绳；黎某驾驶的川QG××××号车在YB县某镇城北新区路段（金江丽城小区门口）轧伤李某某饲养的宠物狗。当日14时10分，李某某向YB县公安局新城派出所报警称："我养的狗被轧伤了，轧我狗的车子跑了，我来报案"，YB县公安局新城派出所在"接（报）处警登记表"的处警情况栏内记载"经了解，李某某于今天下午13时左右，在金江丽城小区门口遛狗，这时被一辆车牌为川QG××××的小车轧伤，车主在我去看狗的伤势的同时，对方就开走了"，处警人员意见栏内记载"登记备查"。李某某送其所饲养的宠物狗去治疗，2017年1月30日，李某某所饲养的宠物狗在YB市北城人民广场的YB市某区康贝尔动物医院治疗，用去治疗费200元。2017年3月16日，YB县公安局新城派出所出具"经过说明"载明"我所于2017年1月1日14时10分接到李某某报警，称其自养的狗在金江丽城小区门口被一台川QG××××号的小车轧伤，民警在现场后车主离开现场，后查清该车车主是集体五队黎某，手机号是1818****932，当事人李某某要求调解，派出所民警张方才与黎某电话联系，黎某同意调解，后因双方赔偿金额未达成协议，故未达成调解。"2017年5月4日，YB县公安局交通管理大队出具Y公交证字2017第03号"道路交通事故证明"，该证明载明交通事故时间"2017年1月1日14时10分"、交通事故地点"YB县某镇城北新区路段（金江丽城小区门口）"、当事人基本情况，同时还载明了交通事故事实"2017年1月1日14时10分，黎某驾驶车牌号为川QG××××小型轿车在YB县某镇城北新区路段（金江丽城小区门口）将李某某饲养的宠物狗轧伤，该宠物狗经治疗后于2017年2月5日死亡的交通事故，经调查取证，查明交通事故事实存在，但交通事故成因无法查明，根据《交通道路事故处理程序规定》第50条之规定，依法作出道路交通事故证明"。

**裁判结果**

四川省YB县法院于2017年9月6日作出一审判决：①被告中国人民财产保险股份有限公司YB市分公司在交强险范围内赔偿原告李某某损失2 000元，限于判决生效之日起十日内付清；②被告中国人民财产保险股份有限公司

YB市分公司在第三者责任险范围内赔偿原告李某某损失240元，限于判决生效之日起十日内付清；③驳回原告李某的其余诉讼请求；④案件受理费50元，减半收取计25元，由被告黎某负担。原被告对裁判结果均无异议，未提出上诉请求。

**裁判理由**

YB县人民法院认为本案的案由定为机动车交通事故责任纠纷符合法律规定。被告黎某驾驶川QG××××号小型轿车在YB县某镇城北新区路段（金江丽城小区门口）轧伤原告李某某饲养的宠物狗，有YB县公安局新城派出所的"接（报）处警登记表"与"经过说明"、YB县公安局交通管理大队出具的Y公交证字[2017]第03号"道路交通事故证明"证实，足以认定。虽然原告李某某饲养宠物狗未经行政许可，违反行政法规的规定，应当由行政机关对其违法行为进行处罚，但其民事权利应当得到保护。原告李某某所举的YB县公安局新城派出所接（报）处警登记表、经过说明，均记载被告黎某是警察到了以后离开，事后也同意调解，故被告黎某在本案交通事故中不属于逃逸，原告李某某在庭审中陈述其所饲养的宠物狗出小区时未拴绳或链，未牵引该宠物狗即未尽到管理义务，存在过错；被告黎某在民警到现场后去查看受伤狗伤势时开车离开，未告知民警事发经过，导致民警部门无法查明事故成因，也有过错，故原告李某某与被告黎某在本次交通事故中均有过错，各承担50%的责任。因被告黎某所驾驶的川QG××××号车投保了交强险和商业三者险，应首先由承保川QG××××号车交强险的被告中国人民财产保险股份有限公司YB市分公司在交强险的财产损失赔偿限额内赔偿，超出限额的，由被告中国财产保险股份有限公司YB市分公司在商业三者险内按保险合同约定赔偿50%，由原告李某某自行承担50%。原告李某某在2016年11月30日以2 200元的价格购买的宠物狗，2017年1月1日被轧伤后死亡，从购买到被轧伤或死亡时间隔不长，在无证据否定该宠物狗在被轧伤时的市场价格情况下，以购买价确定其价格，即此宠物狗的价格为2 200元。此宠物狗在被撞伤后到死亡之前，被送到YB市某区康贝乐动物医院治疗用去的200元治疗费，应认定损失。原告主张的其余的1 650元医疗费，因提供的证据无客户姓名、无收款人签字或收款单位盖章，不能证明系医治其所饲养的宠物狗所支付的费用，应承担举证不能的责任，因原告所提供的出租车发票仅有两张票所载时间在本案交通事故发生至宠物狗死亡时间之内，且原告在庭审中也陈述是乘网约车送宠物狗治疗，不是乘出租车，故不以其提供的出租车票据确定交通费，酌情支持80元，原

## 第八章　宠物犬损害赔偿责任划分赔偿数额计算

告李某某在此次交通事故中的财产损失为宠物狗购买费 2 200 元、宠物狗治疗费 200 元、治疗宠物狗过程中产生的交通费 80 元，合计 2 480 元。

**案例注解**

本案案情虽然较为简单，但所涉及的法律问题都十分典型。原告李某某宠物犬的死亡是由所涉的交通事故以及自身对宠物犬的疏于管理共同导致，其责任承担主体的划分以及赔偿还需要明确事故发生时双方（犬只主人和驾车人）的过错程度。

### 一、车辆撞伤宠物狗属于特殊的交通事故

根据《中华人民共和国道路交通安全法》第一百一十九条第五项规定，交通事故是指车辆在道路上因过错或者意外造成的人身伤亡或者财产损失的事件。我国相关法律没有明确规定"车撞狗"属于交通事故，但同时也没有明确规定不属于交通事故。由于法律方面没有针对机动车撞宠物事件具体的规定，在处理过程中难免会出现很多纠纷。所以，机动车辆与动物发生的碰撞是否属于交通事故，取决于动物是否具有财产性质，如果是野猫、野狗、老鼠、小鸟等无主的动物，其不具有财产性质，被车辆撞击后不算交通事故，但像宠物、家禽、家畜等有主人的动物，属于动物主人的私人财产，其被撞伤或撞死后造成了主人的财产损失。所以，从宠物狗也具有一定的财产价值的角度，驾驶汽车在道路上将宠物狗撞伤或者撞死，该类型案件可以认定为特殊的交通事故案件。

### 二、宠物车祸案的责任承担主体划分

被保险车辆撞到宠物狗，首先由双方（犬只主人与驾驶人）进行协商调解，但具体怎么赔偿还要双方自行商议，如果调解双方意见不合，可以向当地法院提起诉讼。因此对于责任的划分，我国相关法律并没有做出明确的规定，只能根据事故发生时双方（犬只主人与驾车人）的过错程度来判定赔偿责任。

宠物车祸案的责任认定，①一般要看驾驶员有没有违法行为，如闯红灯、逆向行驶或者醉驾、疲劳驾驶等，如果驾驶员存在违章、违法驾车行为，狗主人尽到了保证狗安全和管理的义务，车主对狗受到的伤害或者死亡承担无条件全部或者大部分赔偿责任；②如果被撞犬属于有证犬，有合法的身份才算主人的合法"财产"，则狗主人可以索赔，否则自然不受法律保护，没有狗证的话就不能证明狗是谁的财产，属于无主之物，尽管有人用绳、链拴着犬只，这

种情况车主可以选择拒赔;③如果狗没有链子拴着的,且撞狗的车辆是正常行驶,没有违章、违法行为,从责任角度来说,是狗主人没有对狗尽到保护的责任,所以,根据法律的规定,在一般情况下不存在过错就不承担责任,应该是狗主人负全责,当然在道德角度车主也不能强势冷漠对待,给予狗主人安慰也是必要的,以便平衡双方的权利义务,维护社会稳定秩序;④如果车辆驾驶人违章、违法驾驶,如在停车场、小区内等特定场所超过限速行驶,或者是在单行线道路逆行、在禁行区穿梭等,在自身违章、违法的情况下发生任何事故纠纷,驾驶员都是有责任的,碰巧同时被撞的狗也是没有拴链子的,即狗主人没有对狗尽到保护义务,那么狗主人和车主就应该各承担一部分责任,但具体的赔付还要在警方的调解下商量。

### 三、宠物车祸案的赔偿标准

2009年9月18日,中国社会科学院社会法研究室常纪文教授向社会公开了由其主持草拟的《动物保护法建议稿》,在"法律责任"一章中明确提出违法杀害动物、伤害动物应当被追究民事责任乃至刑事责任。其中,起草者建议赔偿责任人,除了要缴纳罚金以外,在第一百七十九条还提出,违法伤害或者杀害动物的,应当向动物的所有人承担赔偿损失的民事责任。伤害或者杀害宠物动物的,赔偿责任人还应当向动物所有人支付宠物动物经济价值10%的精神补偿金。①

驾车人在行车途中撞伤、撞死他人的宠物狗后,涉及的具体解决方案在程序上有两个,一是与狗主人进行协商,二是通过必要的法律程序解决。一般情况下,如果损失不大,为减少不必要的麻烦,建议双方协商解决,如果协商不成,就只能通过法律途径,如果有保险,先让保险公司在责任限额内予以赔付,交强险的最高赔付金额是12.2万元。保险公司承担责任后仍赔付不足的,有商业险的由商业险赔付,没有商业险的由肇事者补足,由定损人员进行估损。

在赔偿方面,宠物仅受伤的,犬只主人可以凭借有效的责任判定书、给狗治疗所花费的医疗费用票据和因此产生的交通费用票据,要求肇事驾驶员赔偿因宠物狗受伤治疗而产生的合理损失,但医疗费用应该合理恰当,一般而言,不超过该同类品种宠物的市场购买价格;如果发生宠物狗死亡,则根据宠物狗的品种价值等因素的不同,参照市场购买价格酌情核定。因个案存在差异性,

---

① 《中华人民共和国动物保护法》2009年专家建议稿。

## 第八章　宠物犬损害赔偿责任划分赔偿数额计算

故具体的案件需要分类对待，最终的赔偿金额以双方的协商为准。根据《中华人民共和国道路交通安全法》第七十六条："机动车发生交通事故造成人身伤亡、财产损失的，由保险公司在机动车第三者强制保险责任限额内给予赔偿"，宠物犬属于个人财产，所以狗的死亡造成了狗主人财产的减损的，保险公司应当在承保限额内予以赔偿。给车投保的车险，针对的理赔对象也是车辆本身或者是车辆因交通事故给其他人、车辆或财产造成的损失，不过对于动物伤亡没有明确的说明。如果肇事者逃逸，保险公司是肯定不赔的。

### （一）犬主人能否请求肇事司机赔偿精神损害

宠物遭受侵害，宠物主人是否可以获得精神损害赔偿的问题，在学界一直存在争议。

部分持否定论观点的学者将宠物受侵害的情况排除在精神损害赔偿范围之外，法理上及主流观点认为，动物包括宠物是一种物或者个人财产，因此属于一种财产。因此，法院在办理宠物伤害案件的过程中，多不承认宠物主人提出的精神损害赔偿请求，仅赔偿宠物的市场价值；但是在现实生活中，一些人痴迷宠物，甚至将其视作家庭一员，作为精神的依托。那么，充当这种角色的宠物犬被车碰撞受伤、死亡后，可能给狗主人造成精神损害，其要求赔偿精神损害是否符合法律规定？对此，相关专业人士做出明确和简单的回答：这种请求没有法律依据，因《中华人民共和国侵权责任法》第二十二条规定，"侵害他人人身权益，造成他人严重精神损害的，被侵权人可以请求精神损害赔偿。"由此可知，只有"人身权益"受损才可以获得精神损害赔偿，狗虽有生命，却非人的生命，宠物狗是法律意义上的物，而不是具有人格象征意义的特定纪念物品，不属于精神损害赔偿的适用范围，显然不符合人身权益的定义。

然而，部分持肯定观点的学者认为，一旦宠物上升到法律上的有限主体的地位，宠物在一定条件下即可以成为人格物，该宠物作为人格物不仅具有价值属性，还具有一定人格象征意义的精神属性[①]。根据《最高人民法院关于确定民事侵权精神损害赔偿责任若干问题的解释》的相关规定，对于侵害具有人格象征意义的特定纪念物品可以请求精神损害赔偿，人格物受损后是可以受精神损害赔偿的法律保护的，因此侵害宠物请求精神损害赔偿具有合理性。冷传莉教授将宠物作为人格物典型形态的一类，认为宠物等人格物的损害，本质上都

---

① 付兴刚.论具有人格象征意义的特定纪念物品的有关法律问题[J].法学理论,2011,(2):161-162.

是侵犯了权利人的人格利益，应当请求精神损害赔偿。[①] 张新宝教授认为，我们人类的情感完全可以依附在宠物身上，我们不能否认"宠物身上承载着主人的情感利益，宠物遭遇不测，主人将蒙受巨大的精神痛苦"的现实状态。常鹏翱教授主张，特定物的范围应当包括宠物，特定物的损害完全可能导致受害人精神利益的不圆满，这种精神损害在表现和性质上与人身权受侵害产生的精神损害完全一致，均应得到法律的救济。

综上所述，笔者认为，宠物遭受侵害，宠物主人是否可以获得精神损害赔偿需要针对具体的案例进行研究，根据具体的案例情况提出具体的解决办法。判断宠物是否为具有人格利益的特殊物应当有以下影响因素：①宠物陪伴主人的时间，这是最重要的因素。如果宠物和主人只相处了两个星期就被伤害致死，一般而言，他们之间的感情并不会特别深厚，法院就不应当支持精神损害赔偿请求。反之，宠物从出生开始就在主人家生活着，或者相处的时间比较长，如有三年或者五年以上，宠物主人有了和宠物之间的美好回忆，此时就可以认定宠物具有人格利益，因此法院就应当考虑他们之间的情感。②主人是否爱护宠物。如果主人在家的时候经常忽视虐待宠物，说明宠物在主人心中没有占有重要地位。另外，从宠物的吃食和住所也可以判断主人是否对它足够爱护，宠物是否与主人形成了亲密的关系。③宠物在主人的生活中扮演了什么样的角色以及这段关系是否具有民法意义上的独特性与不可替代性。④宠物为具有感知能力的高级动物，并不限于常见的猫、狗等宠物。这些证据通常都需要宠物主人来提供，并承担举证不能的法律后果，从而避免出现一些没有意义的恶意诉讼。法官在审理时需要综合考量多项因素，对特定物的人格利益进行事实判断和法律判断，严格认定精神损害赔偿。

**（二）针对超出宠物市场价值的治疗费用，应该如何承担**

现阶段，我国的动物保护立法体系不够完善，制度建设不周全。目前我国的《野生动物保护法》主要针对保护、拯救珍贵、濒危野生动物，范围仅限于濒危物种，并不具有普适性，即我国现行法律并未对一般的动物做出特别的保护规定，对保护动物基本福利的条款语焉不详，缺乏一部综合性的动物保护基本法，动物保护法制系统性也不强，我国的动物保护立法亟待完善。所以，在司法实践过程中，宠物遭受损害，一般会参照财产损害进行赔偿。[②]

---

① 冷传莉. 论民法中的人格物[M]. 北京：法律出版社，2011：30.
② 王竹，王艳玲. 宠物被侵害财产损失计算方式的实证研究与规则构建[J]. 民商法争鸣，2016(1)：130-140.

## 第八章 宠物犬损害赔偿责任划分赔偿数额计算

然而，宠物受伤后的治疗费用到底是否以宠物的市场价格为限，在司法实践以及理论学界均具有较大异议。宠物在财产中具有特殊性，在一定条件下可以成为人格物，成为宠物主人的精神寄托，因此宠物不仅具有财产价值，一定条件下还具有了一定人格象征意义的精神属性。[①] 因此，根据我国《侵权责任法》第十九条规定的"市场价格"和"其他计算方式"，并没有确定两种计算方式的适用顺序。综上所述，如果饲养宠物的目的主要是精神陪伴，则可以适当高于"市场价格"计算宠物的医疗费用，在治疗费的赔偿上，如果治疗费未明显高于宠物的市场价值或者治疗费用总额未超出普通常人的接受范围，则超过市场价值的治疗费赔偿是可以接受的；反之，如果宠物主人对受伤宠物以宠物市场价值的数倍、十倍以上的花销进行治疗，则应当以宠物的市场价值为限计算宠物的治疗费用，防止宠物主人将个人的宠爱强加于不特定的社会第三人，防止无限制的增加侵权人的负担，超出宠物合理治疗费的费用应当视为宠物主人的自我意愿表达，由宠物主人自行承担。

综上所述，在类似宠物犬伤害案的司法实践中，被保险车辆撞到宠物狗，首先由交警做出事故认定书或者事故认定证明书，再由双方（犬只主人与驾驶人）进行协商调解，但具体怎么赔偿还要双方自行商议，如果调解双方意见不合，可以根据交警做出的事故认定书或者事故认定证明书向当地法院提起诉讼。对于责任承担主体的划分和赔偿标准，我国相关法律并没有做出明确的规定，双方（犬只主人与驾车人）只能根据事故发生时各自的过错程度来承担赔偿责任。犬只主人凭借有效的责任判定书、给狗治疗所花费的医疗费用票据和因此产生的交通费用票据等证据，要求赔偿因宠物狗受伤治疗而产生的合理损失，但医疗费应当合理适当；对于宠物狗死亡的，则根据宠物狗的品种价值等因素的不同，参照市场购买价格酌情核定宠物狗的市场价值；除此，犬只主人作为被侵权人，可以适当要求精神抚慰金赔偿，但是应当承担举证不能的法律责任。法官应以事实为依据，法律为准绳，合理使用自由裁量权，分配正义、平衡双方当事人的权利义务关系，追求主观能动性与客观规律性的紧密结合，法律价值与社会价值的合理、充分结合。

---

[①] 孟亚生.爱犬遇车祸，天价医疗谁买单——追踪南京首例宠物犬伤害巨额索赔案[J].中国动物保健,2013,15(1):68-70.

# 第九章 车辆在维修状态下发生事故，保险公司是否应当承担保险责任

## 邓某诉中国人民财产保险股份有限公司YB支公司机动车交通事故责任案

**关键词**

维修状态　事故　交强险赔偿　免赔　提示　明确告知

**裁判要点**

（1）本案是交通事故，本次事故发生的维修厂院坝与公路路面水平连接，川Q9××××号货车虽然停放在维修厂院坝内，但该车的尾部紧挨公路的边缘，且公路边缘无任何隔离设施和隔离警示标志，应属于《中华人民共和国道路交通安全法》第一百一十九条规定的允许社会车辆通行的地方，公安机关将本次事故界定为道路交通事故并无不妥。所以，李某甲应对原告的损失承担次要责任。

（2）车辆在维修、保养、改装期间，不论任何原因造成的人身伤害、财产损失和费用，保险人在商业三者险限额内不负责赔偿，属于禁止性规定。因此，根据《中华人民共和国保险法》第十七条第二款的规定履行提示和明确说明义务。人保公司提供的投保单和投保人声明虽然有"李某甲"的签名，但未载明签署日期，且李某甲与人保公司就该签名的签署日期存在争议，李某甲称其在投保时未收到保险条款，且投保单和投保人声明上的签名是在本次事故发生后补签的。由于人保公司未提供证据证明其已向李某甲交付了保险条款，也未提供其他证据证明其已对被保险人就免责条款的概念、内容及其法律后果以书面或者口头形式向投保人做出常人能够理解的解释说明。因此，该免责条款对李某甲不发生法律效力，故人保公司应在商业三者险限额内承担赔偿责任。

# 第九章　车辆在维修状态下发生事故，保险公司是否应当承担保险责任

**相关法条**

《中华人民共和国民法通则》第一百二十九条、一百三十一条

《中华人民共和国保险法》第十七条、第六十五条

《中华人民共和国道路交通安全法》第七十六条、第一百一十九条

《中华人民共和国侵权责任法》第四十八条

《最高人民法院关于审理道路交通事故损害赔偿案件适用法律若干问题的解释》第二十八条

《最高人民法院关于适用〈中华人民共和国保险法〉若干问题的解释》第十一条

《最高人民法院关于审理人身损害赔偿案件适用法律若干问题的解释》第十七条、第十八条、第二十条、第二十七条、第二十九条

**基本案情**

原告邓某、单某诉称：2017年5月12日，单某强驾驶川QD××××号电动二轮车从G县某镇长宁硐底镇方向行驶，14时15分，当车行至古高路245 km+55 m处时，驶出路外撞在李某甲停放在公路右侧修理店门口院坝内修理的川Q9××××号货车尾部防撞梁侧面，造成单某强受伤送医院抢救无效后死亡及车辆损坏的道路交通事故。2017年6月26日，G县公安局交通管理大队做出公交重认字2017第0501号道路交通事故认定书，认定单某强醉酒后驾驶非机动车上道路未按规定车道行驶，是造成本次事故的主要原因，川Q9××××号货车的安全防护装置不规范也是造成事故的原因，故单某强负此次事故的主要责任，李某甲负事故的次要责任。单某强在交通事故发生前在G县景程矿产有限公司务工已一年以上，其死亡赔偿金应按城镇标准计算。邓某、单某是单某强的近亲属。川Q9××××号货车系李某甲所有，并在人保公司购买了保险。原告提出死亡赔偿金、丧葬费、精神抚慰金、误工费、交通费等按责任比例分摊后，要求被告承担316 725元。

被告李某甲辩称：川Q9××××号货车系其本人所有，对交通事故的基本事实无异议，但对责任认定有异议，认为其本人不应当承担赔偿责任，因为①川Q9××××号货车停放在维修厂，并未停在道路上；②川Q9××××号货车的后防护装置是原车原装，且通过年检，交警部门以安全防护装置不规范认定其承担次要责任不合法；③在本次事故中其没有违法违章行为。川Q9××××号货车在人保公司购买了保险，即使法院认定其承担赔偿责任，原告的损失也应由人保公司赔偿。

被告人保公司辩称：对本次交通事故的基本事实无异议，但对责任认定有异议，维修厂未尽到妥善保管义务是本次事故的原因之一。川Q9×××号货车虽在我司投保了交强险和三者险，但是本次事故我司在交强险和商业险中均不承担赔偿责任。首先，我司承保车辆在事故发生时在维修厂维修，仍处于不能启动的状态，并不具备作为交通工具在道路上行驶的特性，不属于交强险的赔偿范围。其次，根据我司与被保险人签订的商业险保险合同以及《机动车综合商业保险免责事项说明书》，机动车在维修、保养期间属商业险免责范围，且我司已就免责条款明确告知被保险人。因此，原告的损失也不应在商业三者险中赔偿。交通事故发生后，我司已在交强险限额内向原告垫付了10 000元，请求在本案中一并处理，单某强是农村户口，我司不认可原告提供的单某强在城镇务工的证据和失地农民的证据，且该组证据不充分，故单某强的死亡赔偿金应按农村标准计算。

经审理查明的事实：本案受害人单某强，1972年5月10日出生，农村户口。原告邓某系单某强之妻；原告单某系单某强之女。2017年5月12日，单某强驾驶川QD××××号电动二轮车从G县某镇长宁硐底镇方向行驶，14时15分，当车行至古高路245 km+55 m处时，驶出路外撞在李某甲停放在公路右侧修理店门口院坝内修理的川Q9××××号货车尾部防撞梁侧面，造成单某强受伤送医院抢救无效后死亡及车辆损坏的道路交通事故。2017年6月26日，G县公安局交通管理大队作出公交重认字2017第0501号道路交通事故认定书，认定单某强醉酒后驾驶非机动车上道路未按规定车道行驶，是造成本次事故的主要原因，川Q9××××号货车的安全防护装置不规范也是造成事故的原因，故单某强负此次事故的主要责任，李某甲负事故的次要责任。川Q9××××号货车系李某甲所有，该车在人保公司投保了交强险和商业三者险，其中，交强险的保险期间为2017年3月27日至2018年3月27日，保险限额为122 000元；商业三者险的保险期间为2017年4月28日至2018年4月27日，保险限额为30万元，并附加不计免赔。交通事故发生后，人保公司已垫付原告邓某、单某10 000元。

**裁判结果**

2017年8月17日，G县人民法院做出一审判决，①被告中国人民财产保险股份有限公司YB支公司在机动车交通事故责任强制保险限额内赔偿邓某、单某110 000元，由于已经垫付10 000元，故实际赔偿额为100 000元。②由李某甲赔偿邓某、单某206 285元（总损失625 712.5元—交强险赔偿额110 000元）

## 第九章　车辆在维修状态下发生事故，保险公司是否应当承担保险责任

×40%，此款由中国人民财产保险股份有限公司YB支公司在三者险限额内赔偿。

人保YB支公司收到一审判决后，提起上诉，上诉理由：①本案承保车辆在事故发生时在维修厂维修，仍处于不能启动的状态，并不具备作为交通工具在道路上行驶的特性，不属于交强险的赔偿范围。②根据保险公司与被保险人签订的商业险保险合同以及《机动车综合商业保险免责事项说明书》，机动车在维修、保养期间属商业险免责范围，且保险公司已就免责条款明确告知被保险人。因此，原告的损失也不应在商业三者险中赔偿。YB市中级人民法院于2017年12月11日做出二审判决，驳回上诉，维持原判。

**裁判理由**

法院生效裁判认为，本案双方当事人争议的焦点主要有两个：①本次事故是否属于交通事故，以及李某甲是否应当对原告的损失承担赔偿责任；②人保公司在商业三者险限额内是否应当承担赔偿责任。

对于第一个争议焦点，虽然李某甲有三个辩称理由：①案发当时川Q9××××号货车停放在维修厂，并未停在道路上，本次事故不是交通事故，是一般单车事故；②川Q9××××号货车的后防护装置是原车原装，且通过年检，交警部门以安全防护装置不规范认定其承担次要责任不合法；③在本次事故中其没有违法违章行为。人保公司辩称：承保车辆在事故发生时在维修厂维修，仍处于不能启动的状态，并不具备作为交通工具在道路上行驶的特性，不属于交强险的赔偿范围。

法院认为，本次事故发生的维修厂院坝与公路路面水平连接，川Q9××××号货车虽然停放在维修厂院坝内，但该车的尾部紧挨公路的边缘，且公路边缘无任何隔离设施和隔离警示标志，应属于《中华人民共和国道路交通安全法》第一百一十九条规定的允许社会车辆通行的地方，公安机关将本次事故界定为道路交通事故并无不妥。所以，李某甲应对原告的损失承担次要责任。

对于第二个争议焦点，虽然人保公司辩称：根据人保公司与被保险人签订的商业险保险合同以及《机动车综合商业保险免责事项说明书》：机动车在维修、保养期间属商业险免责范围，且人保公司已就免责条款明确告知被保险人，因此，原告的损失不应在商业三者险中赔偿。法院认为，车辆在维修、保养、改装期间，不论任何原因造成的人身伤害、财产损失和费用，保险人在商业三者险限额内不负责赔偿，不属于禁止性规定。因此，应根据《中华人民共和国保险法》第十七条第二款的规定履行提示和明确说明义务。关于保险人是

否履行明确说明义务的判断标准问题,《最高人民法院关于关于适用〈中华人民共和国保险法〉若干问题的解释(二)》第十一条做出了规定。人保公司提供的投保单和投保人声明均有"李某甲"的签名,但未载明签署日期,且李某甲与人保公司就该签名的签署日期存在争议,李某甲称其在投保时未收到保险条款,且投保单和投保人声明上的签名是在本次事故发生后补签的。由于人保公司未提供证据证明其已向李某甲交付了保险条款,也未提供其他证据证明其已对被保险人就免责条款的概念、内容及其法律后果以书面或者口头形式向投保人做出常人能够理解的解释说明。因此,该免责条款对李某甲不发生法律效力,所以人保公司应在商业三者险限额内承担赔偿责任。

**案例注解**

本案涉及保险赔偿中几个重要的理论和实践问题,交通事故或者单车事故的认定,免责的提示和明确告知的裁判标准,在定性上难度较大。司法裁判者既要全面考虑案件事实、法律规定、群众的法律水平、国情、法律效果和社会效果等,又要考虑个案对法治的推动和示范效应。

### 一、本案是道路交通事故还是单车事故

根据《中华人民共和国道路交通安全法》《中华人民共和国道路交通安全法实施条例》以及其他道路管理法规、规章的规定,道路交通事故(以下简称交通事故),是指车辆驾驶人员、行人、乘车人以及其他在道路进行与交通有关活动的人员,因违反《中华人民共和国道路交通安全法》和其他道路管理法规、规章的行为(以下简称违法行为),过失造成人身伤亡或者财产损失的事故。根据上述法律文件对交通事故的描述以及侵权理论的构成要件,交通事故的构成需要具备以下因素。

(1)在道路上发生的事故。道路是指公路、城市道路和虽在单位管辖范围但允许社会机动车通行的地方,包括广场、公共停车场等用于公众通行的场所。

(2)必须是车辆造成的。车辆包括机动车和非机动车,机动车和行人,没有车辆就不能构成交通事故,如行人与行人在行进中发生碰撞的就不构成交通事故。

(3)在实施与交通有关的运动中发生。是指车辆在行驶或停放过程中发生的事件,若车辆处于完全停止状态,行人主动去碰撞车辆或乘车人上下车过程中发生的挤、摔、伤亡的事故,则不属于交通事故。

（4）有事态发生。它是指有碰撞、碾轧、刮擦、翻车、坠车、爆炸、失火等现象发生。

（5）必须有损害后果的发生。损害后果仅指直接的损害后果，且是物质损失，包括人身伤亡和财产损失。

（6）造成事态的原因是驾驶人行为造成。它是指事态发生是由于事故当事人过错或者意外行为所致。如果是由于不能预见、不能避免且不能克服的各种自然灾害和战争政治动荡造成，均不属于交通事故。

（7）当事人心理状态过失。若当事人出于故意或者间接故意，则不属于交通事故。

笔者认为，根据交通事故的构成要素，本案中发生的事故不是在道路上发生的事故，也不是实施与交通有关的运动中发生的事故，被告李某甲和人保公司"车辆在维修过程中、车辆不能作为交通工具使用、不是在道路上发生的事故"辩解有事实基础。

本次事故是单某强醉酒驾车而引发的一起单车事故。由于川Q9××××号货车处于维修和静止状态，而这种状态下的车辆，只能视为固体物，该车只能被动接受川QD××××号电动二轮车的撞击，这种碰撞不是《道路交通安全法》中所讲车辆之间的碰撞。

虽然法院认为，本次事故发生的维修厂院坝与公路路面水平连接，川Q9××××号货车虽然停放在维修厂院坝内，但该车的尾部紧挨公路的边缘，且公路边缘无任何隔离设施和隔离警示标志，应属于《中华人民共和国道路交通安全法》第一百一十九条规定的允许社会车辆通行的地方。

《中华人民共和国道路交通安全法》第一百一十九条规定的道路是指公路、城市道路和虽在单位管辖范围但允许社会机动车通行的地方，包括广场、公共停车场等用于公众通行的场所。

根据《道路交通安全法》第一百一十九条的规定精神，修理厂不是用于公众通行的场所，因为本案中的修理厂不是四通八达的修理厂，带有封闭性，只有和路面相接的地方没有封闭，是为了给待修理车辆进出而提供的方便，但修理厂是私人场所，不是公共场所，不是公众通行的地方，处于维修状态中静止的车辆，只是一种纯物理状态的物，不是交通工具，故相关运动中的车辆与之相撞，只能是单车事故，不是两个机动车相撞而形成的交通事故。因此，法院由于修理厂在公路边缘无任何隔离设施和隔离警示标志，就认为修理厂是允许社会车辆通行的地方，这种解释，笔者认为违反物权法的精神，过于主观化。

本案发生后，G县交警大队做出G公交认字[2017]第00037号道路交通事故认定书，认定单某强承担全部责任，李某甲没有责任，这可以充分证明，交警部门曾经认为，本次事故是单车事故，不是机动车之间相撞形成的交通事故。

邓某一方对无责划分不满意，申请复核，交警部门撤销了原有认定，另行作出责任认定，单某强承担本次事故的主要责任，李某甲承担次要责任。

根据《道路交通安全法》第七十三条的规定，公安交警部门作出的交通事故认定书是一种证据，不是一个具体行政行为，人民法院对交通事故认定书的认定属于事实认定。人民法院审理道路交通事故损害赔偿纠纷案件，须对各类证据进行开庭审查，交通事故责任认定书对民事案件仅具有证据作用，当事人在道路交通事故损害赔偿调解或者诉讼中，可以就交通事故认定书作为证据的真实性、合法性和关联性提出质疑，调解机关或者人民法院可以不采用这种证据。本案中，李某甲的车辆处于维修状态，这是客观事实，修理厂也是经过行政机关许可的合法经营场所，致害人有过错的证据须有受害人和交警部门举证证明。法院有权根据无过错责任原则审查、改变交通管理部门的责任认定，如果交通事故认定书存在错误，法院可不采用这种证据，而作出民事判决。

本案中，司法机关依据交警部门的责任划分，顺水推舟地裁决保险公司承担保险赔偿责任，只能说是一种基于社会稳定、同情弱者的利益平衡，强调了案件的社会效果，而较少考虑案件的法律效果，但囿于中国国情，也是一种无奈选择。

## 二、人保公司在商业三者险限额内是否应当承担赔偿责任

保险合同纠纷实务审判中，对保险人提出的保险合同免责条款效力的认定问题，《保险法》和最高人民法院的司法解释对此作出了相应规定，《保险法》第十七条第二款规定：对保险合同中免除保险人责任的条款，保险人在订立合同时应当在投保单、保险单或者其他保险凭证上作出足以引起投保人注意的提示，并对该条款的内容以书面或者口头形式向投保人作出明确说明；未作提示或者明确说明的，该条款不产生效力。

《最高人民法院关于适用〈中华人民共和国保险法〉若干问题的解释（二）》第十条规定：保险人将法律、行政法规中的禁止性规定情形作为保险合同免责条款的免责事由，保险人对该条款作出提示后，投保人、被保险人或者受益人以保险人未履行明确说明义务为由主张该条款不生效的，人民法院不予支持。

根据上述规定，从产生原因上分析保险合同中的免责条款，可以主要分为禁止性免责条款和一般性免责条款，对于两种免责条款的效力认定问题，法律

和司法解释给出了不同的标准和条件。

禁止性免责,是指由于投保人或者受益人违反法律、行政法规的禁止性规定的状况下产生的保险事故,保险人根据保险合同约定免除保险责任的一种法律后果,其特点是只要投保人或者投保人同意的第三人处于法律、行政法规禁止的状况下产生的事故,不管行为和后果之间有无因果关系,保险人即可免责。根据《道路交通安全法》和相关司法解释的规定,禁止性免责条款,保险人只需对投保人尽到提示义务即可,提示义务要求保险人通过特定的方式引起投保人注意免除保险人责任条款的存在。《最高人民法院关于适用〈中华人民共和国保险法〉若干问题的解释(二)》第十一条第一款对提示义务的标准做了解释:保险合同订立时,保险人在投保单或者保险单等其他保险凭证上,对保险合同中免除保险人责任的条款,以足以引起投保人注意的文字、字体、符号或者其他明显标志作出提示的,人民法院应当认定其履行了《保险法》第十七条第二款规定的提示义务。

因为根据法律和驾驶常识,从保护公共安全、国家利益和其他人合法利益的目的出发,法律、行政法规禁止的行为,投保人不得实施相关行为,如果违法实施相关行为,则应根据该法律规定受到相应的处罚,保险人可以依据合同约定免除赔偿责任。

一般性免责,是指保险人根据保险行业规范和保险经验,为平衡保险合同当事人之间利益,对某些特定状况下产生的事故,保险人免除赔偿责任的一种约定。一般性免责的特点,该种免责产生的原因不是在法律禁止的情况下产生的事故,而是在特定状况和特定场合下,非因投保人或者投保人同意的驾驶人的过错产生的事故,保险人免除赔偿责任。考虑到投保人保险知识和经验缺乏,出于最大诚信原则,以及对投保人合法利益的保护,法律给保险人设定了较高的义务。根据《保险法》第十七条第二款规定,保险人不仅对投保人有提示义务,还有明确说明义务,《最高人民法院关于适用〈中华人民共和国保险法〉若干问题的解释(二)》第十一条第一款对提示义务的标准做了说明:保险合同订立时,保险人在投保单或者保险单等其他保险凭证上,对保险合同中免除保险人责任的条款,以足以引起投保人注意的文字、字体、符号或者其他明显标志作出提示的,人民法院应当认定其履行了《保险法》第十七条第二款规定的提示义务。第二款对明确说明义务的标准做了要求:保险人对保险合同中有关免除保险人责任条款的概念、内容及其法律后果以书面或者口头形式向投保人作出常人能够理解的解释说明的,人民法院应当认定保险人履行了《保险法》第十七条第二款规定的明确说明义务。

本案中，人保公司在保险条款中虽然有免责条款的约定，但由于不是禁止性免责条款，需要对投保人李某甲就免责条款履行提示和明确说明的义务。由于人保公司未提供证据证明其已向李某甲交付了保险条款，也未提供其他证据证明其已对被保险人就免责条款的概念、内容及其法律后果以书面或者口头形式向投保人作出常人能够理解的解释说明。因此，该免责条款对李某甲不发生法律效力，故人保公司应在商业三者险限额内承担赔偿责任。

# 第十章 交通事故中车辆维修费用超过保险公司定损数额的处理问题

## C都汇邦宏达汽车运输有限公司诉王某强、王某付、中国人民财产保险股份有限公司J支公司、中国人寿财产保险股份有限公司WX市中心支公司等机动车交通事故责任纠纷案

——关于交通事故中车辆维修费用超过保险公司定损数额的处理问题探讨

**关键词**

实际维修费用　保险公司定损　保险公司定损行为

**裁判思路**

（1）定损单不经被保险人签字确认不具备法律上的证据效力。
（2）对当事人的主张有异议的，应当提供证据予以证明。

**相关法条**

《中华人民共和国侵权责任法》第六条、第十五条
《中华人民共和国民事诉讼法》第六十四条、第一百四十四条
《最高人民法院关于审理道路交通事故损害赔偿案件适用法律若干问题的解释》第十四条、第十五条、第十六条、第二十五条
《最高人民法院关于适用〈中华人民共和国民事诉讼法〉的解释》第九十条

**基本案情**

2016年12月15日，王某强驾驶云CP××××号货车从YB市沿省道206线往g县方向行驶，当车行驶至省道206线312 km+200 m处时，在避让停放在此处的赣CX××××号重型仓栅式货车时车辆失控与对面驶来由刘某驾驶的川AU××××号重型半挂牵引车及其牵引的川A××××挂号半挂车

发生碰撞，造成王某强、刘某受伤及云CP×××号货车、川AU×××号重型半挂牵引车及其牵引的川A×××挂号半挂车受损的交通事故。川AU×××号重型半挂牵引车及其牵引的川A×××挂号半挂车所有人为C都汇邦宏达汽车运输有限公司。2016年12月27日，S县公安局交通管理大队对本次事故作出责任认定，认定被告王某强承担主要责任，被告王某龙承担次要责任，刘某不承担责任。2017年3月23日，川AU×××重型半挂牵引车及其牵引的川A×××挂号半挂车维修完成，产生材料费、维修费共计67 700元。案涉车辆均在保险公司被保险。中国人民财产保险股份有限公司J支公司对川AU×××重型半挂牵引车及其牵引的川A×××挂号半挂车定损金额为20 540元。

王某强系王某付之子，王某付系云CPX×××号车所有人，该车在中国人寿财产保险股份有限公司Z市中心支公司投保交强险，在中国人民财产保险股份有限公司J支公司投保了商业三者险。赣CX×××号车在中国人寿财产保险股份有限公司G支公司投保了交强险，在中国人寿财产保险股份有限公司WX市中心支公司投保了商业三者险。C都汇邦宏达汽车运输有限公司系川AU×××号重型半挂牵引车及川A×××挂号半挂车所有人，刘某系C都汇邦宏达汽车运输有限公司雇请的驾驶员。原告C都汇邦宏达汽车运输有限公司将王某强、王某付、中国人民财产保险股份有限公司J支公司、王某龙、中国人寿财产保险股份有限公司WX市中心支公司诉至YB市g县人民法院，要求各被告向原告承担赔偿责任。

该案经YB市g县人民法院公开开庭审理，g县人民法院确认维修川AU×××重型半挂牵引车及其牵引的川A×××挂号半挂车的实际费用为67 700元，保险公司定损单没有C都汇邦宏达汽车运输有限公司签字确认，故不予采信定损单作为证据使用，并判决被告即各保险公司在各自承保范围内向原告C都汇邦宏达汽车运输有限公司支付维修费用67 700元。后中国人民财产保险股份有限公司J支公司、中国人寿财产保险股份有限公司WX市中心支公司均认为川AU×××重型半挂牵引车及其牵引的川A×××挂号半挂车的维修费用应以保险公司额定损为准，故上诉至YB市中级人民法院，YB市中级人民法院经开庭审理，确认g县人民法院根据实际产生的维修费用确认川AU×××重型半挂牵引车的损失并无不当，遂驳回上诉，维持原判。

二审裁判理由：本院认为，依照《最高人民法院关于民事诉讼证据的若干规定》第三十四条第一款规定"当事人应当在举证期限内向人民法院提交证据材料，当事人在举证期限内不提交的，视为放弃举证权利。"一审诉讼中，汇

## 第十章 交通事故中车辆维修费用超过保险公司定损数额的处理问题

邦运输公司对其所有的川AU××××号重型半挂牵引车因本次交通事故造成的维修费损失金额提供了YB中已汽车维修有限公司出具的维修费发票及材料清单。中财保J支公司、人寿保险WX支公司对该费用有异议，但其并未提供证据予以否定，也未向一审法院提出对该车修理费的合理性进行鉴定。二审中，中财保J支公司提供的证据不属于新证据，且YB中已汽车维修有限公司出具的"情况说明"没有经办人签名，不符合《最高人民法院关于适用〈中华人民共和国民事诉讼法〉的解释》第一百一十五条第一款规定"单位向人民法院提出的证明材料，应当由单位负责人及制作证明材料的人员签名或者盖章，并加盖单位印章。人民法院就单位出具的证明材料，可以向单位及制作证明材料的人员进行调查核实。必要时，可以要求制作证明材料的人员出庭作证。"因此，本院不予采信。一审法院根据汇邦运输公司提供的实际产生的维修费票据及材料清单确认川AU××××号重型半挂牵引车的损失并无不当。中财保J支公司、人寿保险WX支公司上诉要求改判维修费金额的理由不成立。

人寿保险WX支公司主张川AU××××号重型半挂牵引车的停运损失3739元属于间接损失，不应由其承担保险理赔责任，但其没有提供充分证据证明对投保人证明对投保人瑞州汽运公司（案中赣CX××××号重型仓栅式货车系瑞州汽运公司所有）……尽到了停运损失的免责条款告知义务，故其要求免赔的理由不成立，公安机关并未认定王某龙（案中赣CX××××号重型仓栅式货车驾驶员）无证驾驶，因此人寿保险WX支公司主张不应承担保险理赔责任的理由不成立。一审诉讼费由法院依法确定，人寿保险WX支公司认为不应承担诉讼的理由不成立。

该案中，唯一的争议点即受损车辆的实际维修费用超过保险公司的定损金额，超过部分应由谁承担。保险公司的主张受损车辆的维修费用应以保险公司的定损为准。

上述案例中，法院能够支持受损车辆的维修费用以实际产生的维修费用为准，主要是因为保险公司的定损单未得到受损车辆所有人的签字确认且保险公司亦未向法院申请受损车辆维修费用的鉴定。

总结实务审理经验可以得出：在任何情况下，受损车辆的维修费用都不一定以保险公司的定损为准；在满足一定条件的前提下，受损车辆的维修费用应以实际维修费用为准，而不应以定损金额为准；在一定的条件下，受损车辆的维修费用以保险公司的定损为准。

公民由于过错给他人造成人身、财产损失的，应当依法承担相应的民事赔偿责任。根据民法的相应规定及立法精神，损坏他人财产的，应当承担恢复原状或者补偿责任。在交通事故当中造成他人车辆损坏的，对他人赔偿应当以"恢复原状"为原则，以"补偿"为补充。那么，在交通事故不能满足"恢复原状"的条件时，应以"补偿"替代"恢复原状"，而在现实当中承担维修费用是一种常见且较易被接受的"补偿"。车辆发生交通事故后，保险公司会对受损车辆进行定损以确定受损车辆的损失。保险公司对受损车辆定损，只是对损失程度和范围进行估算，实际修车费跟定损额有一定出入是可能的。在现实中，受损车辆的实际维修费用超过保险公司的定损金额的事情时有发生。那么，受损车辆的实际维修费用超过保险公司的定损金额的，超过部分应由谁承担呢？

解决上述问题，首先需要对保险公司定损行为进行相应的分析。

## 一、保险公司定损行为的合理性

保险公司的保险合同都是格式条款，在车辆损失险和第三者责任险条款中，一般都会设置有定损条款。保险理赔当中的定损主要是指被保险人在保险事故发生后，应立即向保险公司报案，由保险公司和被保险人就事故车辆的损失情况进行确定，对车辆的修理范围、项目和费用进行约定。保险公司在保险合同中设置定损条款的根本原因在于通过保险公司自己定损行为来降低因被保险人的不诚信行为所带来的经营风险，防止保险诈骗行为的发生。在社会整体信用相对较低的情况下，保险公司在理赔环节中加入定损环节，是十分合理的，也有助于减少保险公司和被保险人之间的分歧，减少各方当事人的损失。如果否认保险公司定损行为的合理性，完全要求保险公司按照被保险人的实际修理费用赔偿，那么将可能出现大量的保险诈骗案件，保险公司的经营成本也会大大增加，不利于整个保险行业的发展。

## 二、保险公司定损行为的弊端

保险定损作为保险公司处理保险事故的前置行为，具有一定的合理性，但在实际操作过程中，往往因为保险公司与被保险人在定损知识、地位优势上的差异，导致在定损过程中，被保险人的利益无法得到充分保障。主要表现在：从合同形式和保险条款的规定上看，理论上定损条款的内容应由保险公司与被保险人协商确定，但在实践中，保险合同当中的定损条款是格式条款，定损条款的内容也是由保险公司一方单独确定且在现实当中保险公司不会主动就具体的保险条款告知被保险人或者与被保险人进行有效的协商。主要是因为保险公司一般都是处于绝对的优势地位，而大多数被保险人严重缺乏车辆修理的相关

# 第十章 交通事故中车辆维修费用超过保险公司定损数额的处理问题

知识，被保险人也无法确定修理项目价格，更无法确认修理的程度。所以，在定损过程中，被保险人根本无任何发言权，整个定损的过程都是由保险公司主导且基本由保险公司确定定损的结果，所谓的协商确定，名不副实。在大多数的交通事故定损中，都是由保险公司的定损、查勘员直接出具定损单，然后由被保险人直接签字确认，可能出现保险公司利用优势地位损害被保险人利益的情形。由于目前修理企业分为不同的等级，而不同等级的修理企业在修理工时收费和配件价格方面的收费标准是不同的，没有统一的收费标准，在保险公司定损后，往往因为被保险人选择修理企业资质和等级的不同，而出现被保险人所支出的实际修理费用超过保险公司定损数额的情形，容易引发争议。

## 三、对定损单效力的认定

根据《保险法》第二十三条规定：保险人收到被保险人或者受益人的赔偿或者给付保险金的请求后，应当及时作出核定；情形复杂的，应当在三十日内作出核定，但合同另有约定的除外。保险人应当将核定结果通知被保险人或者受益人；对属于保险责任的，在与被保险人或者受益人达成赔偿或者给付保险金的协议后十日内，履行赔偿或者给付保险金义务。保险合同对赔偿或者给付保险金的期限有约定的，保险人应当按照约定履行赔偿或者给付保险金义务。保险公司定损单大致包含几个方面的内容：①对于保险事故是否发生给予核实；②对于保险事故造成的损失给予确定，也就是定损；③对于是否存在免责情形给予确定。因此，保险公司的定损单具有法律效力。

从合同角度出发，定损单或定损协议，虽由保险公司出具，但被保险人对定损单或定损协议进行签字确认后，应视为双方就定损内容达成一致，该定损单或定损协议就具有了合同的效力，原则上当事人应按照定损单约定的内容来执行。若被保险人对定损单提出异议，或实际修理费用超过定损数额较大的，法院可审查定损协议是否存在显失公平、重大误解等可撤销的情形，可通过对定损协议的撤销来对被保险人的利益进行保护，但不应轻易否定定损单的合同效力，应尊重定损单或定损协议作为合同的效力。

在保险公司进行定损且受损车辆得到维修后，受损车辆的实际维修费用超过保险公司定损的数额时，超过部分的承担主体应区分如下两种情况

### （一）保险公司的定损得到受损车辆所有人的认可

虽然被保险人签字确认了保险公司出具的定损单，定损单具有合同效力，

但定损单确定的数额系由保险公司工作人员根据其经验,对保险车辆修理费用的估算,具有预判性,且保险公司的工作人员可能对车辆的修理、车辆零部件的更换的知识与认识存在一定的误差,所以定损数额与实际修理费用之间存在差距,是完全可能存在的。在定损数额与实际修理数额相差较大的情况下,定损单作为合同对于被保险人来说显失公平,可以根据民法总则及合同法及其解释的相关规定作撤销处理;在定损数额与实际修理数额相差较小的情况下,可直接依据定损单确认的数额进行认定,相差部分视为被保险人的主动放弃。这样法律对于被保险人和保险公司之间的行为都给予了肯定性的评价,有助于双方当事人诚信的建立与问题的快速解决。

### (二)保险公司的定损未得到受损车辆所有人(被保险人)的认可

虽然定损作为保险公司的经营行为具有合理性一面,但在实际操作过程中,往往因为保险公司与被保险人在定损知识、地位优势上的差异,导致在定损过程中,被保险人的利益无法得到充分保障。保险公司是营利性质的金融公司,公司的经营范围为经营保险业务,并没有相应的资质对车辆的损失进行最终核定。保险公司的"定损",在一定意义上只不过是被保险人与保险公司之间为确定理赔数额提出的一个参考依据。在定损数额与实际修理费数额相差悬殊的情况下,如再按保险公司的定损数额来认定就有失公平。此外,定损是保险公司的单方行为,保险公司既处理定损事宜又负责理赔,且保险公司是理赔的主体,定损数额的多少与保险公司的利益有着直接的利害关系。因此,保险公司单方自行对车损所作的价值认定,能否保证公平合理性值得怀疑。所以,保险公司的定损结果应当及时告知被保险人并取得被保险人的认可。

在被保险人对保险公司定损数额提出异议或者不认可保险公司的定损时,保险公司应在约定的期限内重新对受损车辆进行定损,保险公司超过约定期限未及时重新定损并出具定损报告的,定损单或定损协议因未经被保险人确认而对被保险人不具有法律约束力,被保险人可拒绝履行对其不具有法律效力的定损单或者定损协议。

因保险公司未及时定损而导致双方无法确认损失的大小的,在此种双方对损失数额无法协商确定的情况下,①应当允许被保险人委托第三方鉴定机构对受损车辆的损失进行鉴定,并按照鉴定数额进行修理或按照实际损失来进行修理,但应当允许保险公司对修理费用的合理性、关联性提出异议,若保险公司对鉴定结论提出异议,应允许保险公司申请重新鉴定。被保险人单方委托第三方机构进行鉴定,保险公司以未经其同意且与其出具的定损额出入较大,保险

## 第十章 交通事故中车辆维修费用超过保险公司定损数额的处理问题

公司既不同意又未在合理期限内申请重新鉴定,则视为保险公司放弃权利,此时应按照第三方鉴定机构的鉴定数额进行理赔或修理。②或者由被保险人和保险公司共同委托具备相应资质的第三方鉴定机构对受损车辆进行鉴定,保险公司按照鉴定数额进行理赔。由双方共同委托第三方鉴定机构进行鉴定后,由保险公司按照鉴定数额进行理赔,有助于减少争议、快速解决问题,把各方当事人的损失降到最低。

保险公司定损后,在实际修理过程中发现新的修理项目并会产生新的修理费用时,应及时要求保险公司再次定损,否则,被保险人自行承担该部分的修理费用。如果交通事故发生后,当事人在修理车辆过程中发现修理项目和费用超出了保险公司定损范围,应当与事故相对方及保险公司进行协商追加定损,或者选择具有评估资格的评估机构进行评估,不宜再继续对车辆进行修复。因为已经修复的车子在现有的技术条件下,已经无法评估当时的损失情况,因受损方的直接处置行为,导致修车的合理费用难以确定的情况下,应当由受损方自行承担该部分费用。

综上所述,在交通事故当中,保险公司的保险定损单与最终的实际理赔结果关系重大,在实际处理中应该谨慎。根据以上的分析可以得出以下结论。

### 1. 保险公司的定损并不是必然的赔偿依据

根据前述的分析,保险公司的定损人员应具有一定机械方面的知识,具有车辆定损的经验,在绝大多数情况下,对事故车辆的定损基本上能够满足使车辆恢复原状的费用需求。但保险公司毕竟不具备从事价格鉴定的相应资质,加之车辆维修具有较高专业性,且不同品牌的车辆有不同的生产工艺和技术要求,特别是一些较为高档的车辆,保险公司在定损时认为无须修理和更换的零部件,维修人员在修理时根据实际需要有可能认为必须更换和修理。因此,在某些情况下,保险公司的定损数额可能无法满足使受损车辆恢复到原状的费用需求。而且保险公司本身就是理赔人,基于利害关系的存在,保险公司的定损人员有可能无法客观正确地评估车辆损失,因此在车主对保险公司定损有异议的情况下,各方当事人应当将事故车辆交由具有评估资格的专业评估机构进行评估。由保险公司出具的理赔意见来确认事故车辆的实际损失对被保险人来说可能不是最好的选择。

### 2. 4S店等做出的修理费用清单也不一定是赔偿的价格依据

在4S店等相应的维修商处进行维修,根据维修人员的建议确定了维修和更换项目的方案并根据该维修方案出具维修费用清单,该处置行为虽然符合被保险人的心理预期及车辆的实际情况,但 4S 店等相应的维修商毕竟也不具备从事价格鉴定的相应资质。特别是维修商作为该品牌车的销售和服务商,对其品牌车辆的修理采用了较高的标准,不仅考虑到恢复车的原有状态和性能,还考虑到在车辆各细节处做到美观,因此其最后修理的价格也不具备价格评估的证明力和公信力,同样只能作为确定合理的修车费用的参考。因此,处理类似案件时应当谨慎。

# 第十一章 判决的既判力问题研究

## YB 市蓝星出租汽车有限责任公司诉中国人民财产保险股份有限公司 YB 市分公司保险合同纠纷一案
### ——民事判决既判力浅谈

**关键词**

既判力本质与内涵　法律效力　重复起诉

**裁判要点**

人民法院依据法律和事实作出的判决具有无可争议的权威性

**相关法条**

《中华人民共和国合同法》第六十条

《中华人民共和国保险法》第十三条、第十四条、第十七条、第六十六条

**基本案情**

2015 年 11 月 21 日，YB 市蓝星出租汽车有限责任公司的驾驶人员李某驾驶 YB 市蓝星出租汽车有限责任公司所有的川 QJ××××号汽车与王某驾驶的川 QQ××××号汽车相撞，造成刘某受伤的交通事故。经交警部门认定，李某承担事故全部责任。刘某与 YB 市蓝星出租汽车有限责任公司就其他赔偿事宜未能协商一致，刘某遂向人民法院提起诉讼，要求 YB 市蓝星出租汽车有限责任公司赔偿其残疾赔偿金等各项费用共计 123 221.3 元。该案经 YB 市某区人民法院开庭审理，并于 2016 年 9 月 22 日作出 [2016] 川 1502 民初 4171 号民事判决书，判决 YB 市蓝星出租汽车有限责任公司支付刘某各项损失 107 507.8 元，并承担案件受理费 1 202 元。YB 市蓝星出租汽车有限责任公司于 2016 年 10 月 25 日足额向刘某支付了前述费用。YB 市蓝星出租汽车有限责任公司认为其在中国人民财产保险股份有限公司 YB 市分公司处为川 QJ××××号汽车

购买了道路客运承运人责任保险，YB市蓝星出租汽车有限责任公司根据发生法律效力的[2016]川1502民初4171号民事判决书，已向刘某支付了赔偿款，中国人民财产保险股份有限公司YB市分公司应当根据道路客运承运人责任保险合同的约定，向YB市蓝星出租汽车有限责任公司支付YB市蓝星出租汽车有限责任公司已赔偿的费用金额。据此，YB市蓝星出租汽车有限责任公司根据《中华人民共和国民事诉讼法》（以下简称《民事诉讼法》）的有关规定将中国人民财产保险股份有限公司YB市分公司起诉至YB市某区人民法院，请求判决中国人民财产保险股份有限公司YB市分公司承担保险责任并支付YB市蓝星出租汽车有限责任公司已支付给刘某的各项费用。YB市某区人民法院作出[2017]川1502民初1281号民事判决，判决中国人民财产保险股份有限公司YB市分公司支付YB市蓝星出租汽车有限责任公司保险金11万余元。中国人民财产保险股份有限公司YB市分公司不服上诉至YB市中级人民法院，上诉理由：①四川省YB市某区[2016]川1502民初4171号案件与人保财险YB公司有利害关系，但蓝星出租汽车公司未通知人保财险YB公司该案的诉讼情况导致在该案中未对刘某的伤情提出异议，申请重新鉴定，YB市蓝星出租汽车公司违反了诚实信用原则；②根据《承运人责任保险条款》第十五条"被保险人旅客的损害赔偿请求时，应立即通知保险人。未经保险人书面同意，被保险人对受害人及其代理人作出的任何承诺、拒绝、出价、约定、付款或者赔偿，保险人不受其约束。对于被保险人自行承诺或者支付的赔偿金额，保险人有权重新核定……"的约定，人保财险YB分公司有权对伤者刘某的损失自行核定。该条款并未加重投保人的责任，不属于免责条款。

**二审判决裁判理由**

二审法院认为，人保财险YB公司非四川省YB市某区[2016]川1502民初4171号案件的适格被告，无权对案件的审理提出意见、申请重新鉴定，所以YB市蓝星出租汽车公司是否将该案的诉讼情况通知人保财险YB公司不会影响该案件的审理，人保财险YB公司主张YB市蓝星出租汽车公司未向其告知该案的诉讼情况，导致在该案中未对伤者刘某的伤情申请重新鉴定的上诉理由，本院不予支持。

从《承运人责任保险条款》第十五条记载的"被保险人对受害人及其代理人作出的任何承诺……保险人自行承诺或者支付的赔偿金额"等文字可知该条款旨在限制投保人单方向受害人作出承诺，人保财险YB公司自认设立该条款的目的在于避免投保人与第三人恶意串通损害保险人的利益。从该条款的设立目的可知，保险人对被保险人单方与受害人确定的赔偿金额才有权重新审核。

## 第十一章 判决的既判力问题研究

人民法院是行驶国家审判权的机关，人民法院的审判权具有独立性、中立性、公正性等特征，人民法院依据法律和事实作出的判决具有无可争议的权威性。所以四川省 YB 市某区 [2016] 川 1502 民初 4171 号案件所确定的赔偿金额不会导致投保人与第三人恶意串通，人保财险 YB 公司无权对法院在该案中判决金额的合法性重新进行审核。所以人保财险 YB 公司主张其有权依据《承运人责任保险条款》第十五条的规定对四川省 YB 市某区 [2016] 川 1502 民初 4171 号案件确定的赔偿金额重新审核的上诉理由，本院不予支持。

客运承运人责任险指旅客在乘坐被保险人提供的客运车辆的途中遭受人身伤亡或财产损失，依法应由被保险人承担的经济赔偿责任，保险人依照保险合同约定进行赔偿。客运承运人责任险属于责任保险的险种类别，责任保险是以保险客户的法律赔偿风险为承保对象，在责任保险中确定被保险人因保险事故所遭受的损害是关键。本案中应保险人 YB 市蓝星出租汽车公司因保险事故所遭受的损害已由生效的四川省 YB 市某区 [2016] 川 1502 民初 4171 号案件确定，人保财险 YB 公司应根据该判决在保险合同约定的范围内履行赔偿义务。本案责任保险不同于人身保险，已生效判决确定的伤者刘某的伤残等级不是本案审理范围，故人保财险 YB 公司认为应根据《人体损伤致残程度分级》确定伤者刘某的伤残等级的上诉理由，本院不予支持。

最终，YB 市中级人民法院判决驳回上诉，维持原判。

在本案例中 YB 市中级人民法院认定的"发生法律效力的 [2016] 川 1502 民初 4171 号民事判决书"引出了判决书既判力的问题。

既判力制度在整个民事诉讼法律制度中占据重要的地位。德、日等大陆法系国家都明确确立了既判力制度。然而，我国立法中没有明确确立既判力制度。

江伟教授曾在《民事诉讼法专论》中对"既判力"作了比较准确的界定："实质上的确定力，又称既判力，是指确定判决在实体法上对法院和当事人所具有的强制通用力，表现为判决确定后，当事人不得就判决确定的法律关系另行起诉，也不得在其他诉讼中就同一法律关系提出与本案诉讼相矛盾的主张；同时，法院亦不能作出与该判决所确定的内容相矛盾的判断。"

虽然我国立法中没有明确确立既判力制度，但是实务审判乃至社会经济活动却对既判力产生了依赖。相比其他国家，我国针对既判力的理论研究起步较晚，在 20 世纪 90 年代左右，我国学者才逐渐开始既判力相关的研究，主要体现在两个方面：第一个方面主要是对既判力制度做整体的、概括的介绍。除了民事法律教学教材以外，张卫平的《程序公正实现中的冲突与衡平——外国民事诉讼研究引论》，王亚兴的《对抗与判定——日本民事诉讼的基本结构》，刘荣军的《程序保障的理论视角》等著作都对既判力进行了介绍。此外，还有一批学术文章，肖建国的《判决的效力与既判力理论》，叶自强的《论既判力的本质》，李龙的《论民事判决的既判力》等对既判力进行了整体介绍。近年来，我国法律界有专家学者以专著的形式研究介绍既判力的有关概念与相关的知识研究。比如，邓辉《既判力理论研究》和《民事诉讼既判力研究》，丁宝同的《民事判决既判力研究》。第二个方面主要就既判力某个特定方面的内容进行介绍。例如，林剑锋的专著《民事判决既判力客观范围研究》；常怡、肖瑶的《民事判决的既判力客观范围》等学术文章专门就既判力的研究范围进行介绍与研究。

### 一、既判力本质研究

"既判力"这个概念，并非源于中华法系，最初源于德国的民事诉讼法。总体来看，德国对既判力的研究，从既判力的本质研究方向转向对既判力范围的研究、探讨。德国法学界对既判力的本质进行了重点研究，在理论上形成了实体法说、程序法说、新实体法说、新程序法说、权利实体说等不同理论。

#### （一）实体法说

实体法说是有关既判力本质较早的学说。这种学说的核心思想在于，既判力与实体的法律关系密不可分，本质是既判力的效力将直接影响实体的法律关系。具体来说，当判决的内容与真实的权利义务关系相符合时，既判力的作用相当于强化和确认了目前的法律关系；当判决的内容与实体的法律关系不符合时，既判力将彻底改变现在的法律关系。总之，判决后的当事人权利义务关系将以判决所确定的内容为依据。

简而言之，实体法说认为，既判力的效力是一种实体法上的效力。

#### （二）新实体法说

该学说在承继和发展实体法说的基础上，对判决前的权利状态和判决后的权利状态进行了严格区分。其认为判决前，当事人自行将法律要件事实适用法律规范所获得的权利，未经法院判断，该权利不具有强制性的约束力；但法院判决后的权利，经过了当事人主张、举证和质证以及法院认证和适用法律的过程，因而成为具有强制性拘束力的具体权利，法院和当事人均应当遵守。

#### （三）权利实体说

该学说为日本著名民事诉讼法学家兼子一倡导。他认为，只有人们加以判断和适用，权利和法律才能真正地转化。法官判断和法院判决之前，没有真正实在的既存法律和权利。当事人之间私自适用法律而主张的权利是虚假存在的。只有法院判决做出后，才能成为真正存在的权利。也就是说，判决的既判力拘束当事人和法院的根据在于判决赋予实实在在的权利，这是一种司法权威的权利，法院和当事人必须服从的过程，因而成为具有强制性拘束力的具体权利，法院和当事人均应当遵守。

（四）*程序法说*

诉讼法说认为，既判力并不影响实体的法律关系。换句话说，既判力既不创造又不消灭实体权利义务关系。既判力强调的是已生效判决对后诉法官的一种约束力。由此可以看出，诉讼法说认为，既判力的效力是一种纯诉讼法上的效力。在诉讼法学说里依据内容的不同，又分为关联说和一事不再理说。关联说又被称为旧诉讼法学说。这个学说并不禁止当事人重复提起诉讼，也不禁止法官再次作出判断。只是法官不能作出与前诉相矛盾的判决，法官必须保持自己作出的判决与已发生既判力的判决在内容上的一致性。一事不再理说又被称为新诉讼法学说。这种学说试图从同一诉讼标的和后诉构成前诉的先决问题两种不同的情况去理解既判力的本质。前一种情况即通常所说的禁止重复起诉问题。第二种情况是指，当前一个发生既判力的判决结论构成了后一个判决的前提的情况。在这种情况中，后诉法官必须把有关结论作为其判决的基础，不能对已发生既判力的判决内容再次作判断。

既判力的目的在于维护法院判决内容的确定性和终局性。而生效法院判决的这种确定性和终局性也是社会安定和谐的必要前提。民事诉讼的终极目标在于定纷止争。因为如果允许人们就同一争议无休止地争论下去，允许法院的判决轻易被推翻，那么交易安全将得不到维护，经济建设也无法有效开展，司法资源将遭到极大的浪费，法院的尊严受到践踏，社会处于不安之中，人民无法对法律产生依赖并学法守法用法，最终的结局就是整个社会毫无信用可言，社会的发展受到极大的破坏与影响。由此可见，确保法院生效判决的确定性和终局性有着非同一般的意义。

既判力含义为法律的确定力，最初源于德国《民事诉讼法》。法律的确定力包含形式确定力和实质确定力两个方面的内容。当一个案件或者纠纷穷尽了所有的救济手段以后，那么它就具有了形式上的确定力。而实质确定力指的是生效判决内容上的确定力。不过这种语言上的区分并不严格。在德文相关法律著作或者文献中有时会直接使用法律确定力这个词。

世界范围的国家都确立了终审制度,希望通过诉讼程序本身的终结来最终平息争议。比如,我国《民事诉讼法》规定了我国是两审终审制。然而,事实上仅仅依靠形式上的终审制度并不能够真正起到定纷止争的作用。因为虽然当事人在当下这个诉讼中,不再拥有上诉等进一步获得救济的权利,但这种形式上的终结却不能阻止相同的当事人依据相同的生活事实就同一诉讼标的再次提起诉讼。同时,形式确定力也没有办法阻止当已发生既判力的判决内容构成后一个诉讼的先决问题时,后诉法官对此内容进行再一次的判断。而如果允许了后诉法官对前诉法官的判决内容进行再判断,那么实际上将不仅允许了对同一争议再次进行审理,还有可能导致产生在内容上相互矛盾的两个判决。由此可见,仅仅依靠形式上的终审是不能够起到定纷止争的作用的。纠纷的终结不仅需要形式上的,还需要判决内容上的确定力。这种内容的确定力不仅需要禁止当事人对同一诉讼标的进行反复的争议,还需要在发生既判力的判决内容构成后诉的先决条件时,禁止后诉法官对生效判决进行再一次的判断。而正是源于对判决内容确定力的这种需求产生了既判力制度。

## 二、既判力的作用

在讨论、研究了既判力的本质之后,有必要就既判力的作用做进一步的阐释。既判力的本质最终都将通过既判力的作用体现出来。既判力的作用有其积极和消极两个方面。

既判力的消极作用又称一事不再理作用,是既判力的核心作用之一。依据既判力的消极作用,如果相同的当事人在法院作出的判决发生既判力以后,基于事实审的口头辩论之前的事实,就同一争议再次提起诉讼的,法官必须依职权驳回当事人的诉讼请求。我们可以这样去理解既判力的消极作用:如果后诉与前诉是针对同一争议的,那么后诉将被驳回。既判力的消极作用在我国具体体现为禁止重复起诉。既判力的目的在于保证法院判决的终局性和确定性,然而仅仅依靠既判力的消极作用,实际上无法实现这一目的。比如,一个典型的案子是,原告请求确认他对一物的所有权,获得了法官的支持。在没有发生新的事实的情况下,原告再次提起诉讼,要求前诉的被告返还此物。在这里前诉和后诉并不是同一争议,法官不能依职权驳回当事人的第二个诉讼请求。而如果允许法官在第二个诉讼中重新判断所有权的归属问题,那么不仅实际上对第一个案子的判决内容又进行了重新审理,还有可能发生相互矛盾的判决。所以,仅仅依靠既判力的消极作用不足以维护判决内容的确定性和终局性。由此产生了对既判力积极作用的需求。既判力的积极作用又被称为"先例作用",

这里的"先例作用"是指，当已发生既判力的判决内容构成了后一个诉讼中特定法律后果的前提或者构成要件时，后诉法官必须依据职权，把前一个法官对先决问题的判决作为自己判决的基础。既判力积极作用的实质在于禁止后诉法官对已经发生既判力的先决问题进行再判断。根据既判力的积极作用，在上述第二个返还原物的诉讼中，当事人双方不能对前诉原告的所有权再进行任何的举证，法官也不能将原告的所有权作重新判断，作出新的判决。

可以看出，既判力的目的在于维护法院判决的确定性和终局性。而这种目的，是通过既判力的积极作用和消极作用相互配合来实现的，缺一不可。

### 三、既判力与相关法律术语的比较

#### （一）既判力不同于法律效力

我国法律中并没有使用"既判力"一词。通常《民事诉讼法》第一百一十五条和一百七十五条被认为是中国"既判力"的源头。《民事诉讼法》第一百一十五条规定："最高人民法院的判决、裁定，以及依法不准上诉或者超过上诉期没有上诉的判决、裁定，是发生法律效力的判决、裁定"；第一百七十五条规定："第二审人民法院的判决、裁定，是终审的判决、裁定"。生效判决的法律效力包含生效判决的确定性和终局性。学者认为，这里的"法律效力"暗含了既判力，然而这种理解没有得到立法上的明确答复。这里的"法律效力"所暗含的生效判决的确定性和终局性正是既判力的价值追求所在。

#### （二）既判力不同于禁止重复起诉

《民事诉讼法司法解释》明确规定了禁止重复起诉。这里的禁止重复起诉实际上就是通过立法对一事不再理原则进行了确认。那么按照上面的理解似乎禁止重复起诉就是既判力。然而，禁止重复起诉和既判力两者之间并不可以完全画等号。两者应是重复交叉的关系。我国使用的"禁止重复起诉"概念其实包含两个方面的内容。一是在判决生效后，当事人就同一争议再次提起诉讼。这部分内容在传统大陆法系理论中属于既判力消极作用的问题。而既判力本身也包含积极作用和消极作用两个方面的内容。其中，禁止重复起诉只体现了既判力的消极作用。反过来理解，我国其实并没有承认既判力的积极作用。然而，如前所述，既判力的积极作用和消极作用是相互配合的。仅凭既判力的消极作用事实上并不能完全保证判决内容的确定性。在前诉生效判决仅仅是后诉法律后果的构成要件或者前提条件的情况下，前后两个诉讼涉及的是两个不同的争议，并不发生既判力的消极作用。这样不仅实际上对前诉生效判决的内容又进行了一次审理，还有可能出现两个相互矛盾的判决。所以，禁止重复起诉的规定，一方面表明了我国对判决终局性和确定性的现实需求，另一方面却又并不能完全达到确保判决内容确定性的效果。

# 第十二章 受害人的损失赔偿项目认定

## 刘某某诉李某某、某运业有限责任公司、某人民财产保险股份有限公司机动车交通事故责任纠纷案

——交通事故案件中赔偿项目的计算问题研究

**关键词**

交强险　赔偿费用　项目　格式条款

**裁判要点**

（1）投保人与保险公司在订立保险合同时约定被保险人受伤应"按照国家基本医疗保险标准核定医疗费"的条款应为无效条款，保险公司应对被保险人主张的医疗费进行赔偿。

（2）受害人误工时间应根据受害人接受治疗的医疗机构出具的证明确定，受害人因伤致残持续误工的，误工时间可以计算至定残日前一天。受害人的劳务收入具有临时性、随机性，由于此类收入的不固定性，应将此类受害人确定为无固定收入者，并按无固定收入者的误工费计算标准予以计算。

**相关法条**

《中华人民共和国侵权责任法》第十六条、第四十八条

《中华人民共和国保险法》第六十五条

《中华人民共和国道路交通安全法》第七十六条

《最高人民法院关于人身损害赔偿案件适用法律若干问题的解释》第十七条、第十八条、第十九条、第二十条、第二十一条、第二十二条、第二十三条、第二十三条、第二十五条

**基本案情**

原告刘某某诉称：2015年9月29日13时25分，被告李某驾驶被告某

运业有限责任公司所有的川QA××××号大型普通客车由J县J镇方向往J县维新镇方向行驶，行至腾沐路6 km+800 m处超车时与原告刘某所驾川QA××××普通二轮摩托车相撞，造成原告受伤及车辆受损的交通事故。经J县公安局交通管理大队认定，被告李某某承担本次事故全部责任。被告某运业有限责任公司为其所有的川QA××××号大型普通客车在被告某人民财产保险股份有限公司购买了交强险和商业三者险，且事故发生在保险期内。原告受伤后，被送往YB市第一人民医院、CN县中医院住院治疗至2016年5月14日出院，原告的伤情经四川某司法鉴定所鉴定为六级伤残，后续医疗费为13 600元，后期护理期限为六年，误工时限为出院之日起两年。审理中，原告将医药费变更为271 531.04元，损失共计变更为982 959.45元。

被告李某某辩称：①对原告起诉的交通事故无异议；②自己系被告某运业有限责任公司职工，所驾驶的车系单位所有，且事故发生在上班中。被告某运业有限责任公司在被告某人民财产保险股份有限公司投保了相应保险，原告的损失应由被告某人民财产保险股份有限公司赔偿；③自己垫付的钱，原告已经归还。

被告某运业有限责任公司辩称：①对原告起诉的交通事故无异议；②该车在被告某人民财产保险股份有限公司投保了相应保险，且在保险期内，原告的损失应由被告某人民财产保险股份有限公司承担；③该车因购买有法律费用特约条款，诉讼费应由被告某人民财产保险股份有限公司承担。

被告某人民财产保险股份有限公司辩称：①对本次交通事故和责任认定无异议，只承担相应的保险合同赔偿责任；②垫付的10 000元医疗费在本案中一并处理；③医药费应扣除115 015.19元；④误工费应按住院228天×60元计算；⑤住院期间护理费应按228天×80元计算，其中2015年9月29日至11月30日、12月8日至12月11日系双人护理，也应按65天×80元计算，出院后的护理费时间计算至第二次评残前天应按204天×80元×40%的伤残系数计算；⑥住院伙食补助费按每天15元计算，营养费没有医嘱不应赔偿；⑦对于原告的伤残赔偿金按城镇标准计算应提供证据；⑧对被抚养人生活费中原告儿子的计算年限应为三年，其余无异议；⑨后续医疗费、精神抚慰金无异议；⑩鉴定费、车辆维修费、复印费不承担，交通费应为500元。

法院经审理查明：2015年9月29日13时25分，被告李某某驾驶被告某运业有限责任公司所有的川QA××××号大型普通客车由J县J镇方向往J县维新镇方向行驶，行至腾沐路6 km+800 m处超车时，与原告刘某某所驾川QA××××普通二轮摩托车相撞，造成两车受损及原告受伤的交通事故。

## 第十二章 受害人的损失赔偿项目认定

2015年10月18日，J县公安局交通管理大队认定李某某承担本次事故的全部责任，刘某某无责任。原告受伤当天被送至J县人民医院住院治疗，支出医疗费3 556.24元。因原告病情严重，于当日转入YB市第一人民医院住院治疗。2015年12月11日，原告刘某某住院73天后出院，支出医疗费248 413.7元。2015年12月11日，原告刘某某到CN县中医院住院治疗155天后于2016年5月14日出院，支出医疗费19 431.01元。2016年6月15日，原告在YB市第二人民医院支出检查费共130元，至此，原告支出医疗费共271 530.95元。2016年6月15日，原告委托四川某司法鉴定所对其伤残等级等项目进行鉴定。该所于2016年6月17日作出法医学鉴定意见书评定：①刘某某本次交通事故伤残综合评定为六级伤残；②后续医疗费约需人民币13 600元；③刘某某伤后需护理依赖，护理期限以六年为宜（自出院之日起）；④出院后误工时限以两年为宜（自出院之日起）。原告支出鉴定费3 500元（其中伤残等级鉴定费700元，后续医疗费+住院治疗时限鉴定费1 000元，护理依赖程度+护理时限鉴定费1 200元，误工时限鉴定费600元）。

审理中，被告某人民财产保险股份有限公司申请对原告的伤残等级进行重新鉴定。根据双方选定鉴定机构的意见，法院依法委托四川某某司法鉴定所对上述项目进行重新鉴定。该所做出意见书评定：①刘某某的伤残等级为Ⅶ（七）级；②后续治疗费用约需7 000元（柒仟元）；③刘某某目前不存在护理依赖，护理期限伤应计算至本次残评定前一日；④刘某某因交通事故受伤后在医院住院过程中发生的属四川省基本医疗保险不予承担的费用合计为115 015.79元。另查明，被告某运业有限责任公司为川QA××××号大型普通客车在被告某人民财产保险股份有限公司投保了交强险（死亡伤残赔偿限额为110 000元、医疗费赔偿限额1 000元、财产损失赔偿限额2 000元），保险期限为2015年4月23日0时起至2016年4月22日24时止；商业第三者责任险（赔偿限额150 000元）、附加交通事故精神损害赔偿责任保险（赔偿限额10 000元）、法律费用特约条款（赔偿限额10 000元），保险期限为2015年4月2日0时起至2016年4月1日24时止。原告受伤后，被告某人民财产保险股份有限公司垫付了医药费10 000元。

另查明：①原告刘某某于2012年9月18日在CN县CN镇竹海大道一段购买了商品房，并长期居住在此；②原告于2014年3月14日与某建设工程有限公司签订劳动合同书，劳动合同期限为2014年3月14日，以乙方完成项目部工作任务为合同终止时间。原告刘某某与妻子文某某于2001年10月21日生育一子刘某伟。原告刘某某父亲刘有某，1934年1月13日出生，现仍在世。

**裁判结果**

四川省 J 县人民法院于 2017 年 4 月 26 日作出一审判决：①被告某人民财产保险股份有限公司赔偿原告刘某某各项损失共计 606 174.55 元（已扣除被告垫付款 10 000 元）；②驳回原告刘某某的其他诉讼请求。案件受理费 6 792（已减半），由原告刘某某负担 1 765 元，被告某人民财产保险股份有限公司负担 5 027 元。

被告某人民财产保险股份有限公司未提出上诉，一审判决现已生效。

**裁判理由**

法院生效裁判认为，本案争执焦点有两个：一是当事人在订立保险合同时约定被保险人受伤应"按照国家基本医疗保险标准核定医疗费"的条款是否有效？二是刘某某的误工费应如何认定。

关于第一个争执焦点，投保人与保险人在订立合同时约定被保险人受伤应"按照国家基本医疗保险标准核定医疗费"的条款应属格式条款，保险公司的前述规定系显失公平的格式条款而无效。《合同法》第四十条规定："格式条款具有本法第五十二条和第五十三条规定情形的，或者提供格式条款一方免除其责任、加重对方责任、排除对方主要权利的，该条款无效"。且《保险法司法解释三》第十九条规定："保险合同约定按照基本医疗保险的标准核定医疗费用，保险人以被保险人的医疗支出超出基本医疗保险范围为由拒绝给付保险金额的，人民法院不予支持"。被保险人在订立保险合同时，并不能预见受害人会受到何种伤害，很难对基本医疗保险进行针对性的研究。保险公司以普通被保险人难以掌握的技术性规范"隐蔽"地对保险保障进行了限制，使被保险人所获得的保险保障大幅降低，这是不公平的，不应得到支持。本案中，某人民财产保险股份公司提供的关于"按照国家基本医疗保险标准核定医疗费"的条款应为无效条款，对于被告某人民财产保险股份有限公司要求扣除原告刘某某医疗费 115 015.79 元的意见，不予支持。

关于第二个争执焦点，受害人刘某某的误工费计算。虽然原告提交了某建筑工程有限公司 2015 年 4 月至 2015 年 9 月的劳务发放表证明自己的劳动收入情况，但根据劳务发放表可以看出，原告并没有固定的收入，其每月收入均不同且差异较大，原告也不能举证证明自己最近三年的平均收入。根据《最高人民法院关于审理人身损害赔偿案件适用法律若干问题的解释》中第二十条："误工费根据受害人的误工时间和收入状况确定。误工时间根据受害人接受治疗的医疗机构出具的证明确定。受害人因伤致残持续误工的，误工时间可以计算至定残日前一天。受害人有固定收入的,误工费按照实际减少的收入计算。受害人无固定收入的,按照其最近三年的平均收入计算;受害人不能举证证明其最近三年的平均收入状况的,可以参照受诉法院所在地相同或者相近行业上一年度职工的平均工资计算"。误工时间依护理时间确定为455天,误工费计算法院依实际情况酌定为80元/天。

**案例注解**

本案是一起较为典型的保险合同中"按照国家基本医疗保险标准核定医疗费"的格式条款效力争议的案件,案件中还涉及另一个在机动车交通事故责任纠纷赔偿中常出现争议的问题即关于误工费的计算。

### 一、对本案"按照国家基本医疗保险标准核定医疗费"条款的认定

双方当事人在平等、自愿基础上订立的机动车交通事故责任强制保险和机动车辆保险,是双方当事人真实意思的表示,内容不违反法律、行政法规禁止性规定,应当认定有效。保险公司在被保险车辆发生交通事故时,应按照双方当事人在涉案保险合同中的约定予以赔偿。

关于涉案保险合同争议条款"按照国家基本医疗保险标准核定医疗费"能否理解为"医保外用药不予理赔"的问题。在最高人民法院非医保公报案例未刊登之前,各地法院均对保险公司提出的"医疗费用按照国家基本医疗保险标准予以核定"的主张予以支持,如2009年7月29日《九江市中级人民法院关于审理道路交通事故人身损害赔偿案件若干问题的意见(试行)》第九条第三款:"机动车一方投保机动车第三者责任商业险的,保险公司要求按照保险合同的约定,按照国家基本医疗保险的标准核定医疗费用赔偿金额的,应予支持"。2010年9月17日《宜春市中级人民法院关于审理保险案件若干问题的指导意见》第四条:"超出国家基本医疗保险用药目录的医疗费,如何理赔?医疗费用在保险限额范围内的,在保险条款有约定且尽到了说明、提示义务的前提下,按保险条款约定办理。如没有约定或未尽到说明义务,超出基本医疗保险标准目录用药产生的医疗费,在保险公司能提供证据证明超出目录的用药与事故造成损害所需用药没有关联时,由此产生的医疗费用,保险公司可以拒赔;反之,应予理赔"。

通过之前各地法院的判决以及相关司法文件,可以看出保险公司将"保险人按照国家基本医疗保险标准核定医疗费用的赔偿金额"纳入保险条款当中是具有一定的合理性的。在司法实践中,经常出现交通事故的受害人在医院进行

治疗时，使用超出基本医疗保险范围的药品或器材，而保险公司以保险合同规定仅对基本医疗保险范围内的医疗费用承担理赔责任，拒绝对超出部分理赔的案件。对此类纠纷如何解决，在中国司法实践中存在两种不同的意见。

第一种意见认为，保险公司提供的系格式条款，该条款中的此项约定免除了自己的责任、排除了对方的权利，违反了《合同法》第四十条的规定，该条款无效，保险公司应对被保险人主张的医疗费进行赔偿。

第二种意见认为，保险合同既然明确约定保险公司仅赔付医保范围内用药支出，则应当尊重当事人之间的自治，不应当过度干预私权利的活动空间。应按合同约定对被保险人主张的医疗费按国家基本医疗保险标准予以核定。

在本案中就出现了保险公司对超出基本医疗保险范围的药品费用主张不予赔偿的问题。本案中，原告刘某某认为"国家基本医疗保险标准"无明确具体的含义，被告某人民财产保险股份有限公司将其定义为"医疗用药的范围"无法律依据。某人民财产保险股份有限公司应该对原告在治疗中产生的属四川省基本医疗保险不予承担的费用 115 015.79 元承担赔偿责任。被告某人民财产保险股份有限公司认为该条款的含义是超出"国家基本医疗保险标准"的医疗费不予赔偿。

法院认为，依据《中华人民共和国合同法》第四十一条规定"对格式条款的理解发生争议的，应当按照通常理解予以解释，对格式条款有两种以上解释的，应当作出不利于提供格式条款一方的解释。格式条款和非格式条款不一致的，应当采用非格式条款"。因此，在本案中在涉案保险合同争议条款的含义不明确的情况下，应当作出不利于格式条款提供方即被告某人民财产保险股份有限公司的解释。

当然，即使涉案保险合同争议条款可以被理解为"医保外用药不予赔偿"，该条款的效力也应当结合相关法律规定全面加以分析。

### （一）从保险合同的订立来分析

保险合同的免责条款决定着投保人的投保风险和投保的根本利益，对于投保人是否投保具有决定性的影响。基本医疗保险覆盖面非常广泛，且随着政策的变动而不断发生变化。被保险人在订立保险合同时，并不能预见受害人会受到何种伤害，也就很难对基本医疗保险进行针对性的研究，其只能根据保险合同的相关条款对自己所获得的保险保障进行判断，即"依法应当由被保险人承担的损害赔偿责任"都应当获得理赔。且受害人在受伤后就医治疗时，用哪种药物、用多大的剂量都是医生根据受害人的伤情来决定的，这并不受受害人控制，也不是受害人能控制的范畴。保险公司以普通被保险人难以掌握的技术性规范"隐蔽"地对保险保障进行了限制，使被保险人所获得的保险保障大幅"缩水"，这显然是不公平的，也是不应得到支持的。

### （二）从国家基本医疗保险与保险合同的性质来分析

国家基本医疗保险是为补偿劳动者因疾病风险造成的经济损失而建立的一项社会保险制度。通过用人单位和个人缴费，建立医疗保险基金，参保人员患病就诊产生医疗费用后，由医疗保险经办机构给予一定的经济补偿，以避免或减轻劳动者因患病、治疗等带来的经济风险，是国家建立的一项具有社会福利性质的社会保险制度。为了控制医疗保险药品费用的支出，国家基本医疗保险限定了药品的使用范围。

而涉案保险合同是一份商业性保险合同，具有强烈的商业性质。保险人向投保人收取的保费金额远远高于国家基本医疗保险，投保人的投保利益也远远高于国家基本医疗保险。涉案保险合同与国家基本医疗保险有着本质的区别。因此，按被告某人民财产保险股份公司"医保外用药"不予赔偿的主张对争议条款进行解释，明显降低了被告保险公司的风险，减少了被告保险公司义务，限制了投保人的权利。保险公司按商业性保险收取保费却按照国家基本医疗保险标准理赔，有违诚信。保险公司的做法违背了民法诚实信用的基本原则，其主张也不应该得到支持。

### （三）从保险公司的主张若得到支持分析

保险公司的主张若得到支持会不利于保险市场的健康发展。一方面，保险公司在保险合同中对受害者受伤治疗时的用药范围等限制，是为了防止出现不必要的医疗费用。但是，医疗费用是否合理并不完全取决于其是否属于基本医疗保险范围，也不完全取决于受害者的意愿，也存在着受害人使用的是治疗必需的普通药品或器材但不属于基本医疗保险范围的情况。另一方面，保险公司拒赔可能会导致受害人不能及时得到救治。若法院判决支持了保险公司的主张，认定投保人与保险公司在订立保险合同时约定受害者受伤应"按照国家基本医疗保险标准核定医疗费"的条款有效。那么，在之后的赔付案件中，保险公司在赔付前一定会考虑医疗费的组成情况，考虑是否有属于超出基本医疗保险范围的用药情况。这势必会在被保险人与受害人之间引发新的矛盾，从而影响到受害人的及时治疗。

综上所述，受害人刘某某超出"国家基本医疗保险标准"的医疗费，被告某人民财产保险股份公司应予以赔付。

## 二、关于本案误工费的计算

误工费是指赔偿义务人应当向赔偿权利人支付的受害人从遭受伤害到完全治愈这一期间（误工时间），因无法从事正常工作而实际减少的收入。对于误工费的赔偿的裁判依据主要体现在《侵权责任法》第十六条、《民法通则》第一百一十九条、《最高人民法院关于审理人身损害赔偿案件适用法律若干问题的解释》中第二十条等法条中。误工费具体赔偿多少，主要跟三个方面有关：①误工费的计算标准，即误工费的计算应当以其收入状况乘以误工时间；②误工时间的确定；③受害人收入状况的认定。

### （一）误工时间的认定

根据《最高人民法院关于审理人身损害赔偿案件适用法律若干问题》的解释第二十条第二款："误工时间根据受害人接受治疗的医疗机构出具的证明确定。受害人因伤致残持续误工的，误工时间可以计算至定残日前一天"的规定，本案中原告刘某某于2015年9月29日发生交通事故受伤住院，直至出院时医疗机构并未出具证明确定刘某某的误工时间。受害人刘某某因发生机动车交通事故受伤就医治疗，因伤残持续误工，虽于2016年6月17日由某司法鉴定所出具鉴定意见确认了伤残等级，但因某人民财产保险股份公司对该鉴定意见有异议，经双方协商过后由四川某某鉴定机构于2016年12月27日出具鉴定意见，确定了刘某某的伤残等级。因此，刘某某误工时间为2015年9月29日至定残前一日2016年12月26日，共计455天。

### （二）受害人收入状况的确定

根据《最高人民法院关于审理人身损害赔偿案件适用法律若干问题的解释》中第二十条："受害人有固定收入的，误工费按照实际减少的收入计算。受害人无固定收入的，按照其最近三年的平均收入计算；受害人不能举证证明其最近三年的平均收入状况的，可以参照受诉法院所在地相同或者相近行业上一年度职工的平均工资计算"。受害人的收入状况的认定主要有三种情况：①受害者有固定收入的，赔偿额为受害者因误工实际减少的收入，这需要受害者提供工作单位或者提供固定收入的单位出具收入证明来证明；②受害者没有固定收入的，根据受害者最近三年的平均收入作为误工费计算依据。受害者最近三年的收入状况以交通事故发生之日起往前推算三年。受害者最近三年的收入状况证明，不以纳税机关出具的收入状况证明为要件，即只要受害者能证明其最近三年收入状况即可，不要求必须为纳税收入；③受害者没有固定收入且不能举证证明其最近三年收入情况的,可以参照受诉法院所在地相同或者相近行业上一年度职工平均工作认定受害人收入状况,本案即属于第三种情况。

在本案中受害人即原告刘某某虽然提交了某建筑工程有限公司2015年4月至2015年9月的劳务发放表证明自己各月的收入分别为4月9 903元、5月5 090元、6月7 463元、7月6 978元、8月9 775元、9月8 457元。但通过受害人的举证也能看出受害人的收入情况并不稳定,其收入是依件计酬的。属多劳多得型,且没有底薪。受害人刘某某的劳务收入具有临时性、随机性,由于此类收入的不固定性,法院将受害人确定为无固定收入者,并按无固定收入者的误工费计算标准予以计算,即认定误工费计算标准为80元/天。

虽然法院的认定于法有据且符合YB市的司法实践实情,但是笔者认为,法院认定受害人为无固定收入者并确定误工费80元/天该部分判决的理由叙述不够充分。原告刘某某提出诉讼请求,请求某人民财产保险股份公司赔偿误工费245 724元,某人民财产保险股份公司主张误工费应依据60元/天计算。法院在出具判决时针对误工时间的核定作出了详尽说明,核定为455天。但是在判决误工费计算标准为80元/天时并没有在判决中叙述理由,针对双方的误工费主张认定与否也未直接做出说明而是直接判决,也未表明80元/天的依据从何而来。笔者认为,判决针对该部分的叙述应该更详尽,让80元/天的误工费计算标准的认定做到有理有据,让判决更全面更能让人信服。

综上所述,本案中受害人的误工时间认定为从受害人受伤至定残前一日即455天,误工费计算标准以无固定收入者认定,即以80元/天计算。

# 曾某诉何某某、YB临港运输有限公司、中国人民财产保险股份有限公司机动车交通事故责任纠纷案

——受害人赔偿项目及金额

### 关键词

受害者赔偿项目 死亡赔偿金 精神损害赔偿

### 裁判要点

(1)受害人死亡的交通事故赔偿项目包括死亡赔偿金、丧葬费、被扶养人生活费、医疗费、误工费、护理费、鉴定费、交通费、精神损害抚慰金。

(2)各项赔偿的具体数目需依照法律、司法解释对应的标准计算或者由法

官自由裁量。

**相关法条**

《中华人民共和国道路交通安全法》第七十六条

《中华人民共和国保险法》第六十五条

《中华人民共和国侵权责任法》第六条、第十六条、第二十二条、第三十二条、第四十八条、第四十九条

《最高人民法院关于审理人身损害赔偿案件适用法律若干问题的解释》第十七条、第十八条、第二十七条、第二十九条、第三十条、第七十三条

《最高人民法院关于确定民事侵权精神损害赔偿责任若干问题的解释》

**基本案情**

原告诉称：2018年2月5日早上，被告何某驾驶川XXXXX号重型半挂牵引车牵引川XXXXX挂号挂车在F县境内F县城方向沿305省道往代寺镇方向行驶，于7时10分在柑坳街处致曾某某受伤，后经抢救无效死亡。F县交警大队以富公交认字[2018]第2018XXX号交通事故认定书认定：何某某在此次事故中承担全部责任。被告向原告支付抢救费830元、交通费3 000元、精神抚慰金50 000元、丧葬费27 212.5元、死亡赔偿金11 203元/年×5年=56 015元，合计137 057.5元，应由人保YB分公司在保险责任限额内赔偿，不足部分应当由被告肇事车辆挂靠公司YB临港公司、肇事车主、司机何某某赔偿。致曾某某（曾某某为原告曾某之父）受伤，后经抢救无效死亡。

被告YB临港公司辩称：对事故认定以及认定结论无异议。涉案事故车辆所有人为被告何某某，此车挂靠在本公司运营，因该车投保了交强险、商业第三者责任险，原告主张的各项损失费，可由法院依法判决。被告何某某已经垫付曾某某的医疗费6 695.42元、尸检费2 500元及借支现金57 000元，合计66 195.42元并案处理，从原告获赔款中扣除。由于被告人保YB分公司未与原告达成赔偿协议而致诉讼。因此，本案诉讼费由被告人保YB分公司负担。

被告何某某辩称：意见与被告YB临港公司的答辩意见一致。

被告人保YB分公司辩称：对事故事实及事故认定结论无异议。本案事故车辆在本公司投保了交强险、商业第三者责任险，原告主张的各项损失费用合法有据部分，可依保险合同约定在保险责任内赔偿，但诉讼费、鉴定费不在保险范围内。原告主张的各项损失中：对死亡赔偿金、丧葬费无异议。亲属办理丧葬事宜支出的交通费及误工损失3 000元过高，可以每天每人100元并按三

## 第十二章 受害人的损失赔偿项目认定

天三人计赔；医疗费应该有证据证明，否则不应赔偿；精神抚慰赔偿50 000元过高，根据本案实际赔偿30 000元为宜。

**法院经审理查明**

（1）2018年02月05日早上，被告何某某驾驶川XXXXX号重型半挂牵引车牵引川XXXXX挂号挂车在F县境内，从F县城沿305省道往代寺镇方向行驶，7时10分左右，当车行至305省道43Km+400m（柑坳街村）处时，该车右前部与同向行走在公路上的行人曾某某相撞，造成曾某某受伤，后经F县人民医院抢救无效于2018年02月06日死亡的道路交通事故。2018年03月07日，ZG市公安局交通警察支队F县大队作出道路交通事故认定书认定：被告何某某承担事故全部责任。事故发生后，被告何某某整付曾某某的医疗费6 695.42元、死因鉴定费2 500元，并借给原告现金57 000元。

（2）曾某某于1928年09月08日出生，户籍地为四川省F县，系农村居民家庭户。曾某某与妻曾某书婚后，共育有原告曾某、曾某高、曾某刚三个儿子，曾某书、曾某高、曾某刚已先于曾某某死亡。曾某高及曾某刚的妻、子女均在本案中放弃了赔偿请求权。

（3）被告何某某为川XXXXX号重型半挂牵引车及川XXXXX挂号重型半挂平板自卸半挂车的实际所有人，此车挂靠在被告YB临港公司营运，并向被告人保YB分公司投保了交强险、商业第三者责任险。交强险中：医疗费用赔偿限额为10 000元，含医药费、诊疗费、住院费、住院伙食补助费、营养费、续医费等；死亡伤残赔偿限额为110 000元，含死亡赔偿金、护理费、交通费、被扶养人生活费、误工费、丧葬费、亲属办理丧葬事宜支出的交通费和住宿费及误工损失、精神损害抚慰金等；商业第三者责任险的赔偿限额为1 000 000元，并投保了不计免赔险。在保险合同中均约定，保险人按照国家基本医疗保险的标准核定医疗费用，即医疗费中的自费药不在保险责任范围。本次交通事故发生在保险有效期限内。

**裁判理由及判决结果**

对原告主张的曾某某伤后医疗费830元，由于未提交证据证明，本院不予认定。

在诉讼中，对于曾某某伤后医疗费中的自费药，经原被告之间协商一致，确定按10%扣除，即为669.54元=（6695.42元×10%）。

被告承认原告诉讼请求部分，不违反法律规定，本院予以支持。被告何某某作为事故车辆实际车主且承担事故全部责任,应依法对曾某某的伤、亡后果承担全部侵权赔偿责任,由于被告何某某将其所有的事故车辆挂靠在被告YB临港公司营运,被告YB临港公司与被告何某某应依法承担连带赔偿责任。由于本案事故车辆投保了交强险、商业第三者责任险,且在商业第三者责任险中投保了不计免赔险,曾某某伤、亡后的各项损失费,被告人保YB分公司首先应在保险责任范围内赔偿,但医疗费中的自费药不在保险责任范围内,应由被告YB临港公司与被告何某某连带赔偿。鉴定费不属商业第三者责任险的免责范围,应由被告人保YB分公司在该险种中赔偿。因此,根据本案实际,可将精神损害抚慰金酌情确定为45 000元;曾某某死亡后,尽管原告未举示充分证据证明支付交通费的数额及造成的误工损失情况,但基于必定产生,根据本案实际,可将该项损失费酌情确定为2 000元。因此,根据本案证据和相关规定,对原告主张的各项损失费分别确定为:医疗费6 695.42元、精神损害抚慰金45 000元、死亡赔偿金56 015元(11 203元/年×5年)、丧葬费27 212.50元(54 425元/年÷12个月×6个月)、亲属办理丧葬事宜支出的交通费和误工损失2 000元,合计136 922.92元,除自费药669.54元外,其余损失费136 253.38元,均属被告人保YB分公司的保险责任限额范围,应由其赔偿。自费药669.54元,应由被告YB临港公司与被告何某某连带赔偿,与被告何某某垫付医疗费6 695.42元、鉴定费2 500元及借支现金57 000元,合计66 195.42元抵迭后,原告曾某应向被告何某某退还65 525.88元。为了避免诉累,扣除被告何某某应负担案件受理费1 521元后,可由被告人保YB分公司分别向原告曾某赔偿72 248.50元、向被告何某某支付64 004.88元。

依照《侵权责任法》第六条第一款、第十六条、第二十二条、第四十八条、第四十九条,《道路交通安全法》第七十六条,《保险法》第六十五条、《最高人民法院关于审理人身损害赔偿案件适用法律若干问题的解释》第十七条第三款规定,判决如下:

(1)被告中国人民财产保险股份有限公司YB市分公司在本判决生效后10日内分别向原告曾某赔偿72 248.50元,向被告何某某支付64 004.88元。

(2)驳回原告曾某的其他诉讼请求。

**案例注解**

随着社会的进步,经济的发展,家庭车辆的增多,道路交通事故时有发生。关于在道路交通事故中受害人死亡的赔偿项目以及标准至今尚无具体的定论,该问题已成为社会普遍关注的一个焦点。以上案例在道路交通事故涉及

第十二章 受害人的损失赔偿项目认定

受害人死亡的情形中,关于受害人赔偿项目及标准的确定在实践中具有代表意义。

## 一、死亡赔偿金

### (一)死亡损害赔偿的现行法律特征及性质

我国对死亡赔偿法律关系的立法规范过程呈现四方面的特征:首先,在立法滞后的情形下,司法解释和行政法规先行;其次,死亡赔偿法律关系的调整经历了一个由粗到细的过程;再次,死亡赔偿法律规范调整范围的逐步扩大;最后,赔偿数额和经济发展水平以及人们心中的正义价值相匹配。[①]

对于死亡赔偿金的性质,目前通行的观点有三个:"扶养丧失说""继承丧失说""精神损害抚慰金"[②]。"扶养丧失说"认为,因受害人死亡遭受损害的人实际上是死者生前负有抚养义务的人,受害人死亡,被抚养的人丧失了生活供给来源,属于遭受的财产损害,侵权责任人应当对此项损失给予赔偿[③];"继承丧失说"认为,侵害他人生命致其死亡,造成受害人余命的年岁内收入"损失",给其继承人造成继承财产的损失[④];"精神抚慰金说"认为,死亡赔偿金是对受害死者有关的近亲属的精神损害赔偿。

人身损害赔偿可分为精神损害抚慰金和物质损害赔偿金两类,死亡赔偿金应属于物质损害赔偿。[⑤]理论上曾认为,死亡赔偿金其性质是侵害生命权的抚慰金赔偿;如《精神损害赔偿解释》第九条就将死亡赔偿金的性质确定为精神损害抚慰金,若受害人没有近亲属,是否意味着侵权人无须承担赔偿的责任,此观点显然不合理。"扶养丧失说"与"继承丧失说"中,笔者认为"继承丧失说"更具有合理性,若受害者是一个不具有扶养他人能力的人,"扶养丧失说"的观点也行不通。另《最高人民法院关于审理人身损害赔偿案件适用法律若干问题的解释》也采取了"继承丧失说"的观点[⑥],由该《解释》第二十九条可以看出,死亡赔偿金按照受诉法院所在地城镇居民人均可支配收入或者农

---

① 魏彦珩.论死亡损害赔偿法律关系[J].法治研究,2011(9):50-57.
② 张新宝.侵权责任法原理[M].北京:中国人民大学出版社,2005.
③ 杨立新.人身损害赔偿司法解释释义[M].北京:人民出版社,2004.
④ 张新宝.人身损害赔偿案件的法律适用[M].北京:中国法制出版社,2004.
⑤ 杨仓仓.死亡赔偿金不包括精神抚慰金[N].民商审判,2010-03-24(007).
⑥ 陈现杰.关于审理人身损害赔偿案件适用法律若干问题的解释的理解与适用[J].人民司法,2004(2):3-8.

村居民人均纯收入标准来计算,是对受害人"余命"可能产生的财产积累的计算方式。该规定更具有调整范围的普遍适用性、与经济水平的发展及人们心中正义的显形化价值相吻合。

### (二) 死亡赔偿金的计算标准

根据《最高人民法院关于审理人身损害赔偿案件适用法律若干问题的解释》二十九条的规定:按照受诉法院所在地上一年度城镇居民人均可支配收入或者农村居民人均纯收入标准来计算。由此可以看出,死亡赔偿金需结合受害人的居民身份来确定,赔偿的标准分为两类。第一类:城镇居民,按照受诉法院所在地的上一年度城镇居民人均可支配收入赔偿;第二类:农村居民,是按照受诉法院所在地的上一年度农村居民人均纯收入标准来计算。司法解释的条文规定让法学理论界和社会普遍认为"同命不同价",存在"户籍歧视"等问题。有观点认为,死亡赔偿金的差额化并不必然导致不平等。就死亡赔偿金的标准问题,不应简单依据城乡户籍来确定计算标准,而是应该考虑到受害者个体情况的特殊性。例如,日本死亡赔偿金的计算是根据受害人有无收入、住处、所处行业、成年与否以及是否属于家中的主要经济支柱等实际情况来确定。[1] 我国也应当从"继承丧失说"的角度估算每个权利人可得继承利益的损失以确定最后的赔偿金额。[2] 确认死亡赔偿金是对未来收入的减少的补偿。根据我国目前的情况,农村户籍人员在城镇就业或者安家、定居的情况极其普遍。因此,在各地法院的实践中,如2006年重庆高级法院下发的《关于审理道路交通事故损害赔偿安全适用法律若干问题的指导意见》中规定:受害人为农村户口,但在发生交通事故时在城镇务工,有正当生活来源,并且已在城镇连续居住达一年以上的,可以将其按照城镇居民的标准来计算相应的赔偿数额。以此达到客观公平的保障侵权人和受害人的合法权益目的。

### (三) 死亡赔偿金计算方法

最高法院的司法解释采用"定型化赔偿和客观计算法",以定型化赔偿模式来确定死亡赔偿金的赔偿标准和赔偿年限,具体为死亡赔偿的年限固定为20年,受害人如果是60周岁以上的,年龄每增加1岁减少1年,75周岁以上的,按5年计算。死亡赔偿金赔偿的对象是剩下的生命,却又不完全是剩下的生命,

---

[1] 孙鹏.生命的价值——日本死亡损害赔偿的判例与学说[J].甘肃政法学院学报,2005(7):58-68.

[2] 侯德斌,邹忠玉."同命"应当"同价"吗?——简评我国死亡赔偿金制度[J].长春理工大学学报:社会科学版,2015(9):27.

如年龄较小的受害人，赔偿20年为最高限度。具体的计算方法为：

（1）城镇居民死亡赔偿金＝上一年度城镇居民人均可支配收入×20年【60周岁以上的为（实际年龄－60）；75周岁以上为5年】

（2）农村居民死亡赔偿金＝上一年度农村居民人均可支配×N【N：60周岁以下为20年（含）；60周岁以上：N＝（实际年龄－60）；75周岁以上为5年】

（3）60周岁以下人员的死亡赔偿金＝上一年度城镇居民人均可支配收入（农村居民人均纯收入）×20年

（4）60～75周岁人员的死亡赔偿金＝上一年度城镇居民人均可支配收入（农村居民人均纯收入）×【20－（实际年龄－60）】

（5）75周岁以上人员的死亡赔偿金＝上一年度城镇居民人均可支配收入（农村居民人均纯收入）×5年

**（四）就高不就低的特殊赔偿原则**

《最高人民法院关于审理人身损害赔偿案件适用法律若干问题的解释》第三十条规定的是在特殊情形下的死亡赔偿金和残疾赔偿金的标准。受害人能够举证证明自己的住所地或者经常居住地城镇居民人均可支配收入或农村居民人均纯收入高于受诉法院所在地的标准，残疾赔偿金或者死亡赔偿金可按照自己住所地或者经常居住地相关的标准进行计算，如果低于则可以按照受诉法院所在地的标准赔偿，这有利于尽可能地实现客观的公平与正义。

## 二、丧葬费

丧葬费的标准问题在以前一般是根据《侵权责任法》"填平损失"原则，依据死者家属为安葬死者而支出的必要费用为限。现在《最高人民法院关于审理人身损害赔偿案件适用法律若干问题的解释》第二十七条规定：丧葬费按照受诉法院所在地上一年度职工月平均工资标准，以六个月总额计算。交通事故致人死亡的，死者的法定继承人或者承担丧葬义务的人有权要求获得丧葬费。也存在一些省市的丧葬赔偿标准是按照国务院关于殡葬管理暂行规定和交通事故发生地规定的原则办理，根据死者生前6个月的收入总额来确定丧葬费。

## 三、被扶养人生活费

（1）被扶养人是指受害人依法应当承担扶养义务的未成年人或者丧失劳动能力又无其他生活来源的成年近亲属。因此，被扶养人生活费的赔偿年限与被扶养人实际年龄是密切相关的，计算被扶养人生活费应按事故发生时间确定被扶养人的年龄，且被扶养人年龄应按周岁计算。

（2）被扶养人为未成年人的，赔偿年限计算至18周岁；被扶养人为成年人的，赔偿年限按20年计算；60周岁以上的，年龄每增加1岁减少1年；75周岁以上的，按5年计算；需注意的是，被抚养人为未成年人的，计算至18周岁的当天；被扶养人为成年人的，被扶养人生活费是按年度计算。

（3）关于胎儿是否应包括在被扶养人范围之内。胎儿在其出生之前，已经事实上存在，并且终究要出生成为一个活体的人，如果致他（或她）的抚养人死亡，其出生后的被抚养权利即被剥夺。为了保护死者所应抚养的胎儿出生后的抚养权利，法律一般规定胎儿是被抚养人，享有抚养损害赔偿请求权。虽我国在《民法通则》没有明文规定对胎儿抚养权利的保护，但我国的《民法总则》规定：涉及胎儿权益的保护时，视胎儿具有民事权利。就这一项新的规定意味着，并不是胎儿必须出生时是活体才能受到保护，胎儿出生是活体不是其权益受到保护的前提条件，而是承认即使胎儿尚未出生，也可以行驶继承权、受遗赠权、损害赔偿权等。对胎儿抚养权利的保护，属于人身权延伸保护的范畴，有利于保护第二代的健康成长，在实践中应当将胎儿列入被扶养人范围之内，具体的赔偿，可从其出生之后给付。

### 四、医疗费

医疗费用一般包含挂号费、检查费、化验费、手术费、治疗费、住院费用和药费等费用。医疗费的合理性审查是司法实践中法官和律师重点关注的一个问题。鉴定一项费用对于本次侵权的必要性，主要有以下几方面。

（1）审查医疗费是否为治疗所受损伤的费用，受害人因为本次侵权的发生，借机将非因本次侵权导致的疾病一并治疗的应当在医疗费用中予以扣除。

（2）审查医疗费用的实际数额，一般应当以一审法庭辩论终结前的实际数额认定。器官功能恢复训练支出的康复费、适当的整容费和后续治疗费用，可以等待其实际发生时另行起诉。但根据医疗证明或者鉴定结论确定必然发生的费用，可以与已经发生的医疗费一并予以赔偿。

（3）审查医疗时间与侵权程度的合理性。司法实践中，存在受害人为了试图获得更多的赔偿费用，采取"打卡式"治疗，损害了肇事者的合法利益。

### 五、误工费、护理费、鉴定费、交通费

（1）误工费，受害人有固定收入的，依据其固定收入确定。在受害人没有固定收入时，依据其最近三年的平均收入计算。受害人死亡的，主要是其近亲

属因处理死者的后事而遭受的误工损失，法院一般支持一千至三千的亲属误工损失。

（2）护理费的确定分为三个方面，一是不需要护理的，即受害人当场死亡的，二是受伤轻微不需要护理的，三是需要专门的护理人员进行不同等级的护理。护理人员聘请的是专门从事护理工作（如专门的护理医师、护理人员）的应当依据受害人实际支出的费用计算；若护理人员是受害人近亲属的，其有固定工资的参照误工费的计算标准，没有收入的参照当地护工从事同等级别护理的劳务报酬标准。

（3）鉴定费、交通费根据受害人及其亲属朋友（因受害人遭受的此次交通费事故）受到的损失的正式票据予以认定，发票应当包含人数、时间、地点、费用金额等信息。

## 六、精神损害抚慰金

### （一）精神损害赔偿的功能

精神损害赔偿具有两方面的功能，一是对侵权人的惩罚功能，二是对受害人的弥补功能。赔偿的惩罚性是指由法院做出的赔偿数额超出实际的损害数额的赔偿，其目的在于威慑、遏制不法行为；赔偿的弥补性是对受害人经受的损害以及其近亲属因此遭受的无形身体损害的物质性补偿，其目的在于安抚、激励受害人及其近亲属。[1]

### （二）精神损害赔偿数额确定的基本原则

（1）精神抚慰原则。精神损害更多地体现为无形的损害。因此，应考虑以非金钱赔偿方式优先，非金钱的赔偿方式不足以对受害人的权益补偿，再用金钱的方式补充赔偿受害人。这样既可以保障对精神利益的充分尊重，又可以保障受害人的权益得到充分的补偿。

（2）维护秩序原则。精神损害赔偿金不仅是用来弥补被害人遭受的损害的物质救济，更是通过增加犯罪成本，扼制犯罪发生。在实际的损害之上适当地增加一定的惩罚性赔偿有利于遏制犯罪、减少道德风险事件的发生，起到民事制裁作用。

（3）赔偿适中原则。在道路交通事故中，被害人死亡前因身体受伤、临死前遭受的精神上的痛苦是难以用具体的数值来衡量的；另外，人与人之间感情

---

[1] 陈年兵.我国惩罚性赔偿制度研究[D].济南：山东大学,2013.

的好与坏、亲与疏在一方死亡时带给活着的人在精神上的痛苦也是不能相互比较的,更何况用具体的金钱来衡量。因此,在实践中,当存在受害人一方漫天要价,侵权人一方能不给就不给的情形发生时,法官需要在具体的个案中确定一个适当的数额,达到既能实现公平正义,又能体现民事制裁的作用就十分的重要。

（4）适当限制原则。为了防止不同地区、不同年龄阶段、不同社会阅历的法官在个案中对精神损害赔偿数额存在过大的差异,损害到受害人或者侵权人一方的利益,应当对全国精神损害赔偿数额定一个基本的标准（如二十万元）,然后个案的法官再根据实际的过错情况、经济情况等在标准的上下做一些适当的调整,以此来保证赔偿数额的公平合理性。

综上所述,机动车道路交通事故中,受害者死亡的赔偿项目包含死亡赔偿金、丧葬费、被扶养人生活费、医疗费、误工费、护理费、鉴定费、交通费、精神损害抚慰金等。各项费用的具体数目因为个案情况、法学理论分歧、经济发展水平的不同而存在差异,但基本都明确了一个较为普遍的计算标准。

# 甘某宝诉杜某彬、刘某欣、中国人民财产保险股份有限公司YB市分公司机动车交通事故责任纠纷案

——交通事故责任纠纷案件中误工费计算问题的研究

**关键词**

交通事故　误工费计算标准　误工时限

**裁判要点**

误工时限是根据受害人在伤愈恢复期间或在伤残评定日前来确定,要在该期间进行充分证明误工而减少收入后,方能确定误工时限。而在出院后和定残前不能充分证明连续误工时,应以伤愈恢复期确认最为稳妥。

误工费以何标准计算,若有固定收入,则以在误工期间减少的实际收入来进行赔偿;但如本案误工期无固定收入时则应参考其近三年的平均收入,结合其参照受诉法院所在地相同或者相近的建筑行业上一年度职工的平均工资计算误工费也符合法律规定。

## 第十二章  受害人的损失赔偿项目认定

**相关法条**

《中华人民共和国侵权责任法》第六条、第十六条、第二十二条

《最高人民法院关于审理人身损害赔偿案件适用法律若干问题的解释》第二十条

《最高人民法院关于审理道路交通事故损害赔偿案件适用法律若干问题的解释》第十七条

**基本案情**

原告甘某宝向本院提出诉讼请求：①判令被告杜某彬、刘某欣连带赔偿因交通事故给原告造成的各项经济损失 245 058.80 元（损失清单附后）；②判令被告人保财险 YB 分公司在保险责任限额直接赔偿原告；③本案诉讼费用由被告承担。事实和理由：2015 年 2 月 13 日被告杜某彬驾驶被告刘某欣所有的川 Q3×××号运输拖拉机，从 JA 镇往某镇方向行驶，上午 7:50 许行至省道 308 线 118 km+100 m 处时，与原告搭乘万某东驾驶的川 Q7×××号普通二轮摩托车发生碰撞，造成一起原告受伤、两车受损的交通事故。JA 县公安局交通管理大队当日作出道路交通事故认定书，认定被告杜某彬承担此事故的全部责任，原告无责任。

原告受伤后被送到 JA 县中医院住院治疗，诊断为①左胫骨平台及平台下粉碎性骨折；②左腓骨近端骨折；③左膝部半月板损伤；④左膝部皮肤擦挫伤；⑤全身多处软组织伤。住院 185 天，出院继续治疗。出院医嘱：注意休息，加强营养。此次医疗费被告杜某彬已经支付。原告于 2016 年 10 月 6 日再次住进 JA 县中医院，进行左胫骨平台粉碎性骨内固定取出术。住院 13 天，产生医疗费 5 032.80 元；在第一次出院后，共花费门诊、检查费等 1 317 元；第二次鉴定检查费 146 元，原告共支付医疗费 6 495.80 元。原告的伤情经四川鑫正司法鉴定所鉴定，已构成十级伤残，合理误工时间 6 个月，合理护理时间 3 个月，续医费 6 000 元。

被告杜某彬驾驶的车辆在被告人保财险 YB 分公司投保了交强险和商业险，保险车辆应承担的赔偿责任则由被告人保财险 YB 分公司在保险责任限额直接赔偿原告。

被告杜某彬、刘某欣辩称：原告第一次住院由被告杜某彬垫付医疗费 41 580.28 元，要求在本案中一并解决。

被告人保财险 YB 分公司辩称：第一，答辩人按保险合同承担相应的赔付责任。被告刘某欣所有的川 Q3×××号运输拖拉机在答辩人处投保了交强

险和拖拉机第三者责任保险，本次事故在保险期限内。答辩人对交通事故事实和责任认定没有异议。依据保险合同约定补充：①答辩人不承担鉴定费和诉讼费；②医疗费应扣除20%非基本医疗部分；③驾驶人需具备资质；④答辩人不承担精神抚慰金；⑤交强险限额内应预留另一伤者份额。第二，原告应举证证明其主张，相应赔偿项目和计算标准应符合我国相关法律、法规、司法解释和本地司法实践。①原告主张残疾赔偿金按城镇标准赔偿其证据不充分，答辩人申请法庭对原告的工作居住生活情况进行庭后实地调查；②原告并未提供误工减少收入及持续误工的证明，故误工时间不应计算至定残前一日，鉴定的误工期180天不具合法性，不应采纳。误工费建议按60元/天；③护理费认可60元/天，住院伙食补助费认可15元/天，后续护理费计算应折算伤残系数10%；④原告未提供其父甘某富无其他收入来源证明，故不应支持被抚养人生活费；⑤营养费标准过高；⑥续医费应按6000元计算；⑦交通费应以正式票据为凭。

审理中，原告提交了与L州兴冶劳务有限公司于2013年2月20日签订的劳动合同书、L州兴冶劳务有限公司营业执照（副本）、工作证明、工资表。被告人保财险YB分公司、被告杜某彬质证提出异议：证据有瑕疵，不能形成证据锁链。经本院核实，对L州兴冶劳务有限公司法定代表人曾兴友进行了调查询问，曾兴友证实原告甘某宝在2013年至2015年1月在其公司务工；并提取了L州兴冶劳务有限公司2013年、2014年与中冶建工集团有限公司签订重庆市中交丽景5#地块二标段土建工程劳务分包合同、金茂珑悦项目三期一二标段工程主体劳务（一标段）分包合同。本院认为，以上证据能够认定，原告甘某宝从2013年至2015年1月在L州兴冶劳务有限公司承包的建筑工程工地务工，日工资150元的事实。

另查明原告甘某宝之养父甘某富，汉族，1952年6月11日生，居住在四川省JA县某镇关口村斑竹湾组。其户籍为城镇居民，失地农民，每月领取社会养老保险金900余元。原告甘某宝之女儿甘某莉，汉族，2011年1月12日生，居住在四川省JA县某镇关口村斑竹湾组。

又查明被告杜某彬在本次交通事故前购买了刘某欣所有的川Q3××××号运输拖拉机，但至今未办理车辆过户手续。川Q3××××号运输拖拉机在被告人保财险YB分公司投保了交强险和机动车保险，保险期间2014年6月10日0时起至2015年6月9日24时止；机动车保险中承保险种第三者责任保险，保险金额300 000元及不计免赔等。

上述事实有原、被告身份信息，户籍信息，机动车行驶证，驾驶证及从

## 第十二章 受害人的损失赔偿项目认定

业资格证,交通事故责任认定书,出院证及住院病历、医疗发票,司法鉴定意见,机动车辆保险单及条款等在卷佐证。

**裁判结果**

四川省 JA 县人民法院于 2016 年 6 月 16 日作出一审判决:①被告中国人民财产保险股份有限公司 YB 市分公司于本判决生效后 15 日内,在川 Q3×××× 号运输拖拉机的机动车交通事故强制责任保险限额内赔偿原告损失 120 000 元(含医疗费 10 000 元、精神损害抚慰金 3 000 元);②被告中国人民财产保险股份有限公司 YB 市分公司于本判决生效后 15 日内,在川 Q3×××× 号运输拖拉机的机动车第三者责任保险限额内支付原告其余损失 68 280 元,支付被告杜某彬垫付的医疗费 41 580 元;③驳回原告甘某宝本案其他诉讼请求。

被告中国人民财产保险股份有限公司 YB 市分公司认为,一审法院将甘某宝的误工费计算至第二次评残前一日不符合客观事实。①事故发生时,甘某宝与劳务公司签订的劳动合同已经到期,不应认定其具有固定工作、有固定收入。②甘某宝第一次鉴定时间是 2017 年 1 月,第二次鉴定时间是 2017 年 4 月,且重新鉴定仅是对后续医疗费进行鉴定,故一审法院将甘某宝的误工费计算到第二次鉴定前一日,不符合客观实际。甘某宝没有按照医生医嘱定期复查伤情并及时取出内固定,甘某宝因自己延迟取内固定扩大的损失应由自己承担。鉴定结论明确了误工时限为 150 天,应当以鉴定报告为准。因此,提出上诉请求,①依法撤销原审判决中对甘某宝误工费计算的判决,依法改判。②上诉费由被上诉人承担。

YB 市中级人民法院于 2017 年 10 月 18 日作出二审判决:①维持四川省 JA 县人民法院(2017)川 1523 民初 455 号民事判决第一项,即中国人民财产保险股份有限公司 YB 市分公司于本判决生效后十五日内,在川 Q3×××× 号运输拖拉机的机动车交通事故强制责任保险限额内赔偿甘某宝损失 120 000 元(含医疗费 10 000 元、精神损害抚慰金 3 000 元);②撤销四川省 JA 县人民法院(2017)川 1523 民初 455 号民事判决第二项、第三项,即中国人民财产保险股份有限公司 YB 市分公司于判决生效后十五日内,在川 Q3×××× 号运输拖拉机的机动车第三者责任保险限额内支付甘某宝其余损失 68 280 元,支付杜某彬垫付的医疗费 41 580 元;驳回甘某宝本案其他诉讼请求;③中国人民财产保险股份有限公司 YB 市分公司于本判决生效后十五日内在商业第三者责任险限额内赔付甘某宝各项损失 22 117.75 元,支付杜某彬垫付款 41 580.28

元；④驳回甘某宝的其他诉讼请求。

**裁判理由**

法院的生效裁判认为，本案的争议焦点有两个：一是原告甘某宝的误工时限应如何计算？二是误工费以何标准进行计算的问题。

关于第一个争议焦点，甘某宝的误工时限问题。甘某宝因本次交通事故受伤，先后两次住院治疗，共198天。第一次出院医嘱，注意休息，3个月内禁止剧烈运动。根据甘某宝住院治疗情况及医嘱，甘某宝的误工时间认定288天（198天+90天）较为妥当，甘某宝未提供充分的证据证明出院后至评残前连续误工，一审认定甘某宝的误工时间2年过长，应予纠正。

关于第二个争议焦点，本案甘某宝的误工费以何标准计算的问题。甘某宝提供了《劳动合同》及L州兴冶劳务有限公司的证明证实其自2013年2月起至2015年在L州兴冶劳务有限公司从事建筑行业工作，甘某宝受伤前虽有每日150元的固定收入，但不是每月全勤，甘某宝未提供近三年的平均收入状况，一审法院根据《最高人民法院关于审理人身损害赔偿案件适用法律若干问题的解释》第二十条的规定，参照受诉法院所在地相同或者相近的建筑行业上一年度职工的平均工资计算甘某宝的误工费并无不当。

**案例注解**

本案是一起较为典型的道路交通事故损害赔偿案件，涉及事故双方责任划分、保险公司的机动车保险赔付、医疗费、护理费、营养费、交通费以及案件核心争议焦点误工费引申出的如何确定误工时限和误工费评判标准。明确误工费的定义、把握误工费的核心争议点误工时限和误工费的评判标准，证明计算出正确的误工费，是本案的所要解决的问题。

**误工费概念**

误工费一词中包含几个含义：侵权、造成损害、正常工作无法进行、收入减少。汪必新法官认为，误工费应是赔偿义务人应当向赔偿权利人支付的被侵权人从遭受伤害到完全治愈这段时间里，因无法正常从事工作而实际减少的收入。[①] 汪必新法官以简练的方式从定义中阐述误工费的构成要件，侵权造成、损害发生、收入减少，适用于所有侵权类型中误工费所包含的要件。

《最高人民法院关于审理人身损害赔偿案件适用法律若干问题的解释》（下

---

① 汪必新.道路交通事故损害赔偿[M].北京：法律出版社，2014.

## 第十二章 受害人的损失赔偿项目认定

简称《解释》)第十七条规定:"受害人遭受人身损害,因就医治疗支出的各项费用以及因误工减少的收入,包括医疗费、误工费、护理费、交通费、住宿费、住院伙食补助费、必要的营养费,赔偿义务人应当予以赔偿。受害人因伤致残的,其因增加生活上需要所支出的必要费用及因丧失劳动能力导致的收入损失,包括残疾赔偿金、残疾辅助器具费、被扶养人生活费,以及因康复护理、继续治疗实际发生的必要的康复费、护理费、后续治疗费,赔偿义务人也应当予以赔偿。"

误工费在《解释》第二十条规定"误工费根据受害人的误工时间和收入状况确定。误工时间根据受害人接受治疗的医疗机构出具的证明确定。受害人因伤致残持续误工的,误工时间可以计算至定残日前一天。受害人有固定收入的,误工费按照实际减少的收入计算。受害人无固定收入的,按照其最近三年的平均收入计算;受害人不能举证证明其最近三年的平均收入状况的,可以参照受诉法院所在地相同或者相近行业上一年度职工的平均工资计算。"

**误工时限的确定**

根据《解释》第二十条的规定,将误工时限的计算期间节点限制在医疗机构出具的证明或者在定残日前一天,但前提是受害人是在事故中因伤致残而持续的误工时间。所以,应讨论伤愈休养时间和定残日。误工时间的认定以医疗机构证明和司法机构评定为主,实际休养日限为辅,主张增加定残日和审理日之间的误工损失的合理救济。[①]

根据《最高人民法院关于贯彻执行〈中华人民共和国民法通则〉若干问题的意见(试行)》第一百四十三条"误工日期应当按其实际损害程度、恢复状况并参照治疗医院出具的证明或法医鉴定等认定"的规定,误工日期由患者的住院天数和出院后治疗医院出具证明的休养天数两部分组成,从道路交通事故发生的当日开始计算,遇国家法定节假日均不扣减。因为误工损失费是被害人因致伤、致残后必然可得利益的减少,它既可以是"工作或生产劳动的减少"也可以是"日常家务劳作的耽误",因此节假日期间只要在误工期间之内的,也应当计算误工损失费。

误工时间根据受害人接受治疗的医疗机构出具的证明确定。治疗终结后无正当理由拒不出院或无相关证明擅自休养的,不予计算误工费。

另一方面,因伤残而持续误工时,可以计算至定残日前一天。那么受害

---

① 田韶华.误工费赔偿中的疑难问题[J].法学,2010(9):143-152.

人什么时间前往司法鉴定机构进行伤残评定？按照《人体损伤致残程度分级》"评定时间为'治疗终结或者临床治疗效果稳定后'"应进行伤残评定，若受害人故意拖延定残日，利用法律条款致使误工时间过长，或者前后两次进行伤残鉴定，受害人主张以后一伤残鉴定日为误工时限作为诉求时限显然法院不予支持。在同时有伤残鉴定和误工时间鉴定资质的司法鉴定机构，受害人可以对伤残鉴定和误工时限一并鉴定。

同一案件针对一次伤残事实出现多次鉴定结果在多数案例中属于常见现象，通常法院审理时会针对案件具体事实审理查明并最终确定其中一种鉴定意见来确定伤残结果。但是，在审理有关误工费案件中，伤残鉴定意见出具的时间影响着误工费的计算标准。所以，应以哪一次鉴定意见的定残日来确定误工费呢？前后两次鉴定意见对伤残事实有着相左的意见，但鉴定意见只是民事证据之一，最终仍以法院采信的结果为准。被法院采信的鉴定意见，具有法律效力，应当以此鉴定结果的定残日前一天计算误工费。

本案中甘某宝提供了其在医院的治疗时间证明、医嘱休养证明、对其伤残和误工时限的司法鉴定意见书，因甘某宝与中国人民保险股份有限责任YB分公司对后续医疗费的第一次鉴定结果有争议，遂进行了第二次鉴定，于是本案中司法鉴定时间有两个，一审JA县人民法院采用的是第二次鉴定时间进行的误工时间判定。在二审中，YB市中级人民法院认为，甘某宝在定残前并没有证据充分证明其连续误工，又根据司法鉴定机构对误工时间的明确鉴定意见，采用了其从事故发生起至住院治疗时间及医嘱休养时间，总共298天（198天+90天）。

**误工费评判标准**

根据《解释》第二十条第二款，"受害人有固定收入的，误工费按照实际减少的收入计算。受害人无固定收入的，按照其最近三年的平均收入计算；受害人不能举证证明其最近三年的平均收入状况的，可以参照受诉法院所在地相同或者相近行业上一年度职工的平均工资计算。"

但在司法实践中如何理解此条规定是存在分歧的。《解释》实际上分了两种情形来计算误工费：一是受害人有固定收入的情形，二是受害人无固定收入的情形，两种情形分别适用不同的赔偿规则。所以，对于误工费的赔偿，首先就要确定当事人有无固定收入。那么，何为有固定收入，何为无固定收入呢？笔者认为，要根据当事人提供的证据从正反两方面来具体分析。职业往往是确定当事人有无固定收入的重要依据。国家机关、国有企事业单位、社会团体的

## 第十二章　受害人的损失赔偿项目认定

工作人员一般可直接确定其有固定收入,其他公司企业的受害人能够提供含有月收入内容的劳动合同、受伤害前一年每月收入大致相同的工资单等也可确定其有固定收入。但是各个职业、单位的情况是不一样的,有的当事人虽能提供劳动合同等证据,但结合其他证据来看,其收入并不是固定的。

（1）未成年人和退休人员的误工费问题。目前,处理误工费的损害赔偿,总的原则是实际损失多少就赔偿多少,没有损失就不赔偿。按照这个原则,司法实践中未成年人和退休人员会因此得不到该项赔偿。对这两类人完全不考虑误工费是不妥当的。未成年人的主要社会职责是学习,为未来的升学、就业创造良好的条件。交通事故引起的休治时间损害,虽没有造成其现实的收入损失,但是肯定会影响其未来赚钱能力的培养,治愈后为弥补耽误的学业,聘请家庭教师的补习费用等是必需的开支。对此,赔偿义务人也应当予以适当赔偿方为合理,建议可参照城镇居民可支配收入计算休治期间的学业损失费用。对于退休后发挥余热、返聘或者从事第二职业有固定收入损失的,赔偿义务人也理应予以赔偿。

（2）收入过高人员的误工费计算。过高收入者的误工费计算往往是争执的焦点,笔者认为,应当区别情况,具体问题具体分析。例如,个人独资企业、合伙企业等私营企业,由于组织结构的松散、财务制度不健全,对于其提供的过高收入证明的认定要慎重,不能单独作为误工费的认定依据,另外需要结合税务机关的个人所得税纳税证明等材料方能认定。企业经营者的经营收入存在赢利或亏损的不确定性,所以学界认为,误工损失一般不包括企业经营者作为受害人时所丧失的经营利益。

本案中甘某宝对其工作收入并不能提供证据完全证明,所以二审法院参考了受诉法院地相同或相似行业上一年度职工工资平均水平进行计算,降低了甘某宝的误工费赔偿数额。

综上所述,误工费是侵权人对受害人的健康的权侵权行为,对受害人的人体功能的完善性的破坏、影响其正常功能发挥,不能使受害人正常工作,损害了受害人预期财产利益,是侵害健康权造成的间接损失。[①] 案件中计算误工费标准应充分考量医嘱所给出的伤愈治疗日期、伤残评定日以及有无固定收入情形。

---

[①] 杨立新.人身损害赔偿问题研究(下)[J].河南省政法管理干部学院学报,2002(2):11-22.

**从不同案例来看误工费计算标准**

**案例一 无伤残鉴定时医嘱亦可作为确定误工时间的证明**

2017年11月24日,师某昌持C2E驾驶证(有效期限2012—08—10至2022—08—10)驾驶登记在林某名下的小型普通客车(检验有效期限至2018年9月10日)由四川省J县巡司镇方向驶往四川省J镇方向,行驶至筲落路9 km处时,与相向行驶而来的金某红驾驶的小型轿车发生碰撞,造成金某红受伤的交通事故。2014年11月24日,四川省J县公安局交通管理大队作出道路交通事故认定(简易程序):师某昌承担本次事故的全部责任,金某红无责任。事发后,金某红随即被送往四川省J县人民医院住院治疗。出院医嘱中有①门诊随访6个月;②院外继续休息,禁止剧烈活动或负重(建议休息6个月)等建议。

本案的争议焦点为误工时间。一审法院认为,在病历出院医嘱未建议休息时间、受伤人员无伤残等级时,受伤人员可申请鉴定机构参照人身损害受伤人员误工损失日评定准则评定误工时限。医疗机构是具有专门治疗病人资质的单位,具有专门知识,医疗机构应根据病人的具体伤情做出出院医嘱休息时间。本案病历出院医嘱建议了休息时间,且原告多处受伤,应根据《最高人民法院关于审理人身损害赔偿案件适用法律若干问题的解释》第二十条第二款"误工时间根据受害人接受治疗的医疗机构出具的证明确定。受害人因伤致残持续误工的,误工时间可以计算至定残日前一天。"的规定确定误工时间,故本案原告误工时间应为住院天数、出院后休息6个月之和。人保公司对于误工费时间计算和误工费标准判决不服提起上诉。二审法院认为,以医嘱确定误工时间符合事实并无不当,一审判决确定误工费以110元/天计算,未超过本地相同或相近行业上年度职工平均工资,人保YB分公司主张误工费按照60元/天计算的理由不能成立,维持了原判。

**案例三 同一伤情两次鉴定以哪一次鉴定时间为定残日**

2015年9月8日,李某富驾驶轻型仓栅式货车(在人保YB分公司投保交强险和第三者险)从XW县石海镇方向往XW县某镇方向行驶,16时许,当该车行驶至兴底路2 km+200 m路段时,与对向驶来由袁某桃驾驶且搭乘了李某设的两轮摩托车相撞,造成袁某桃、李某设受伤的交通事故。该事故经XW县交警大队认定为李某富、袁某桃负事故的同等责任,李某设无责任。二人前后于XW县中医院和L州医学院附属医院住院,出院后不久李某设因伤势恶化又住院于XW县利民医院,双方因对赔偿费用协商不成诉至法院,诉讼中对李某设的伤残前后进行了两次鉴定且鉴定意见一致均为十级。

一审法院对误工费的请求认为，李某设从受伤至第二次定残前一日的天数为792天，保险公司辩称李某设误工时间太长，只认可180天，根据李某设的伤残等级程度及李某设病历记载表明，李某设因此次事故受伤，多次住院治疗，术后又存在感染等情况，怎样医治，是否取出固定物并不以李某设的意志为转移，且保险公司也无证据证明李某设有拖延医治，拒绝取出固定物等情形，所以，李某设主张按受伤之日计算至第二次定残前一日符合法律规定，误工费标准按每天80元计算，符合客观实际，故李某设该请求合法，一审法院支持。人保YB分公司对误工费的一审判决不服提起上诉。

二审法院认为，最高人民法院、最高人民检察院、公安部、国家安全部、司法部《人体损伤致残程度分级》规定的鉴定时间为"治疗终结或者临床治疗效果稳定后"，故当事人第一次申请鉴定之时，视为被害人对伤情已经稳定的事实予以确认，本案尽管经过两次鉴定，但仍应以第一次鉴定日为定残日。定残日系判断误工费时间的标准，鉴定意见系判断死亡/残获赔偿金、被扶养人生活费等费用的标准，三者并不具有必然联系。鉴定机构的意见系民事诉讼中的证据，并非发生法律效力的文书，一审法院采信四川鼎诚司法鉴定中心的鉴定意见并非赋予其法律上的效力，该鉴定结论的时间不能认定为定残日。因此，一审判决计算误工费至第二次定残前一日不当。

# 周某安、王某某、周某杰诉蒲某某、中国人民财产保险股份有限公司YB市分公司机动车交通事故责任纠纷案

——交通事故责任纠纷案件中损伤参与度和死亡赔偿标准认定问题研究

**关 键 词**

死亡赔偿金　被扶养人生活费　损伤参与度

**裁判要点**

（1）死亡赔偿金的计算标准，是按照受诉法院所在地上一年度城镇居民人均可支配收入或者农村居民人均纯收入标准来计算。普遍以户籍为准，在同一个事件中的受害人，户籍不同的，用不同的标准来赔偿。农村户籍人员在城镇就业或者安家、定居的情况适用城镇标准。

（2）计算被扶养人生活费时，应以被侵权人的身份确定上年度城镇居民人

均消费性支出或农村居民人均年生活消费支出标准。

（3）受害人死亡的后果与交通事故没有直接关联，肇事司机即使在事故中负全部责任，也仅应当对交通事故造成的侵权后果承担相应侵权赔偿责任。受害人的死亡与本案交通事故没有直接因果关系，原告已经就交通事故所造成的损失向侵权人主张损害赔偿并已达成调解协议实际履行完毕，原告无权就同一损害后果的同样损失项目另行主张权利。

**相关法条**

《中华人民共和国保险法》第六十五条

《中华人民共和国侵权责任法》第二条、第六条、第十六条、第十八条、第二十二条、第二十六条

《中华人民共和国道路交通安全法》第七十三条、第七十六条

《最高人民法院关于审理道路交通事故损害赔偿案件适用法律若干问题的解释》第十六条

《最高人民法院关于审理人身损害赔偿案件适用法律若干问题的解释》第十七条、第十八条、第十九条、第二十七条、第二十八条、第二十九条

**基本案情**

被告蒲某某驾驶川CSG×××小型普通客车；王某斌驾驶川CSK×××小型面包车；原告周某安、王某某、周某杰向本院提出诉讼请求：①判决被告赔偿三原告死亡赔偿金、精神损害抚慰金、丧葬费、被扶养人生活费、误工费、交通费等共计977 714.4元（交强险优先赔付精神损害抚慰金）；②本案诉讼费由被告承担。事实和理由：2017年5月16日上午，被告蒲某某驾驶川CS××××小型普通客车从F县境内赵家坪方向沿207省道往赵化镇方向行驶，11时50分左右，当该车行至F县境内207省道112 km+800 m处（小地名：斑竹林），由于未靠右行驶，该车左前部与对向行驶的由王某彬驾驶的川CS××××小型面包车（搭乘黄某某，王某某，周某华）左侧车身相撞，导致川CS××××小型面包车侧翻于公路坎下，造成两车受损以及黄某某、王某某、周某华受伤的交通事故。事发后，周某华因交通事故诱发病理性颈动脉破裂大出血于2017年5月19日在ZG市第一人民医院抢救无效死亡。蒲某某承担此次交通事故的全部责任，王某彬、黄某某、王某某、周某华不承担责任。三原告是死者周某华的法定第一顺序继承人，现根据《中华人民共和国侵权责任法》及相关法律法规提起诉讼。

## 第十二章 受害人的损失赔偿项目认定

被告蒲某某辩称：①对本次事故发生的时间、地点、经过无异议，但认为死者周某华主要死亡原因是其自身疾病，故三原告应当自行承担 70% 的损失；②对死亡赔偿金的计算方式及适用城镇标准无异议但认为被扶养人生活费应当适用农村标准；③川 CS×××号小型普通客车在人保财险 YB 分公司投保了交强险（死亡伤残赔偿限额：110 000 元，医疗费用赔偿限额：10 000 元，财产损失赔偿限额：2 000 元；保险期间：2016 年 8 月 10 日 14 时起至 2017 年 8 月 14 日 14 时止）和商业第三者责任险（保险限额：500 000 元；保险期间：2016 年 8 月 11 日 0 时起至 2017 年 8 月 10 日 24 时止；含不计免赔），人保财险 YB 分公司应当依照保险合同约定在其保险责任范围内进行赔偿；④垫付医疗费 7 864.84 元，鉴定费 6 200 元，借支 50 000 元，要求在本案中一并处理。

被告人保财险 YB 分公司辩称：①对本次事故发生的时间、地点、经过及责任分担均无异议，但认为死者周某华主要死亡原因是自身疾病，故三原告应当自行承担其 70% 的损失；②川 CS×××号小型普通客车在人保财险 YB 分公司投保了机动车第三者责任强制保险（以下简称交强险）和第三者责任商业保险（以下简称"商业三者险"）属实，但保险公司依照保险合同约定不承担诉讼费、鉴定费；③对死亡赔偿金的计算方式及适用城镇标准无异议但认为被扶养人生活费应当适用农村标准。

法院经审理查明：① 2017 年 5 月 16 日上午，被告蒲某某驾驶川 CS×××号小型普通客车从 F 县境内赵家坪方向沿 207 省道往赵化镇方向行驶，11 时 50 分左右，当该车行至 F 县境内 207 省道 112km+800m 处（小地名：班竹林），由于未靠右行驶，该车左前部与对向行驶的由王某彬驾驶的川 CS×××号小型面包车（搭乘黄某某、王某某、周某华）左侧车身相撞，导致川 CS×××号小型面包车侧翻于公路坎下，造成两车受损以及黄某某、王某某、周某华受伤的交通事故；②事发后，伤者周某华被立即送往 F 县晨光医院抢救（医疗费 2 422.4 元，蒲某某垫支），当日转至 ZG 市第一人民医院住院治疗（医疗费 5 218.4 元，蒲某某垫支）并于 2017 年 5 月 19 日经抢救无效死亡，死亡原因为病理性颈动脉破裂大出血致失血性休克、呼吸循环衰竭，死者周某华自身血管病变在死亡原因中占主要作用，交通事故占次要作用；③ 2017 年 6 月 2 日，死者周某华在 F 县人民医院做病理检查（检查费 224 元，蒲某某垫支）；④川 CS×××号小型普通客车在人保财险 YB 分公司投保了交强险（死亡伤残赔偿限额：110 000 元，医疗费用赔偿限额：10 000 元，财产损失保险赔偿限额 2 000 元）和商业三者险（保险限额：500 000 元；保险期间：2016 年 8 月 11 日 0 时起至 2017 年 8 月 10 日 24 时止；含不计免赔），原告请求交强险优先赔付精神损害抚慰金；⑤死者周某华生于1977年9月20日，住在四川省F县某镇西湖北路119号。2008年11月12日，周某华与其前妻洪某某共同生育一子取名为周某杰。2012年8月9日，周某华与洪某某登记离婚；⑥死者周某华父亲周某安（生于1952年8月28日，住在四川省F县某镇土地村二十五组），其母亲王某某（生于1950年10月12日，住在四川省F县某镇土地村二十五组），周某安与王某某夫妇共生育了两个孩子，即1974年10月2日生育长子周某益和1977年9月20日生育次子周某华；⑦被告蒲某某分别于2017年5月16日、5月18日垫支前去医院探望死者的死者近亲属生活费400元和500元，同时2017年5月19日、5月20日分两次合计借支给三原告50 000元（第一次40 000元，第二次10 000元）用于处理丧葬事宜。另外，在周某华住院过程中蒲某某还垫付死者周某华生活用品费131元。

**裁判结果**

四川省F县法院于2017年8月14日作出一审判决：①此次交通事故给原告周某安、王某某、周某杰造成的各项损失：医疗费7 864.84元、死亡赔偿金566 700元、被扶养人生活费309 900元、精神抚慰金30 000元、丧葬费27 212.5元、受害人近亲属处理丧葬事宜的误工费900元、受害人近亲属处理丧葬事宜的交通费500元。合计：943 077.34元，扣选被告蒲某某借支的50 000元以及垫支的医疗费7 864.84元后，限被告中国人民财产保险股份有限公司YB市分公司于本判决生效之日起10日内直接向原告周某安、王某某、周某杰赔偿617 864.84元；限被告蒲某某于本判决生效之日起10日内直接向原告周某安、王某某、周某杰赔偿267 347.66元；②驳回原告周某安、王某某、周某杰的其他诉讼请求。

被告蒲某某认为：①一审判决以交通事故认定书的责任认定作为民事侵权损害赔偿案件责任分配的唯一依据，认定被告应当承担本案全部侵权责任，适用法律错误；②一审判决对司法鉴定意见书所确认的"死者周某华的死亡原因为病理性颈动脉破裂大出血至失血性休克，呼吸循环衰竭死亡，死者周某华自身血管病变在死亡原因中占主要作用，交通事故占次要作用"意见置若罔闻，不予采信，属认定事实不清。因此，一审判决适用法律错误，认定事实不清，相关赔偿标准的确定及数额的计算与实际情况不符，被告依法不应对原告遭受的侵权损害后果承担全部责任，故提出上诉。

被告中国人民财产保险股份有限公司YB市分公司认为，蒲某某违反右侧通行的违法行为只是导致本次交通事故的全部原因，并非导致周某华死亡的全部原因。一审被告蒲某某的交通违法行为仅造成周某华右胸第 8 肋骨折，该骨折连伤残等级都达不到，更不可能导致死亡的严重后果。《居民死亡医学证明（推断）书》记载死亡原因为"颈部血管损伤致大出血"。在道路交通事故认定书中也明确载明死者周某华自身血管病变在死亡原因中占主要作用，交通事故占次要作用。鉴定机构所出具的鉴定意见程序合法、结果客观公正，应依法采信鉴定意见确定赔偿责任。根据有关规定，确定民事侵权赔偿责任的关键因素就是侵权人的侵权行为与受害人的损害后果之间是否具有因果关系及其作用力大小。周某华因下咽癌右颈部放疗后局部组织发生放射性坏死，使其右颈总动脉暴露于外，且已伴炎性细胞浸润及坏死形成。交通事故对周某华的死亡仅为诱发因素，在其死亡原因中仅起次要作用。因此，鉴定意见中被告在保险限额内承担 30% 的赔偿责任是合理合法的，提出上诉。

四川省 ZG 市中级人民法院于 2017 年 11 月 29 日作出二审判决：驳回上诉，维持原判。

**裁判理由**

法院生效裁判认为，本案争议的焦点有三个：第一，对周某华的死亡是否应参照 ZG 正兴司法鉴定所出具的自正兴司鉴所 2017 病鉴字第 26 号司法鉴定意见确定的"损伤参与度"确定损害赔偿责任；第二，交通事故认定书是否是民事赔偿的唯一依据；第三，确定三原告生活费时，应以上一年度城镇居民人均消费性支出，还是以农村居民人均年生活消费支出进行计算。

关于第一个争议焦点，本案受害人周某华系因涉案交通事故而受伤住院，治疗期间因颈动脉破裂大出血致失血性休克、呼吸循环衰竭死亡，ZG 正兴司法鉴定所出具的自正兴司鉴所 2017 病鉴字第 26 号司法鉴定意见确认周某华的死亡原因为病理性颈动脉破裂大出血致失血性休克、呼吸循环衰竭死亡；死者周某华自身血管病变在死亡原因中占主要作用，交通事故占次要作用。因此，本起交通事故造成的损害后果系受害人周某华被机动车碰撞所致，周某华的死亡与交通事故之间具有必然的因果关系，该损失应由侵权人进行赔偿。根据《中华人民共和国侵权责任法》第十六条的规定，被侵权人对损害的发生也有过错，可以减轻侵权人的责任。蒲某某对本次交通事故负全部责任，周某华无责任，周某华作为受害人，对损害的发生无过错，不能因其自身患病原因而减轻侵权人的赔偿责任。根据《中华人民共和国道路交通安全法》第七十六条第一款规定，机动车发生交通事故造成人身伤害、财产损失的，由保险公司在机动车第三者责任强制保险责任限额范围内予以赔偿。交强险责任是一种法定赔偿责任，我国交强险立法并没有规定在确定交强险责任时应参照损伤参与度，保险公司的免责事由仅限于受害人故意造成交通事故的情形，对于受害人符合法律规定的赔偿项目和标准的损失，均属于交强险的赔偿范围。蒲某某的涉案事故车辆在人保财险YB分公司投保了交强险及第三者责任商业险，周某华因交通事故受伤、死亡的损失首先应当由人保财险YB分公司在交强险赔偿责任限额范围内先行赔偿，不足的部分，由承保商业三者险的人保财险YB分公司根据保险合同的约定向原告赔偿。原审法院作出的此次交通事故给原告造成的各项损失合计943 077.34元，由人保财险YB分公司向原告赔偿617 864.84元，蒲某某向原告赔偿26 7347.66元符合法律规定。

关于第二个争议焦点，根据《中华人民共和国道路交通安全法》第七十三条的规定，公安机关交通管理部门应当根据交通事故现场勘验、检查、调查情况和有关检验、鉴定结论及时制作交通事故认定书作为处理交通事故的证据。虽然交通事故认定书不是进行损害赔偿的当然依据，但交通事故认定书主要起一个事实认定、事故成因分析作用，是一个专业的技术性的分析结果，具有证据效力。法院依据富公交认字2017第2017016号道路交通事故认定书认定蒲某某应当承担全部侵权责任并无不当。

关于第三个争议焦点，由于被侵权人周某华生前居住在四川省F县某镇西湖北路119号，属于城镇户口，计算被扶养人生活费时，应以被侵权人的身份确定上年度城镇居民人均消费性支出或农村居民人均年生活消费支出标准，所以应当适用四川省上一年度城镇居民人均消费性支出计算三原告的生活费。

**案例注解**

本案虽然案情较为复杂，但所涉及的法律问题都十分典型，被侵权人周某华的死亡是由所涉交通事故以及其自身疾病原因共同导致的，其损伤参与度的认定还需要明确交通事故认定书的效力问题。计算被侵权人周某华的死亡赔偿金以及三原告的生活费以城镇标准还是以农村标准，还要先理清被侵权人周某华的住址、工作与生活等确定适用标准的要素。

**一、对认定本案死亡赔偿金计算标准问题的研究**

目前，我国并未就交通事故损害赔偿项目和标准制定针对性的道路交通事故死亡赔偿法律，而涉及人身损害赔偿的标准只有最高人民法院颁布的《关于审理人身损害赔偿案件适用法律若干问题的解释》。因此，人民法院在审理交通事故损害赔偿案件时，确定赔偿项目及标准只能依据该司法解释。死亡赔偿金，即一个生命的价值，可理解为对收入损失的赔偿，其性质是财产损害赔偿，而不是精神损害赔偿。死亡赔偿金的计算方法是按照受诉法院所在地上一年度城镇居民人均可支配收入或者农村居民人均纯收入标准，按20年计算。60周岁以上的，年龄每增加1岁减少1年；75周岁以上的，按5年计算。本案中认定被侵权人周某华为城镇户口，其死亡赔偿金按照四川省2016年城镇居民人均可支配收入计算20年于法有据，而计算被扶养人生活费时，应以被侵权人的身份确定上年度城镇居民人均消费性支出或农村居民人均年生活消费支出标准，所以一审法院适用四川省上一年度城镇居民人均消费性支出计算三原告的生活费，并无不当。

在参考不同学说后发现，死亡赔偿金的计算标准也有不合理之处。该计算标准是依据《关于审理人身损害赔偿案件适用法律若干问题的解释》而确定的，而《解释》在对于死亡赔偿方面的赔偿标准存在不合理之处。

（1）没有以立法形式统一赔偿标准。赔偿规范多且杂乱，经常出现受害人根据不同法律会得到不同赔偿的奇怪现象。不同部门出台的法律有特定的法律效力范围，同一起事故根据不同部门的法律条款会有不同的赔偿标准，这使执法人员工作更加繁复且效率低。

（2）对死亡赔偿金的计算没有分行业或分人群划分，而是笼统地按照户籍确定标准。就目前而言，农村居民中有普通收入人群但也有高收入人群，城镇居民中有农民工，也有失业人群。因此，对于死亡财产损失并不能单单靠户籍确定。

（3）死亡赔偿金数额偏低。低赔偿标准本身就是对人类生命的贬低，不但刺激了交通肇事者漠视生命的行为，而且容易引发一些极端行为。

（4）没有建立事前机制。在危险情况发生前，人们的灾害意识不强烈，因此就没有做好防范事故发生的措施，这在一定程度上加大了交通事故的发生率，使人们蒙受巨大的人财伤亡损失。

（5）没有采用合理的一次性支付的赔偿方式。由于死亡赔偿一次性付款的金额比较大，所以很多死亡责任人选择分期赔付死亡赔偿金，但是由于生活水平的变化，受害双方在今后的赔偿中会出现许多矛盾与纠纷，社会矛盾突出。

## 二、"损伤参与度"的认定

损伤参与度系法医学上的概念，是指被诉过错行为在损害后果中所介入的程度或所起作用的大小。在侵权损害赔偿纠纷中，因导致损害的原因除了侵权行为外，还有可能是受害人自己的过错、受害人自身的身体状况、第三人的过错等原因，赔偿义务人可以损伤参与度作为抗辩理由，请求减轻或免除其赔偿责任。

对于保险公司来说，交强险立法未规定确定交强险责任时应考虑损伤参与度。《道路交通安全法》第十七条规定："国家实行机动车第三者责任强制保险制度，设立道路交通事故社会救助基金。具体办法由国务院规定。"第七十六条规定："机动车发生交通事故造成人身伤亡、财产损失的，由保险公司在机动车第三者责任强制保险责任限额范围内予以赔偿。"国务院《机动车交通事故责任强制保险条例》（以下简称《交强险条例》）第三条规定："本条例所称机动车交通事故责任强制保险，是指由保险公司对被保险机动车发生道路交通事故造成本车人员、被保险人以外的受害人的人身伤亡、财产损失，在责任限额内予以赔偿的强制性责任保险。"《交强险条例》第三十五条规定："道路交通事故损害赔偿项目和标准依照有关法律规定执行。"我国交强险立法并未规定在确定交强险责任时应考虑损伤参与度，对于受害人符合法律规定的赔偿项目和标准的损失，均属交强险的赔偿范围。《交强险条例》第一条开宗明义，交强险制度的立法目的是保障机动车道路交通事故受害人依法得到赔偿，促进道路交通安全。交强险制度是基于事故风险和赔偿责任可能性的大量增加、事故损害日益巨大的社会现实而产生和发展起来的，其基本功能是保障机动车交通事故受害第三者能够获得迅速有效的补偿。

本案中蒲某某的涉案事故车辆在人保财险YB分公司投保了交强险及第三者责任商业险，周某华因交通事故受伤、死亡的损失，首先应当由人保财险YB分公司在交强险赔偿责任限额范围内先行赔偿，不足的部分，由承保商业三者险的人保财险YB分公司根据保险合同的约定向被上诉人赔偿。

本案中被侵权人周某华的死亡后果是由交通事故造成的损伤与周某华本身的疾病共同导致的，属于伤病共存的情况。损伤与疾病之间的因果关系又分为四类。第一类，直接因果关系：现存的后果完全或主要由损伤造成。机体遭受各种外伤因素的作用使其发生结构的破坏及功能的障碍，或出现与损伤有直接联系的并发症、后遗症（损伤性疾病）；第二类，"临界型"因果关系：又称相当因果关系，是指外力作用于患病机体，引起病变部位结构的破坏及功能障碍，原发性损伤与自身疾病的作用力基本相等，或者就现有技术条件下不能区分两者作用力的大小；第三类，间接因果关系：损伤只是诱使人体潜在性疾病提前显现，或者损伤在人体自身疾病正常转归过程中起到辅助、加速作用；第四类，没有因果关系：损伤后果完全是由其自身疾病造成。

### 三、从不同案例看"损伤参与度"在司法实践中的适用

在交通事故中,被侵权人自身的疾病不是侵权人减轻自身赔偿责任的理由,从其他案例来看,司法实践中也多采用此种做法。

案例一:2016 年 2 月 3 日,被告孙某某驾驶川 QG×××号小型轿车从某镇穆家湾村往某镇汉村方向行驶,11 时 50 分,当该车行驶至上大路 0 km+100 m 处,将行人牟某某刮倒,造成牟某某受伤的交通事故。2016 年 3 月 7 日,经 G 县公安局交通管理大队事故认定,被告孙某某负此次事故全部责任,牟某某无责任。牟某某受伤住院 37 天后,经治疗无效死亡。牟某某的近亲属邓某某、牟某洪、牟某琴起诉被告孙某某、中国人民财产保险股份有限公司 G 县支公司,要求其赔偿所受损失。被告人保公司以受害人有自身疾病为由抗辩,要求按照司法鉴定中心作出的事故损伤参与度进行赔偿。G 县人民法院于 2016 年 11 月 20 日作出一审判决:①被告人保公司在交强险赔偿限额内赔偿三原告损失;②由被告孙某某赔偿三原告剩余损失。被告人保公司不服判决提出上诉,YB 市中级人民法院于 2017 年 4 月 7 日作出终审判决:驳回上诉,维持原判。

案例二:2017 年 3 月 11 日 14 时 20 分,杨某某驾驶川 QB×××号普通二轮摩托车从 g 县某镇大里村沿省道 308 线(合江—G 县)往 YB 方向行驶,当车行驶至省道 308 线(合江—G 县)171 km+200 m 处,由于未确保安全与步行横过公路的陈某发生碰撞,造成陈某、杨某某两人受伤的交通事故。杨某某负此次事故主要责任,陈某负次要责任。陈某经鉴定为九级伤残。原告陈某起诉被告杨某某、中国人民财产保险股份有限公司 g 县支公司,要求其赔偿所受损失。被告人保公司以陈某的先天性脑组织发育不良、智力低下、脑积水系其伤残的主要原因为由抗辩,要求按照经司法鉴定中心作出的事故损伤参与度进行赔偿。由于原告本身对事故存在次要的过错,但其个人体质的原因不属于可以减轻侵权人赔偿责任的法定情形,所以 g 县法院于 2017 年 8 月 24 日作出一审判决:①由人保公司在交强险限额内赔偿原告的损失;②由被告杨某某承担赔偿原告剩余损失的责任;③由原告自身承担与其过错程度相应的损失。被告人保公司不服判决提出上诉,YB 市中级人民法院于 2017 年 12 月 15 日作出终审判决:驳回上诉,维持原判。

案例三:2015 年 7 月 27 日早晨,周某华驾驶川 QE×××号小型轿车从 CN 镇竹都公园出来经城中路、碧玉溪桥、珠海路一段往客运站方向行驶,6 时 10 分许,当车行驶至 CN 县 CN 镇竹海路一段(小地名:YB 市商业银行门口)时,与从左至右横过人行横道的行人李某某相撞,造成李某某受伤的交通

事故。经 CN 县公安局交通管理大队事故认定，被告周某华负此次事故全部责任，李某某无责任。李某某受伤住院 414 天后，经治疗无效死亡。李某某的近亲属刘某某、李某会、李某莲、李某河、李某荣、李某军起诉被告周某华、中国人民财产保险股份有限公司 CN 支公司，要求其赔偿所受损失。被告人保公司以李某某的死亡是由其自身疾病与交通事故共同作用所致为由抗辩，要求按照司法鉴定中心作出的事故损伤参与度进行赔偿。由于川 QE××××号小型轿车在人保公司投保了交强险、第三者责任险、法律费用特约险及不计免赔特约险等，CN 县人民法院于 2017 年 11 月 3 日作出一审判决：被告人保公司赔偿原告全部损失。被告人保公司不服判决提出上诉，YB 市中级人民法院认为，即便受害人的个人体质对损害后果的发生具有一定影响，但这并不是法律规定的过错，不属于可以减轻侵权人赔偿责任的法定情形，并于 2018 年 4 月 24 日作出终审判决：驳回上诉，维持原判。

综上所述，在司法实践中，法院普遍不予采信损害参与度。虽然不考虑参与度有违公平，但是从法律规定的层面，对于受害人的损失应该考虑被侵权人有无过错，但原告先天的疾病不属于法律上的过错，这也是普遍的判例观点。

# 第十三章 事故责任分配及间接损失的承担

以周某诉张某、YB 锦诚物流有限公司、中国人民财产保险股份有限公司机动车交通事故责任纠纷一案为例
——事故责任分配及间接损失的承担问题

**关键词**

交通事故责任认定　间接损失　价格评估

**裁判要点**

（1）交通管理部门的责任认定以及评估机构的评估报告保险公司虽提出异议，但未相应证据证明和申请重新评估，法院依法予以采信。

（2）房屋修复期间，租赁损失、居住房屋过渡费用等间接损失法院以评估报告为基础予以支持。

**相关法条**

《中华人民共和国道路交通安全法》第七十六条

《中华人民共和国侵权责任法》第六条、第十九条、第四十八条

《机动车交通事故责任强制保险条例》第二十一条

**基本案情：**

原告周某诉称 2016 年 12 月 9 日，被告张某驾驶被告 YB 锦诚物流有限公司所有的川 Q5×××号重型半挂牵引车牵引川 Q5×××挂号重型专项作业半挂车从某乡往某镇方向行驶，在省道 307 线 105 km+700 m 处，与同向由陈某驾驶左转弯的电动三轮车相撞后冲出左侧道路，造成原告周某的房屋受损。交警队认定张某承担事故的全部责任。原告的受损房屋经评估，修复费用为 278 677 元，房屋修复期间，门市租赁费每月 1 690 元，居住房屋过渡费用每月租金 1 350 元。原告为此支付评估费 12 000 元。被告 YB 锦诚物流有限公

司所有的川Q5××××号重型半挂牵引车牵引川Q××××挂号重型专项作业半挂车均在被告中国人民财产保险股份有限公司分别投保了交强险和商业险。请求判决①被告张某、YB锦诚物流有限公司赔偿原告损失共计283 677元；②被告中国人民财产保险股份有限公司YB市分公司在保险限额内承担保险赔付责任。

被告YB锦诚物流有限公司辩称：对事故事实及责任划分无异议。具体赔偿项目和标准以保险公司的意见为准。我公司垫付了40 000元，请求一并解决。

中国人民财产保险股份有限公司辩称：被告YB锦诚物流有限公司在我公司投保了交强险和商业险，本次事故发生在保险期间内。我公司对交通事故的事实无异议，但对事故的责任划分有异议。本次事故系陈某驾驶的车辆在左转弯时与我公司承保车辆发生擦刮，陈某的行为违背交通管理法律法规，在本次事故中应当承担主要责任，且陈某驾驶的并非非机动车，应当投保交强险，故陈某应当作为本案被告参加诉讼。原告诉讼的各项赔偿项目理由不足，根据原告的诉讼，第三方评估公司的评估报告不具有真实性，该公司虽然评估了维修费，但未评估维修天数，原告的门市租赁费和租房支出都是计算十个月，若十个月未修复完毕，则其维修费和其他损失均不确定，该评估报告不能作为本案定案依据。我公司不是侵权人，不承担租赁费等间接损失。

法院审理查明：原告周某在YB市某区某街道青龙村一社有一自建房屋，该房屋为两楼一底砖混结构，其中二、三楼用于居住，底楼用于出租。

2016年12月9日04时55分，被告张某驾驶被告YB锦诚物流有限公司所有的川Q5××××重型半挂牵引车牵引川Q××××号挂重型专项作业半挂车从某乡往某镇方向行驶，在省道307线105 km+700 m处，与同向前方左转弯的由陈某驾驶的电动三轮车相撞后冲出左侧道路，将原告周某位于某镇青龙村一社的房屋损坏。道路交通事故认定书认定被告张某承担事故的全部责任。2017年1月11日，原告周某委托评估公司对其受损房屋修复费以及其他损失进行评估，价格评估报告书结论为①受损房屋修复费用为278 677元；②房屋修复期间，一层门市租赁费每月1 690元；③房屋修复期间，居住房屋过渡费用每月租金1 350元。原告周某为此支付评估费12 000元。

另查明，被告YB锦诚物流有限公司所有的川Q5××××重型半挂牵引车牵引川Q××××号挂重型专项作业半挂车均向被告中国人民财产保险股份有限公司YB分公司投保了交强险、第三者责任险（含不及免赔险），本次事故发生在保险期间。

**裁判结果**

四川省 YB 市某区人民法院于 2017 年 6 月 8 日作出一审判决：被告中国人民财产保险股份有限公司在本判决生效后 20 日内赔偿原告周某房屋维修费、租赁损失、居住房屋过渡费用共计 308 917 元（其中直接支付原告周某 268 917 元，直接支付被告 YB 锦诚物流有限公司 40 000 元）；驳回原告周某的其他诉讼请求。

一审判决后，双方当事人均未上诉，一审判决生效。

**案例注解**

### 一、交通事故认定书的效力

《道路交通安全法》第七十三条规定："公安机关交通管理部门应当根据交通事故现场勘验、检查、调查情况和有关的检验、鉴定结论，及时制作交通事故认定书，作为处理交通事故的证据。交通事故认定书应当载明交通事故的基本事实、成因和当事人的责任，并送达当事人。"根据该规定，交通事故认定书本身并非行政决定，而是公安机关处理交通事故，做出行政决定所依据的主要证据。交通事故认定书中交通事故责任的认定，主要是依据《道路交通安全法》《中华人民共和国道路交通安全法实施条例》（以下简称《道路交通安全法实施条例》）等法律、行政法规，在分析判断交通事故责任认定时，与民事审判中分析判断侵权案件适用全部民事法规进行分析有所区别，而且，认定交通事故责任的归责原则与民事诉讼中侵权案件的归责原则不完全相同。《道路交通安全法》实施条例第九十一条规定："公安机关交通管理部门应当根据交通事故当事人的行为对发生交通事故所起的作用以及过错的严重程度，确定当事人的责任。"从交通事故认定书划分责任的依据看，公安机关交通管理部门认定交通事故的责任有两个因素，即行为人对交通事故所起的作用和过错的严重程度。前述条款中的"作用"与"过错"并列，与民法中的"过错"不是同一概念，在交通事故中，行为人有同等的过错不一定承担同等的责任，过错大的不一定是交通事故的主要责任人。《道路交通安全法》实施条例第九十二条规定："发生交通事故后当事人逃逸的，逃逸的当事人承担全部责任。但是，有证据证明对方当事人也有过错的，可以减轻责任。当事人故意破坏、伪造现场、毁灭证据的，承担全部责任。"该规定中，此类交通事故归责的依据不是发生侵权行为时的过错大小，而是侵权行为发生后其他违法行为。因此，公安机关交通管理部门进行交通事故责任认定时归责方法与民法上的归责原则存在区别。

此外，在举证责任负担、责任人的范围等方面，交通事故责任认定也与民事诉讼存在不同之处。综上所述，交通事故认定书是公安机关处理交通事故，做出行政决定所依据的主要证据，虽然可以在民事诉讼中作为证据使用，但由于交通事故认定与民事诉讼中关于侵权行为认定的法律依据、归责原则有所区别，同时，交通事故责任也不等同于民事法律赔偿责任。因此，交通事故认定书不能作为民事侵权损害赔偿责任分配的唯一依据，行为人在侵权行为中的过错程度，应当结合案情，全面分析全部证据，根据民事诉讼的归责原则进行综合认定。

《道路交通安全法》第七十三条的规定也对交通事故认定书的性质予以澄清，已明确为处理交通事故的证据。首先，交通事故认定书是公安机关作为自己处理交通事故的证据，是公安机关对交通事故的责任人作出罚款、拘留、限制驾车人员的资格等行政处罚决定的依据，是公安机关对交通事故损害赔偿进行调解的依据。其次，是人民检察院对于交通肇事者是否提起公诉的证据，更是人民法院定罪量刑和确定损害赔偿的证据。从《民事诉讼法》第六十三条规定的证据类型来看，根据交通事故认定书所载明的内容，交通事故责任认定书既不同于鉴定结论，又不同于证人证言，因由公安机关制作，故应为公文书证，具有较高的证明效力。

当事人在道路交通事故损害赔偿调解或者诉讼中，可以就交通事故认定书作为证据的真实性、可靠性和科学性提出质疑，如果有其他证据证明交通事故认定书存在错误，调解机关或者法院可以不采用交通事故认定书这种证据。公安机关所作责任认定在审判实践中是属于事实和原因的认定范畴，而事实的认定是属于民事诉讼、行政诉讼、刑事诉讼以及行政处罚定案的事实依据，即属于证明客观事实及依据客观事实证明认定损害因果关系的问题。事实认定本身不在国家职能部门权力分工的范围之内，每个国家职能部门都可以在自己有权处理的案件中作出自己的事实认定，但这种事实认定对其他国家职能部门不具有既定事实的效力。特别是对享有最终裁判权的法院来说，其他部门作出的事实认定，仅是当事人向法院提供的证明其诉讼请求或抗辩的证据，法院依法必须审查其是否可称为证明案件事实的证据及其证明力如何。经过审查，如果有相反的事实能够证明责任认定书有误的，则这样的证据不予采信，而以法院自己审理认定的案件事实作为定案的根据。

## 二、间接损失的赔偿

一般认为，直接损失是受害人现有财产的减少，也就是加害人不法行为侵

## 第十三章　事故责任分配及间接损失的承担

害受害人的财产权利、人身权利，致使受害人现有财产直接受到的损失。在交通事故中，是指因交通事故损坏的车辆、物品、设施等，应当修复而不能修复的，以及牲畜因伤失去使用价值或者死亡的，由相关事故责任人对上述直接的财产损失折价进行赔偿。直接的财产损失是受害人因交通事故受到人身侵害同时受到的财产侵害，是一种典型的侵权行为，在不能恢复原状的情形下，应该对该损失予以赔偿。

　　间接损失又称可得利益的丧失，是指可归责于加害人的原因事实发生使受害人应得或已得利益的减少或丧失，即应当得到的利益因受侵权行为的侵害而没有得到，包括人身损害造成的间接损失和财物损害造成的损失。交通事故赔偿中的误工费赔偿，被抚养人生活费的赔偿等都属于间接损失的赔偿。对于财产直接损失引起的间接损失，在最高人民法院的批复中明确指出，在交通事故损害赔偿案件中，如果受害人以被损车辆正用于货物运输或者旅客运输经营活动，要求赔偿被损车辆修复期间的停运损失的，交通事故责任者应当予以赔偿。损失数额应由交通营运部门或由物价鉴定部门出具证明，赔偿被损车辆正常修复期间的停运损失。非营运车辆因交通事故造成停运的，在车辆修复期间，因不能使用该车而造成损失的，也应该主张其权利，要求赔偿。

　　1999年2月11日最高法院公告了法释【19995号】《最高人民法院关于交通事故中的财产损失是否包括车辆停运损失问题的批复》中明确在引用《中华人民共和国民法通则》第一百一十七条的基础上规定，"在交通事故损害赔偿案件中，如果受害人以被损车辆正用于货物运输或者旅客运输经营活动，要求赔偿被损车辆修复期间的停运损失的，交通事故责任者应当予以赔偿"。套用前面已经出现过的间接损失的定义可知，"车辆营运损失"是受害人本来应当得到的利益而现在没有得到，属于间接损失。在我们国家的法律体系中，最高人民法院和最高人民检察院因为具有法定的法律解释权，其所发布的司法解释在法律缺失的情况下，往往具有优先适用的效力。最高人民法院已经用司法解释的形式明确了"车辆营运损失"属于应当赔偿的损失，即间接损失也是应当予以赔偿的。

　　参照最高人民法院的司法解释，结合到本案之中，原告主张的租赁损失、居住房屋过渡费用应属于一种间接损失。

　　第一，租赁损失、居住房屋过渡费用是一种因侵权造成、客观存在的财产损失。关于损失的本质，理论上有利益说、组织说和损害事实说等不同主张。利益说为计算损害赔偿提供了计算标准，即以总财产的变动为根据，比较损害事实未发生和发生后的财产状况确定差额，实质上就是注重以市场价格确定损失。这种学说被司法实践广泛采用，证明了其合理性。租赁损失、居住房屋过渡费用恰好符合利益说。受损的房屋在修复期间，其使用价值必然受到影响，这是一种实际存在的损失。

第二，租赁损失、居住房屋过渡费用是侵权造成的间接财产损失。对财产损失来说，一般认为，直接损失是受害人现有财产的减少；而间接损失又称可得利益的丧失，即本应当得到的财产利益因受侵权行为的侵害而没有得到。根据民法原理，在民事纠纷中，财产的直接损失和间接损失一般都应获得赔偿。直接损失的赔偿权利人需要证明其实际损失，并依法得到全部赔偿；间接损失的赔偿权利人则需要证明其可得利益的损失，并在合理预期的范围内获得赔偿。在本案中，租赁损失、居住房屋过渡费用的直接原因是发生交通事故，不是自然的使用和磨损所致；租赁损失、居住房屋过渡费用是交通事故造成的交易贬值损失，因为这一损失在交通事故发生后就客观存在，是房屋应有实际价值的减少，是房主可得财产的减少。

第三，租赁损失、居住房屋过渡费用具备量化的条件。在诉讼制度或证据制度中，鉴定人是指接受当事人委托或者法院指派对于案件事实中的专门性问题作出科学合理判断的专家。鉴定结论是指就案件事实的专门性问题，鉴定人运用专门学识、经验和技能进行分析所作出的结论。因为租赁损失、居住房屋过渡费用是以特定的时间点为基准的，而在特定的时间点，特定位置、市场的房屋总会存在相对特定的市场价格。因此，本案中法院在无法否定依据依法成立的评估鉴定公司所作的评估报告结论的合法性、真实性和关联性的情况下，采信了该证据并据此确认租赁损失、居住房屋过渡费用。

### 三、关于诉前委托司法鉴定意见的效力问题

根据《最高人民法院关于民事诉讼证据的若干规定》第二十八条规定，一方当事人自行委托有关部门作出的鉴定意见，另一方当事人有证据足以反驳并申请重新鉴定的，人民法院应当予以准许。本案中，司法鉴定中心作出的司法鉴定意见系原告单方委托，但该鉴定中心具有司法鉴定许可证，鉴定人员具备鉴定资质，鉴定程序合法，且被告并未提供证据予以反驳，也未申请重新鉴定，因此对该鉴定意见予以确认，对被告保险公司辩称不予采信。

具体到本案件中，法院认为，行为人因过错造成他人人身损害和财产损失，应当承担侵权的民事责任。本案争议焦点在于：交通管理部门的责任认定以及C都宏涛价格评估有限公司YB分公司的评估报告是否应当采信。关于交通事故责任划分问题：本次事故发生在冬日、雨天、凌晨，被告张某驾驶机动

车辆在道路湿滑、视线不良,且与前车没有保持安全距离的情况下遇前车左转时操控不当,冲出道路将原告周某房屋损坏,交通管理部门认定被告张某承担全部责任并无不当,本院对交通管理部门的责任认定予以采信。本案中陈某驾驶的电动三轮车是否为应当投保交强险的机动车,被告中国人民财产保险股份有限公司 YB 分公司并未提供证据证实,所以其要求追加陈某为本案当事人的请求,本院不予支持。关于价格评估报告:C 都宏涛价格评估有限公司 YB 分公司具有合法的鉴定资质,其出具的评估意见较为客观、公正,被告中国人民财产保险股份有限公司 YB 分公司虽然对该评估意见提出异议,但其既未申请重新评估,又未提供相反证据,所以本院对 C 都宏涛价格评估有限公司 YB 分公司的评估报告予以采信。因评估费系查明损失的必然支出,原告周某主张的评估费本院予以支持。本次交通事故发生后,原告周某已经出租给他人的临街门面垮塌,导致其租赁损失,故其主张的租赁损失,本院予以支持,同时,因房屋部分垮塌、部分开裂,原告周某不能正常使用、居住该房屋,其主张的居住房屋过渡费用,本院予以支持。结合本案实际情况,本院酌情支持原告的租赁损失、居住房屋过渡费用为六个月。

# 徐某一、徐某二、徐某三诉田某、熊某、中国人民财产保险股份有限公司 YB 市分公司机动车交通事故责任纠纷案

## ——交通事故责任承担问题研究

**关键词**

责任划分　死亡赔偿金　赔偿责任主体　交通事故认定

**裁判要点**

(1)交通事故认定书不能作为民事侵权损害赔偿责任分配的唯一依据,行为人在侵权行为中的过错程度,应当结合案情,全面分析全部证据,根据民事诉讼的归责原则进行综合认定。

(2)参照法定继承的顺序解决死亡赔偿金中的请求权人的范围,只有在没有第一顺序继承人的时候,才可以把第二顺序继承人列为死亡赔偿金的请求权人。

(3)已经在城镇居住、工作、生活且达到一定期限的农村居民,应视为城镇居民,其人身损害赔偿按照城镇居民的标准对待。

**相关法条**

《中华人民共和国侵权责任法》第六条、第十八条、第二十六条

《中华人民共和国道路交通安全法》第七十六条

《最高人民法院关于审理人身损害赔偿案件适用法律若干问题的解释》第十七条、第十八条、第十九条、第二十条、第二十一条、第二十二条、第二十三条、第二十四条、第二十七条、第二十九条

**基本案情**

2016年12月26日19时40分，田某驾驶熊某的川Q×××××号重型仓栅式货车从YB市某区观斗山隧道方向往大麦坝方向行驶，行至省道206线（SN—J）253 km+200 m时与行人徐某相撞，造成徐某受伤的交通事故。经交警认定，田某承担事故全部责任，徐某无责任。

徐某受伤后随即被送往YB市第二人民医院治疗，住院10天后于2017年1月5日出院，出院诊断为颅脑损伤、肺部感染、双肺挫伤伴感染、ATB12C6D1外伤性完全脱位等。2016年12月27日转入YB民心创伤骨科医院住院治疗。入院诊断为颅脑损伤、左上肢肱骨上段粉碎性骨折、左侧胫骨平台粉碎性骨折等全身多处软组织挫裂伤缝合术后、腹腔镜探查术后、冠状动脉粥样硬化性心脏病。2017年3月1日19时19分因抢救无效而死亡。死亡原因：急性心衰、心源性休克。死亡诊断：冠状动脉粥样硬化性心脏病、急性心衰、猝死。死亡医学证明书载明：致死的主要疾病诊断：①直接引起死亡的疾病或情况：冠心病、心脏猝死；②引起①的疾病或情况：冠心病；③其他疾病诊断（促进死亡，但与导致死亡无关的其他重要情况）：多发伤。

两次住院共产生医疗费126 667.34元（其中第二人民医院60 752.67元、民心创伤骨科医院65 914.67元），该费用由上诉人人保财险YB分公司直付医院10 000元，余款116 667.34元系熊某直付医院。

2017年3月1日，YB市交警支队交管三大队委托YB新兴司法鉴定中心对徐某尸体进行解剖检验，明确死亡原因。该中心于2017年4月18日作出川金司鉴所（2017）病鉴字第033号尸体检验司法鉴定意见书，分析意见：根据对死者徐某进行尸体解剖结合病历资料主要发现特征有①肺水肿明显；②心包内见草黄色液体约50 mL，心脏脂肪包裹，心外膜见点状出血，心脏体积偏大；③病历检验诊断：急性心外膜炎，急性心肌炎，干细胞脂肪变性，急性肺水肿、肺淤血，脑水肿各脏器自溶。鉴定意见为死者徐某符合急性心外膜炎，急性心肌炎引起的心衰死亡。

## 第十三章 事故责任分配及间接损失的承担

**裁判结果**

四川省 YB 市某区人民法院于 2017 年 7 月 31 日作出一审判决：①中国人民财产保险股份有限公司 YB 分公司在本判决生效后十日内赔付徐徐某一、徐某二、徐某三因徐某交通事故造成的各项损失共计 492 139.69 元。②中国人民财产保险股份有限公司 YB 分公司在本判决生效后十日内支付熊某垫付款 116 667.34 元。③中国人民财产保险股份有限公司 YB 分公司在本判决生效后十日内支付田某垫付款 25 000 元。如果上述义务人未按本判决指定的期间履行给付金钱义务，应当依照《中华人民共和国民事诉讼法》第二百五十三条之规定，加倍支付迟延履行期间的债务利息。案件受理费 10 457 元，减半收取计 5 288.50 元，由徐某一、徐某二、徐某三负担 169.50 元，由熊某负担 5 119 元。

被告中国人民财产保险股份有限公司 YB 市分公司不服 YB 市某区人民法院作出的民事判决，提起上诉。四川省 YB 市中级人民法院于 2017 年 12 月 11 日作出二审判决：①驳回上诉，维持原判。②二审案件受理费 10 138 元由中国人民财产保险股份有限公司 YB 分公司负担。

**裁判理由**

一审法院认为，田某驾驶川 Q×××××号车与徐某相撞，至徐某受伤住院，并由田某承担事故全部责任的事实清楚，证据确实充分，予以确认。熊某作为肇事车的所有人及肇事驾驶员的雇主，依法应承担致徐某受伤的民事赔偿责任。人保财险 YB 分公司系川 Q×××××号交强险及商业险的承保人，依法应在该车保险限额内承担赔付责任。被侵权人徐某死亡后，其顺序继承人徐某一、徐某二、徐某三作为徐某的近亲属有权请求侵权人承担相应的侵权责任。

在各方当事人均未提供新的证据材料，二审查明的事实与一审一致的情况下，二审法院对一审查明的事实予以确认。同时，本案系机动车与行人碰撞的交通事故，公安交警的道路交通事故认定书认定驾驶员田某承担此事故全部责任，各方当事人对此事实均无异议。本案也无证据证明存在可减轻机动车一方责任的情形。人保财险 YB 分公司系川 Q×××××号重型仓栅式货车交强险及第三者责任险的承保人，根据《中华人民共和国道路交通安全法》第七十六条和商业三者险条款的约定，人保财险 YB 分公司应对徐某的死亡承担全部赔偿责任。另外，本案死者徐某一直未婚且无子女，父母已亡。本案没有证据能够证明其侄子徐某林与徐某系合法养父子关系，本案证据表明徐某一、徐某二、徐某三与徐某之间系亲兄弟关系，其三人作为近亲属有权请求侵权人承担相应的赔偿责任。

**案例注解**

围绕当事人双方的诉讼意见，本案的争议焦点有三个：一是人保财险YB分公司应否对徐某的死亡承担全部赔偿责任；二是本案的赔偿责任主体是否正确。

## 一、人保财险YB分公司是否对徐某的死亡承担全部赔偿责任

本案中，徐某是因交通事故进而引起的心肌炎发作而死亡的，交通事故与徐某的死亡是有因果关系的。首先，YB新兴司法鉴定中心出具的鉴定意见为死者徐某符合急性心外膜炎、急性心肌炎引起的心衰死亡，分析意见及二医院、民心医院的病历中均未载明死者重要脏器官在外界作用下明显机械性损伤等致死性并发症。其次，徐某在第二人民医院进行腹腔镜探查、腹腔引流术后需营养心肌，两个医院的出入院诊断及鉴定分析意见均有肺感染、脑水肿等诊断，第二人民医院出院时也告知"可能出现心内血管意外、感染性休克、多器官功能衰竭、血栓、关节功能障碍等风险，有病情加重死亡可能"，民心医院的入院诊断中有"冠状动脉粥样硬化性心脏病"的记载，其出具的死亡医学证明中也说明了交通事故引发的其他疾病诊断多发伤会促进死亡，即因交通事故的发生进行手术，徐某需营养心肌，在治疗的过程中是可能出现死亡情况的。综上所述，现无确切证据证明是交通事故外的外界不良因素作用致使徐某发生急性心肌炎猝死的情况下，可以认为徐某是因交通事故进而引起的心肌炎发作而死亡的，所以交通事故与徐某的死亡是有因果关系的。

而本案中，公安交警的道路交通事故认定书认定驾驶员田某承担此事故全部责任，各方当事人对此事实均无异议。本案也无证据证明存在可减轻机动车一方责任的情形。人保财险YB分公司系川Q×××××号交强险及第三者责任险的承保人，根据《中华人民共和国道路交通安全法》第七十六条和商业三者险条款的约定，人保财险YB分公司应对徐某的死亡承担全部赔偿责任。

## 二、本案的赔偿责任主体是否正确

死亡赔偿金本身是对死者劳动收入的丧失所给予的财产性补偿，不是对死者的赔付，而是对死者近亲属的赔付。在死亡赔偿金案件中，死者的近亲属有赔偿的请求权。这是一个比较特殊的请求权。通常情况下，侵权人应该赔偿的主体是被侵权人，但在死亡赔偿案件中，因为被侵权人已经死亡，他的法律关

## 第十三章　事故责任分配及间接损失的承担

系主体资格已经消灭,当然也就不可能再行驶请求权。《侵权责任法》第十八条规定:被侵权人死亡的,其近亲属有权请求侵权人承担侵权责任。被侵权人为单位,该单位分立、合并的,承继权利的单位有权请求侵权人承担侵权责任。被侵权人死亡的,支付被侵权人医疗费、丧葬费等合理费用的人有权请求侵权人赔偿费用,但侵权人已支付该费用的除外。因此,死亡赔偿金是赔付给死者近亲属的,死者的近亲属对获得死亡赔偿金享有请求权。

在具体案件过程中,最高人民法院还没有司法解释对请求权的近亲属进行更细致的、权威性的解释。根据《继承法》的规定,法定继承顺序包括第一继承顺序和第二继承顺序。位列第一继承顺序的有配偶、父母、子女等,位列第二继承顺序的有兄弟姐妹等。有第一顺序亲属的时候,第二继承顺序的亲属就不能够请求分配遗产。这是法定继承中所涉及的两个继承顺序。参照法定继承的顺序,就可以解决死亡赔偿金中的请求权人的范围,即属于第一顺序的亲属,如配偶、父母、子女,可以向加害人请求死亡赔偿金。这个请求权只属于第一顺序的人,第二顺序的人不能染指。只有在没有第一顺序继承人的时候,才可以把第二顺序继承人列为死亡赔偿金的请求权人。

本案死者徐某一直未婚且无子女,父母已亡。本案没有证据能够证明其侄子徐某林与徐某系合法养父子关系,本案证据表明徐某一、徐某二、徐某三与徐某之间系亲兄弟关系,其三人作为近亲属有权请求侵权人承担相应的赔偿责任。

徐某事发时已年满63周岁,事发前与徐某一家居住、生活在城镇,徐某一的收入来源于城镇的YB市冶能废旧金属回收有限公司第二经营部。因此,徐某虽为农村居民,但长期生活、居住在城镇,依法应按城镇居民标准计算徐某的残疾赔偿金。

# 四川省 YB 戎通运输有限公司 g 县分公司诉戴某、中国人民财产保险股份有限公司某支公司机动车交通事故责任纠纷案

——交通事故案件间接损失赔偿问题

**关键词**

间接损失　财产损害赔偿　赔偿原则　营运损失

**裁判要点**

签订了交强险与机动车交通事故责任强制保险合同，保险公司应在保险范围内赔偿，但聘请驾驶员工资损失费、客运站代理费、综合管理费、车辆购置保险损失等与案件无关联的费用保险公司不必承担。

**相关法条**

《中华人民共和国道路交通安全法》第七十六条

《中华人民共和国侵权责任法》第十六条、第四十八条

《中华人民共和国保险法》第六十五条

**基本案情**

原告 YB 戎通运输有限公司 g 县分公司诉称，2017 年 10 月 20 日，原告聘请的驾驶员何某驾驶原告所有的川 Q5×××× 号大型普通营运客车（线路 g 县某镇，核载 30 人）载客 30 人从 G 县 SH 镇向 G 县 WJ 镇方向行驶，当车行驶至来沙路 1 km 处时，与对向驶来由被告戴某驾驶的川 Q0×××× 号小型普通客车相撞，造成川 Q5×××× 号大型普通客车乘车人钟某、吴某受伤、两车受损的交通事故。事故发生后，受伤人员被送到 g 县某镇中心卫生院医治；川 Q5×××× 号车所载剩余乘客 28 人由驾驶员租车送到目的地；受损车辆川 Q5×××× 号大型客车送往 g 县某交通汽车修理厂进行维修，共维修 11 天。2017 年 11 月 3 日，该事故经 g 县公安局交通管理大队认定：戴某承担全部责任，驾驶员何某及乘车人钟某、吴某不承担事故责任。事故发生前被告戴某驾驶的川 Q0×××× 号小型普通客车在人保财险某公司购买了机动车交通事故责任强制保险和机动车商业保险，事故发生时在保险期内，为此要求二被告赔偿各项损失 26 279.54 元。

## 第十三章　事故责任分配及间接损失的承担

被告戴某辩称，对事故的发生及责任划分无异议，原告的损失应由川Q0××××号车辆所投保的人保财险某公司在保险范围内进行赔偿。

被告人保财险某公司辩称：①对事故发生和责任认定无异议，保险公司按照法律规定的赔偿范围、项目和标准及保险合同、条款进行赔付；②乘车人的损失应当提供相应证据证明原告已经先行赔付，除医疗费外的其他费用应按照法律规定及当地司法实践赔偿标准计算；③转运乘客租车费应计算为抵扣乘客已缴纳车费后超过部分，并应提供票据；车辆维修费按6 066.08元赔偿；驾驶员工资如无证据证明车辆维修期间没有工作，则不存在误工费；某客运站代理费、g县城南汽车客运站进站费、综合管理费、车辆购置保险与本次事故无关，不认可；停运损失是间接损失，不赔偿；④诉讼费不属于保险赔付范围，不应承担。

法院经审理查明：2017年10月20日，YB戎通运输有限公司g县分公司的驾驶员何某驾驶川Q5××××号大型普通营运客车载客30人从某镇向某镇方向行驶，当车行驶至来沙路1 km处时，与对向驶来的由被告戴某驾驶的川Q0××××号小型普通客车相撞，造成川Q5××××号大型普通客车乘车人钟某、吴某（原告垫付门诊费163.43元）受伤、两车受损的交通事故。事故发生后，伤者被送往g县某镇中心卫生院医治，其余乘客由驾驶员租车（费用500元）送到目的地，受损车辆在g县某交通汽车修理厂进行维修（维修费6 306元）。2017年11月3日，该事故经g县公安局交通管理大队认定为戴某承担全部责任，驾驶员何某及乘车人钟某、吴某不承担事故责任。川Q0××××号小型普通客车在人保财险南溪公司投保了交强险和商业险，事故发生在保险期内。

另查明，该事故伤者钟某与原告YB戎通运输有限公司g县分公司于2018年6月5日经本院主持达成调解协议，由原告YB戎通运输有限公司g县分公司赔付钟某因交通事故造成的损失4 146元，2018年8月6日，原告将赔偿款支付给钟某；2018年8月28日，原、被告自行协商确定由戴某赔偿YB戎通运输有限公司g县分公司停运损失费3 000元。

**裁判结果**

YB市g县人民法院于2018年10月23日作出一审判决：①被告中国人民财产保险股份有限公司某支公司赔偿原告四川YB戎通运输有限公司g县分公司1 115.43元；②被告戴某赔偿原告四川YB戎通运输有限公司g县分公司停运损失3 000元；③驳回原告四川YB戎通运输有限公司g县分公司的其他诉

讼请求。

**裁判理由**

法院生效裁判认为，本案主要争议在于原告聘请驾驶员工资损失费、客运站代理费、g县城南汽车客运站进站费、综合管理费、车辆购置保险损失、车辆停运期间损失是否应当支持？

关于本案争议焦点，原、被告对交通事故的发生及事故责任认定无异议，法院予以确认；公民的身体健康权和财产权受法律保护，交通事故的责任者对交通事故造成的人身、财产损害应当承担民事赔偿责任。被告戴某不按规定会车，发生交通事故致原告车上人员受伤及车辆损失，应由被告戴某对原告的损失承担赔偿责任，被告人保财险某公司作为保险人应在商业险和交强险限额内予以赔付。原告主张车辆因发生交通事故产生的驾驶员工资、某客运站代理费、g县客运站进站费、综合管理费、车辆购置保险损失均不属于本案赔偿范围，法院不予支持；YB戎通运输有限公司g县分公司与戴某在诉讼中协商一致，由戴某赔偿YB戎通运输有限公司g县分公司停运损失3 000元，该约定是符合法律规定的，法院应当予以确认。

**案例注解**

此案件中被告戴某与被告人保财险某公司对事故发生和责任认定无异议，但被告人保财险某公司对误工费、某客运站代理费、g县城南汽车客运站进站费、综合管理费、车辆购置保险、停运损失的赔偿，也就是交通事故中的间接损失有异议。因此，在此案件中，最重要的是厘清交通事故案件间接损失保险合同中保险人承保的方式与赔偿的范围。

## 一、间接损失的概述

### （一）间接损失的概念

曾世雄在《损害赔偿法原理》一书将所失利益解释为因损害事故之发生赔偿权利人财产应增加未增加之额数，且认为其外界表象有四：劳动能力丧失或减少之损害；工作机会遭到剥夺之损害；物之市价与交易价格差价之损害；交易机会受到侵害之损害。[①]

《中华人民共和国民法通则》第一百一十七条第二款规定："损坏国家的、

---

① 曾世雄.损害赔偿法原理[M].北京：中国政法大学出版社，2001.

集体的财产或者他人财产的，应当恢复原状或者折价赔偿。受害人因此遭受其他重大损失的，侵害人并应当赔偿损失。"该条款即对侵害财产权造成间接损失应当赔偿的规定，只要在侵权行为实施时财产性利益取得具有可能性，即便损失的并非现实的利益，间接损失也应当获得赔偿，但是未对间接损失做出明确界定，也较为片面，因为其仅是对侵害财产权造成间接损失的规定，遗漏了侵害人身权造成的间接损失。

综上所述，间接损失是对预期收益丧失的保护，即按照正常发展会得到的利益，因侵权行为丧失了该利益或者本不应减少而减少了现有利益，此损失即为间接损失。①

交通事故案件常见的间接损失，即因交通事故的发生导致受害人劳动能力下降、营运车辆停运，进而导致应当得到的利益因受到人身或者财产的侵害而没有得到，应包含常见的误工费、残疾赔偿金、死亡赔偿金、抚养费、营运损失等。

### （二）间接损失的特征

研究间接损失的特征是认定间接损失的前提，只有根据间接损失的特征才能直观地认定是否属于间接损失的范畴，进而主张间接损失的赔偿。而间接损失的赔偿责任与直接损失的赔偿责任相同，都必须要求具备侵权行为、损害结果及因果关系三要素，间接损失的特征亦与此相对应。

首先，必须具备相对确定性，即相对确定的损失种类和损失数额，不能确定是否能预期获得的利益以及无法确定具体损失金额的利益，均不能成为间接损失；

其次，必须具有因果关系，即损失的种类和数额是因侵权行为导致的；

再次，间接损失具有未来性，该损失是一种未来性的财产损失，事故发生时，还不是一种现实存在的利益，这也是间接损失和直接损失的根本区别；

最后，还应当具备可预见性，该利益的损失应当是侵权行为的直接后果，在侵权行为发生时，侵权人可以预见到的损失，而不应该与侵权行为间隔或者联系太过遥远。

### （三）间接损失的认定

间接损失的认定应当结合其概念、性质和特征来综合认定。间接损失不仅是按照正常的发展能够获得的利益，还应当满足其财产损害赔偿的性质及相

---

① 周迪武.交通事故案件间接损失赔偿问题研究[D].株洲：湖南工业大学，2018.

对确定性、因果关系、未来性等特征。首先，必须在形式上符合间接损失的要件：必须是在侵权行为未发生的前提下，按照正常的发展能够获得的利益。当然，如果发生了侵权行为，该利益仍然获得，不存在利益丧失或者减少的情况，那么该利益明显也不属于损失的范畴，更无法认定为间接损失。其次，在性质上应当属于财产损害赔偿。在大多数交通事故中都会伴随行政处罚，如罚款和驾驶证扣分等，都具有惩罚性，不能认定为间接损失；精神抚慰金因不属于财产损害赔偿的范畴，因此也不能成为间接损失。再次，交通事故案件间接损失应当是可以确定与交通事故的发生具有因果关系的损失。如果损失产生的原因并非交通事故或者损失是否发生或者损失的金额无法确定都不能认定为交通事故案件间接损失，因为不能确定损失是否发生或者不能确定损失的多少，那么就不具有实际可操作性，无法进行赔偿。当然，这里所要求的确定性是相对确定，并非完全确定。因为交通事故案件间接损失毕竟属于未来将要产生的利益，目前并未实际产生，可能会因为其他原因的影响，与之前所预估的不完全一致，但是至少要求两者之间的误差属于常识所能接受的范围。最后，交通事故案件间接损失必须是一种相对于未发生交通事故而存在的利益，如果损失本来就不属于利益的范畴，那么更无所谓交通事故案件间接损失。

那么确定是否属于间接损失的方法是什么？应该按照以下步骤确定：首先，确定该损失是否属于财产性质的损失，如果表现出来不是财产上的利益，那么可以立马排除；其次，该利益是否是将来的利益，无论是现在的还是过去的利益均不能成为间接损失；最后，侵权行为导致增值利益的丧失。即确定是否属于间接损失的范畴是根据间接损失的概念、性质、特征来综合认定的，三者缺一不可。对此，学者殷清利认为，判断是否属于可得利益即间接损失的条件有三个：当事人已经预期或者能够预期到的利益；必须是可以去期待、必然能够得到的利益；必须为直接因违法行为所丧失的利益。[①]

## 二、交通事故案件间接损失的种类

### （一）对交通事故案件间接损失进行分类的意义

对交通事故案件间接损失进行分类不是目的而是手段，是为了更好地提出交通事故案件间接损失赔偿请求，从而维护受害人的合法权益。

首先，对交通事故案件间接损失进行分类有利于我们对交通事故受害人的损失进行合理的预估，不至于遗漏合理的诉求或者给予受害人过高的期望，从

---

① 殷利清.最新交通事故疑难案件裁判标准与实务解析[M].北京：法律出版社，2014.

而达到受害人的预期,更有利于社会稳定。

其次,对交通事故案件间接损失进行分类有利于防止滥诉,节省有限的司法资源。对交通事故案件间接损失进行分类,有利于明确哪些损失属于合理的诉求,促使受害人提起合理诉求,缩小法院审查的范围从而节约司法资源、减少诉讼。

最后,对交通事故案件间接损失进行分类,更有利于维护受害人的合法权益。受害人提起诉讼、聘请律师的费用都是按照标准收费的,若不引导受害人提出合理诉求,将会增加当事人的维权成本,最终却不一定能获得其所预期的效果。

因此,对交通事故案件间接损失进行分类是研究交通事故案件间接损失的重要环节,对维护受害人权益具有实质意义。

### (二)侵害人身权造成的间接损失

交通事故案件侵害人身权造成的间接损失是指因交通事故导致人身伤害进而产生的间接损失。因身体受到伤害必然会产生误工或者劳动能力下降甚至生命的丧失等结果,即身体的伤害是直接损失,包含住院医疗费、住院伙食补助费、营养费、护理费等,但是因身体受到伤害导致其他本来能够获得的利益丧失即为间接损失。例如,误工费、残疾赔偿金、死亡赔偿金等。著名学者杨立新认为,在研究侵权损害赔偿中往往不研究人身损害的间接损失,原因在于人身损害赔偿项目都是法定的,按照法定的标准进行赔偿就行了,没有必要对人身损害的间接损失专门规定计算方法,因此研究人身损害事实中的间接损失是没有意义的。[①] 这种说法笔者很难认同,即使是法律已经有明确规定的计算方式,也一定是存在相应的理论基础的,不是立法者凭空捏造的,如果缺乏理论支撑,那么该赔偿计算方式便是不得人心的,恰恰我国现行的计算方式即是如此。

### (三)侵害财产权造成的间接损失

交通事故案件侵害财产权造成的间接损失是指因交通事故导致财产毁损进而产生的间接损失。交通事故导致受害人赖以生产、生活的财产损坏必然会导致受害人预期收入的减少。例如,交通事故导致农民的耕牛死亡,而农民的耕牛在短期内必须完成 20 亩田的耕作,错过了该时期,雨水、时节都不对,影响农民的收成甚至错过耕种期。因此,侵权人不仅要赔偿农民的耕牛,还要赔

---

① 杨立新.侵权损害赔偿[M].北京:法律出版社,2016.

偿农民减产的损失。农民减产的损失即因交通事故案件侵害财产权造成的间接损失。同样，营运损失等都属于交通事故案件侵害财产权造成的间接损失。

## 三、交通事故案件中间接损失的赔偿范围

### （一）交通事故案件间接损失赔偿项目限制

交通事故案件造成的间接损失多种多样，只有离侵权行为最近的、可以预期到的损失，侵权行为人才需要承担赔偿责任，才能成为侵权赔偿的赔偿项目。即纯粹的经济损失中的营业损失和机会利益侵权人不承担赔偿责任。

所谓纯粹的经济损失是指被害人直接遭受财产上的不利益，而非因人身或物被侵害而发生。[①] 通常认为，发生交通事故后，人身或物品非因人身或物被侵害而发生损害，可以请求损害赔偿，其范围即为因此发生的经济损失。而他人因为不能营业而遭受纯粹的经济损失，除加害人是故意以悖于善良风俗之方法致受害人受损害的特殊情形之外，不在赔偿之列。例如，交通事故发生在营业场所门前的道路上，因事故惨烈，影响了营业额，此种纯粹的经济损失即不可以获得赔偿。

而机会利益是指因侵权行为丧失某种能获得利益的机会或者避免损害发生的机会，并因为这种机会的丧失而遭受了最终的损害，丧失了从此机会中获得利益或避免、减少损失的可能性。交通事故经常伴随着人身伤害，随之而来的经常有升学、升职、就职及生育等机会的错过，对于此类损失即为机会利益的损失。因机会利益侵权行为人不可以预期，并且损失无法用具体数额衡量，因此被排除在损害赔偿范围之外。

即使是离侵权行为原因最近的损失，在以下情况下均被排除在损害赔偿范围之外。首先，契约另有约定。关于间接损失的赔偿，当事人得以契约规定加以限制或排除。其次，违反法律强行规定。违反法律强制性规定的法律行为无效，被害人不能请求未能从事该项法律行为的间接损失。例如，贩卖毒品、走私等法律行为违反强行规定，无效。毒贩遭受车祸住院不能向侵权人请求不能贩毒的间接损失。最后，违反公序良俗。与违反法律强制性规定类似，违反公序良俗的被害人不能请求未能从事该项法律行为的间接损失。例如，娼妓遭受交通事故时，不能请求卖淫的所失收入。当然，这是在国外法律不禁止卖淫嫖娼的国家，在我国属于法律禁止的行为，必然无效，更不得请求赔偿此类间接

---

[①] 王泽鉴.民法学说与判例研究[M].北京：北京政法大学出版社，1997.

损失。[1]

### （二）交通事故案件间接损失赔偿金额限制

在对交通事故造成的间接损害赔偿范围进行研究后，我们需要对交通案件造成的间接损失的具体赔偿数额进行研究。因交通事故造成的间接损失种类繁多，各类间接损失的数额确定方法各异。因此，我们在研究具体的赔偿数额时，须研究交通事故案件间接损失的赔偿原则。赔偿原则，是在处理侵权损害赔偿纠纷时，确定赔偿范围时所依据的基本规则，因此又称责任范围。[2] 赔偿原则在理论上主要有四种：全部赔偿原则、限定赔偿原则、惩罚性赔偿原则、衡平原则。

由于间接损失的性质为财产损害赔偿性质，根据我国《民法通则》第一百零六条之规定，因过错侵害国家集体的财产，侵害他人财产、人身的，应当承担民事责任。一般来说，侵权行为人应当承担的赔偿责任的大小应当以侵权行为所造成的实际损失的大小为限，即按照全部赔偿原则进行赔偿。而限定赔偿原则适用于极少数特殊的侵权案件，如公权力机关侵害公民的人身自由或者造成被侵权人身体残疾或者死亡的，《中华人民共和国国家赔偿法》限定了最高赔偿数额。惩罚性赔偿原则一般适用于侵犯知识产权和产品责任案件。而衡平原则仅适用于确定赔偿数额时适当考虑当事人的经济状况，对赔偿范围没有影响。

综上所述，交通事故案件间接损失的赔偿明显不适用限定赔偿原则和惩罚性赔偿原则，应当以全部赔偿原则为主、衡平原则为辅，由法官按照自由心证的方式确定合理的赔偿责任。

### 四、交通事故案件营运损失赔偿问题分析

### （一）营运损失的确定

营运损失又称为停运损失，最高人民法院《关于交通事故中的财产损失是否包括被损车辆停运损失问题的批复》中载明："在交通事故损害赔偿案件中，如果受害人以被损车辆正用于货物运输或者旅客运输经营活动，要求赔偿被损车辆修复期间的停运损失的，交通事故责任者应当予以赔偿"。按照司法解释，营运损失有三个要件：首先，交通事故损害的是正用于运营的车辆，其

---

[1] 王泽鉴. 损害赔偿 [M]. 北京：北京大学出版社，2017.
[2] 杨立新. 侵权损害赔偿 [M]. 北京：法律出版社，2016:238.

次，在车辆修复期间的营运损失，最后，依法从事营运的车辆。但此种规定似乎过于狭隘，停运损失不应局限于车辆修复期间，还应包括合理的车辆扣押期间等。

车辆因交通事故停运期间一般包括交警队扣车期间和车辆修复期间。在当前的体制下，在发生较为严重的交通事故后，扣车基本上属于必然现象，一方面扣车是为了对车辆进行鉴定和检查，为事故责任的划分提供科学依据；另一方面是给车主施加压力，让其提供担保或者缴纳保证金和伤者医药费，防止受伤者和其家属在交警队闹事。那么因交警队扣押车辆期间导致的营运损失的增加是否全部应当由事故责任方承担？对此，有两种意见：一种意见认为，车辆被扣押系事故责任方引起的，车辆被扣押也是车辆所有人无法掌控的，因此所产生的营运损失应当由事故责任方承担；另一种意见认为，根据《道路交通安全法》和《道路交通事故处理程序规定》的相关规定，公安机关交通管理部门即交警队在处理交通事故时，对于需要鉴定而暂扣的车辆，暂扣时间不应超过40日，而无须鉴定的车辆暂扣时间不超过15日。因此，超过合法的暂扣时间部分的营运损失是交警队部分工作人员违反规定造成的，应当由交警队承担，而非由事故责任方。第二种意见更为合理，合法的暂扣期间内的营运损失应当由事故责任方承担，非法的扣押车辆期间的营运损失应当由交警队承担。因此，公安机关交通管理部门应当加强内部管理，依法合理行政。同时，若权利人怠于行驶权力，未积极降低损失导致损失的扩大，亦应当由权利人承担而非由事故责任人承担。

至于车辆修复期间的损失，同样需要具体问题具体分析。首先，车辆修复期间应当合理，权利人应当督促修理厂尽快修理，缩短修复期间；其次，应当视不同品牌车辆合理确定修复期间，因为不同品牌的车辆，其配件以及维修地点、维修人员均不同，因此差异较大，不能简单地以修复时间来认定修复期间是否合理。

当然，计算营运损失仅确定合理的停运期间远远不够，还应当合理地确定营运车辆每日的营运收入。对于这项工作，一般会将其交给专业的鉴定中心来做，其可根据行业平均收入以及成本来合理估算车辆每日营运收入。但是有时鉴定并不能完全满足主张营运损失的需要，受损车辆的营运损失可能远远大于或者小于平均水平，按照平均收入有失公平，也与事实不符。因此，我们经常需要自行举证证明车辆损坏前的收益。为此，权利人应当提交明确的收入证明相关证据，尽可能地收集足够长的时间内的车辆营运收入的证据，包括营业收入、纳税证明、运输合同、账单等一切能够证明日均收入的证据。确定了日均收入和停运期间,再确定停运损失自然不在话下。在合理的日均收入和停运期间支撑下,事故责任方必然会心悦诚服。

(二)营运损失的主张

营运损失的主张权利的主体包括权利主体和义务主体,权利主体应当是车辆所有人,但是现实生活中很多时候营运所得的利益并非完全是车辆登记所有人。因此,需要厘清车辆营运利益实际所得者,由其主张营运损失。当然,要列其为主张权利的主体必须要有相应的证据,否则只能推定登记所有人为营运损失的权利主体,或者借协议登记所有人的名义主张权利。

合理的营运损失由事故责任人承担是不存在争议的,但是不合理的营运损失应当由谁承担?

在车辆非法扣押期间的营运损失:部分人认为,应当由事故责任人承担,部分人认为应当由交警队承担。笔者支持由交警队承担的观点,因为交警队部分工作人员未依法行政导致受害人损失的扩大,已经中断了交通事故与该部分营运损失的因果关系,导致该营运损失产生的原因系交警队部分工作人员违反行政制度导致的,权利人应当提起行政诉讼,要求行政赔偿。

维修超过合理期限:部分人认为,应当由事故责任方承担,部分人认为,应当由修理厂承担,还有部分人认为,应当由权利人自行承担。笔者认为,该问题应当具体问题具体分析:首先,维修合同约定的时间是否合理,若不合理由权利人自行承担,因为该维修时间系权利人给予的,事故责任方无法控制;其次,若约定合理,修理厂维修超过合同约定时间,那么应当由修理厂承担;同时,若合同约定时间合理,是因事故责任人不配合导致维修时间超时,如事故责任人不支付维修费用,那么该不合理时间段内产生的营运损失应当由事故责任人承担。当然,权利人有义务缩小损失,防止损失的扩大,若有相关情形,产生的营运损失应当由权利人承担。

民事诉讼法的基本原则之一就是"谁主张谁举证",因此对于赔偿责任的主体、赔偿数额以及赔偿范围都具有相应的举证责任。

主张营运损失最先需要解决的问题就是"谁导致营运损失的存在",否则起诉对象都是错的,案件肯定会败诉。而如何举证证明被告的主体资格呢?其实仅需要在交警队调取事故责任认定书与驾驶证、行驶证以及保险单即可。事故认定书和驾驶证、行驶证上面有驾驶员和车辆所有人的信息,要求直接侵权人和车辆所有人承担营运损失的赔偿问题是完全没有问题的;那么为什么要调取保险单?因为保险公司是否对格式条款尽到告知提示义务我们并不知晓,为了防止遗漏赔偿主体，先将保险公司列为被告，是否尽到告知提示义务由其证明。

同时，赔偿范围和赔偿数额亦应当由主张权利的人承担。赔偿范围是由被侵权人主动选择的，要求对方承担的赔偿范围过大就会变相使赔偿数额增加，从而导致诉讼费等相应增加，由此可能造成被侵权人承担的败诉风险增加及承担的诉讼费增加。因此，合理地选择赔偿范围是胜诉的关键。而举证赔偿范围与举证赔偿数额是相关联的，确定了赔偿范围相当于确定了赔偿的数额。

### （三）营运损失赔偿的举证

首先，需要对车辆是否属于营运车辆进行证明。驾驶证、行驶证、保险单是基本资料，可以证明车辆具有上路资格，同时保险单亦可以体现车辆的营运性质，因为营运车辆与家庭自用车辆的保费是有区别的。除此之外，相应的营运资格证也可以证明车辆的用途，如道路运输许可证、危险货物运输许可证等。

其次，尽可能收集事故发生前营运收入的相关证明。若证据较为完善，可以比照事故发生前一段时间内的营运收入起诉至法院，结合合理的停运时间可以确定赔偿数额。但是若无法收集到充足的证据，那就需要有资质的鉴定机构出具鉴定意见，按照当地同行业的收入计算营运损失；当然证据充足时再加上鉴定意见就更能够获得法院的支持。需要注意的是，无论是通过鉴定还是直接提供证据证明营运损失的时候，都应当扣除相应的人工及油耗、车辆折旧费等成本费用，如果做得比较精确，甚至连保险的损失都会被计算在内。

最高人民法院《关于交通事故中的财产损失是否包括被损车辆停运损失问题的批复》中仅规定营运车辆被损修复期间的营运损失应当予以赔偿，但是并未对非法经营车辆是否应赔偿营运损失做出明确说明。而现实生活中，不具有营运资质的个人或者单位挂靠在有运营资质的单位从事营运活动异常普遍，以及现行的私家车从事网约车等运营活动，实际上均涉嫌违法。至于此类车辆是否能够获得营运损失赔偿，在司法实践中具有较大争议：一种观点认为，《最高人民法院关于审理道路交通事故损害赔偿案件适用法律若干问题的司法解释》第十五条第三款之规定，依法从事相应经营性活动所产生的合理的停运损失，人民法院应当支持。该条规定已明确要求车辆必须合法经营，非法经营的车辆明显被排除在外。因此，对非法运营车辆不能支持赔偿营运损失。另一种观点认为，非法营运违反的是行政法规，应当由行政法规调整，进行行政处罚，法院不宜在民事纠纷中认定该情形违法。该损失客观存在并具有因果关

## 第十三章 事故责任分配及间接损失的承担

系,应当由事故责任人承担。第一种观点更为合理,违法行为本身就不应当存在,不能因其普遍就放任甚至肯定其存在,在诉讼中亦应当体现法律存在的价值即对其表示否定。同时,否定对非法从事营运车辆的停运损失进行赔偿是对行政许可的车辆管理制度的维护,有利于对车辆状况、驾驶员资质、安全管理等方面设置准入条件,从而保障交通运输安全。[1]

---

[1] 殷清利.最新交通事故疑难案件裁判标准与实务解析[M].北京:法律出版社,2014.